JN437916

민성길 교수 칼럼집

난폭한 사회, 그러나 희망을

연세의대 정신과 교수
의학박사
민성길 저

도서출판 영문

헌사

이 책을

나에게 수많은 인생의 사연을 이야기해 준

환자들에게 바친다.

머리말

이 책은 저자가 교수 생활을 해 오는 동안, 1981년 이후 지금까지 여러 신문과 잡지에 기고하거나 청탁을 받아서 썼던 칼럼들을 모은 것이다. 즉 저자가 평소 환자들과 동료의사들과 더불어 세상을 살아 오면서 느껴 왔던 여러 가지 일들이 여기 망라되어 있다.

글을 쓸 때는 그때그때 사회적 이슈가 되는 주제를 가지고 썼는데, 이제 와서 모아보니, 몇 가지 주제로 묶여질 수 있음을 알게 되었다. 그리고 그 주제들을 목차에 맞추어 배열해 보니, 전체적으로 하나의 흐름을 구성하는 것 같아, 신기하게 느껴진다. 칼럼 하나하나는 개별적이지만, 전체적으로 그럴듯한 하나의 일정한 생각의 흐름을 볼 수 있다. 그것은 다음과 같다.

우리 사회가 발전하면서 점차 폭력적으로 변하는 것을 목격할 수 있다. 그런데 그 안에서는 억울하고 분하고 화나는 사람이 생겨나고, 그 결과 화병이나 우울증, 또는 자살 같은 사회적 문제가 많이 생기고 있다. 이 문제를 해결하기 위해 정신과 의사는 무엇을 할 수 있을까? 저자가 소속하여 일하고 있는 세브란스 병원이나, 의사 집단은 사회에 대해 어떤 도움을 줄 수 있으며, 그러기 위해서는 어떤 생각을 발전시키고, 어떤 태도를 견지하여야 하며, 어떤 연구와 봉사를 해야 하는가? 결론은, 개인적 장애나, 불행, 그리고 사회적 문제들에 대해 도움을 주기 위해서는, 우리가 가지고 있는 최신의 의학적 기술의 사용과 전체 사회의 지지와 개선이 요청되기도 하지만, 궁극적으로는 저자가 신앙하는 기독교적 참여가 필요하다는 것이다. 이 마지막 부분은 학생채플과 교직원 채플에서 주로 피력되었다. 특히 색다르게 끼어들어 있는 남북통일에 대한 글들은, 저자가 탈북자 문제를 연구하면서 통일문제에 대해 생각한 결과들이다. 우리나라의 분단과 6.25전쟁과 대치, 그리고 통일준비는 그 자체로 "폭력과 피해"의 역사와 "통일의 희망"이라는, 이 책의 제목과 어울리는 나름대로의 하나의 생각의 전개를 보여준다.

물론 이 책은 단편들의 묶음으로 되어 있어, 체계적으로 그런 식으로 잘 연결되고 있지 않다. 그러나 현명한 독자들께서는 행간을 넘어 쪽간을 읽으시고 저자가 결국 말하고 싶어 하는 바를 이해해 주시리라 믿는다.

젊어서 쓴 글 중에는 지금 보면 쑥스러운 바도 많으나, 한편 그 나이에 그런 생각을 했다는 게 스스로 대견하기도 하다. 지금 읽어도, 원래의 그때 생각을 지금 바꿀 의향이 없다. 모든 글은 그 시대의 적나라한 나의 모습이다. 그러므로 한 사람이 한 시대를 열심히 살며 생각했던 바를 기록으로 남기었으니, 그 가치가 높지 않더라도, 여러분께서는 너그러이 좋게 보아 주시기 바랄 뿐이다.

이렇게 글들을 묶고 보니, 이 글들을 실어주신 여러 일간지, 의료계 신문, 학교신문 등에 감사드리지 않을 수 없다. 이 책을 관대하게 출판해 주신 영문 김수관 사장님께 감사드린다. 원고정리를 도와 준 우리 정신과 비서실 하덕희실장과 최현정양에게 감사한다.

그리고 이런 모든 생각의 출발점은 바로 나를 찾아 도움을 청한 그 숫한 환자들의 스토리 였음을 고백하지 않을 수 없다. 그들의 숫한 사연은 나를 많이 안타깝게 하고, 화나게 하고, 또 감동하게 하였다. 그들과 공동으로 문제를 해결하는 과정에서 나는 인생에 대해 많은 것을 배웠다. 그리고 나도 변하였다. 이 책을 그들에게 바친다.

2009년 2월, 은퇴를 앞두고 교수실에서

저자 **민성길** 씀

차례 Cotents

PART 4. 연구와 교육 285

PART 1.

난폭한 사회

01.
인간의 탈, 짐승의 행동

이번 엽기적인 살인사건에 접하고 경악을 금치 못했다. 뉴스를 보면서 한탄을 금할 수 없었다. 우리 사회에 어떻게 저런 일이 일어날 수 있을까…

그러나 생각해 보면 이와 유사한 사건은 우리사회에 늘 있어 온 것이다. 가깝게 친족토막살인사건, 오대양 집단자살사건… 그러나 이번 사건은 다소 특이하며 그 잔인성이 더욱 돋보인다. 왜냐하면 소수이지만 집단이 공모하고 있고, 나름대로 논리를 가지고 있고, 범행계획과 뒤처리까지 용의주도하다. 더욱 놀라운 것은 경찰에서의 그들의 표정이 너무나도 뻔뻔스럽고 죄의식이 없어 보인다는 것이다. 이 사건은 인간의 악이 뒤틀린 논리이기는 하나 인간적인, 인간만의 고유한 이성과 광적인 결합을 하고 있음을 보여준다.

이번 사건이 집단적이라는 점에서, 정신과의사로서 그들간의 주종관계가 궁금하다. 살인이 집단에 의해 저질러질 때는, 특히 충동적이 아니고 계획적일 때는 그들 구성원들간에 편집적 망상이 공유되고 있을 가능성이 높다. 주동자의 잘못된 신념, 즉 망상적 생각이 추종자에게 그대로 받아들여지는 것이다. 이는 추종자쪽에도 그러한 성향이 다소 잠재해 있을 때 쉽게 일어난다. 편집증이란 ▲단순하지만 ▲정교하게 체계화된(나름대로 논리를 가진) ▲지속적인 잘못된 신념을 가진 상태이다. 이 잘못된 신념이 지배자(주동자)로부터 나와 추종자(복종자)에게 받아들여져서 공유하게 되는 것이다. 이 현상이 한사람의 지배자와 여러 사람의 복종자로 이루어질 때 흔히 집단적 광기(집단정신병)로 나타난다. 집단적 광신, 집단히스테리등도 그 유사한 예가 될 수 있다. 이번 사건도 주동자와 복종자간에 공유된 편집증적인 논리가 있는 것 같다. 이러한 상태는 흔히 무지와 공포적인 분위기에서 연출된다.

집단적인 엽기적 사건은 외국의 경우 마약사용과 연관된 수가 많다. 마약은 인간의 이성적 억제에서 감정을 해방시키는 작용을 한다고 흔히 말한다. 인간의 감정에는 사랑, 우애, 즐거움 같은 것도 있으나 성적 쾌락과 공격성도 포함되며, 판도라의 상자같이 맨 밑바닥에는 순수한 육식동물적인 충동도 있다고 본다. 그러나 인간은 동물과 달리 사회를 건설하면서 옛날에는 이러한 동물적 충동을 금기(터부)로서, 문명사회에서는 이성 · 도덕 · 법률 · 윤리 · 종교 등 사회체제를 통해 억제하여 왔다. 인간사회가 문명화될수록 동물로서의 인간적 욕구는 억제되어야만 했다.

그러나 사람은 끊임없이 동물로서의 감정과 싸워야 했는데 그 이유는 그 동물적 감정의 발산은 쾌락을 가져다주기 때문이다. 그래서 현대사회에서는 감정을 해방시키려는 사회적 방편으로 마약에 탐닉하는 행동이 나타나는 것이다. 마약에 취하면 인간의 동물적인 충동이 쉽게 표현된다. 그래서 인간의 탈을 쓰고 있으나 짐승같은 행동을 하는 것이다. 동시에 이같은 육식적 공격성에 인간적인 지혜를 결합시켜 편집증적 논리도 내세우고 범죄를 감추려는 위장이나 증거인멸의 교묘하고 용의주도한 범행을 하는 것이다. 만일 이번 범죄자들이 실제 마약을 사용하지 않았다면 그들에게 이 같은 육식동물적 충동을 자극한 원인이 무엇일까 궁금해진다. 마약이 이성을 마비시키듯이 이들의 이성을 마비시킨 요인은 무엇일까. 돈, 모험심, 영웅주의, 구성원 상호간의 우월성, 지배자에 대한 공포에 따른 맹종… 바늘도둑이 소도둑되듯이 약간씩의 범죄적 쾌락이 눈덩이처럼 커졌던 것일까. 또는 정말 그들에게 악마가 씌었던 것일까.

끝으로 이번 범죄에서 가장 마음이 아픈 것은 그 뻔뻔스러움에 있다. 우선 부자에 대한 증오를 말하면서 그런대로 논리를 내세우고 있다는 것이다. 범죄 후에 둘러댄 것인지 처음부터 그런 논리로 추종자들이 모여들었는지 알 수 없다. 옛날부터 지구상의 모든 인간사회에는 빈부 간에 갈등이 있어왔기 때문에 이런 논리는 그럴듯해 보이고, 모험심이나 영웅 심리를 자극할만하여 편집증적 공유를 유도할만하다. 그러므로 이런 엽기적 살해행위를 정당화 하는 것은 그런대로 논리가 없는 것이다. 따라서 이번 범행은 무지와 단세포적 논리, 그리고 현재 우리사회의 팽배하고 있는 편집증적 분위기가 결합된 것처럼 보인다.

이제 매스컴을 통해 이번 사건에 대한 전문가들의 평가와 분석이 활발하게 제기될 것이다.

그리고 가정교육과 사회의 결함에 대해 논의가 벌어질 것이다. 잠재적인 범죄자들은 자신들의 범죄충동이 그런 사회적 결함에 의한 필연적인 것이라는 편집증적 논리를 더욱 발전시키고 더욱 뻔뻔스럽게 자신들의 범행을 변명할 수 있게 교육받게 될지 모른다. 이 같은 어쩔 수 없는 상황전개가 결국 제2, 제3의 범죄를 부추길지도 모른다. 참으로 인간은 스스로 어찌할 수 없는 존재인지. 여하튼 지금 심정은 철저한 수사와 강력한 법적 대응을 당부하고 싶을 뿐이다.

(한국일보 1994년 9월 22일)

02.

폭력의 해부

요즘 일진회 같은 청소년들의 폭력이나 일본의 독도 관련 행태에 대한 기사를 보면서 새삼 폭력의 문제를 생각하게 된다. 이 두 가지는 별개 같으나 폭력이라는 점에서 공통분모를 가지고 있다.

폭력은 공격 본능이 행동으로 표현되는 것이다. 공격성은 생존을 위한 본능의 하나로서, 동물이 먹이를 향해 돌진하는 데서, 그리고 적이 나타났을 때 자신을 방어하기 위해 적을 공격하는 데서 볼 수 있는 태생적 장치다.

사람들은 동물의 생존을 위한 공격성에 대해서는 악(惡)하다고 생각하지 않는다. 왜냐하면 자연세계에서는 생존이 보장되면 동물은 더 이상 공격하지 않기 때문이다. 사자가 영양을 추격하다 실패해도 화를 내기는커녕 바람 부는 초원 위에 영양과 더불어 가만히 서있다.

사람에게는 이러한 생존을 위한 공격성은 그리 눈에 띄지 않는다. 사람은 지혜가 있어 문명사회를 이룩하였고, 특히 현대 사회는 풍요할 뿐 아니라 미리 경험을 통해 수많은 관습, 법, 도덕으로 폭력을 통제하는 장치를 마련해 두었기 때문이다.

그러나 사람에게는 동물로서 타고난 공격성 본능은 그대로 남아 있는 데다 힘은 남아돌고 상상력은 더욱 발달해 있다. 그 결과 사회는, 달리 본능적 충동을 만족시킬 통로를 마련해 줄 필요가 생겼다. 그 통로의 한 예가 놀이다. 아이들은 놀이를 통해 상상력을 발휘하고, 공격성을 해소한다. 여기까지는 현대인도 동물이나 원시인간과 비슷하다.

그런데 놀이도 나이가 들면서 또는 문명과 함께 발달한다. 그리하여 인간은 소위 인간적 내지 문화적 즐거움을 누릴 수 있게 되었다. 사람의 능력과 상상력은 즐거움을 더욱 극대화했고, 급기야 필요 이상의 탐욕과 쾌락을 추구하게 만들었다. 문제는 동물적 공격성이 오로지 쾌락 또는 탐욕을 위해 나타나는 경우다. 현대인에게는 사냥은 이미 먹이를 위한 것이 아니라 탐욕과 쾌락을 위한 것이 되었다. 공놀이에 도박이 추가되었고, 땅따먹기 놀이는 투기가 되었고, 술래잡기는 전쟁이 되었다.

갓난아기의 놀이는 별 의식 없이 팔다리를 휘젓고, 소리 지르고, 아무데나 대소변하는 것인데, 어린이는 이것을 재미있어 한다. 그러나 어른이 그런 갓난아기처럼 행동하면, 그것은 난폭한 비사회적 행동이 된다. 몸집이 커서 누군가를 다치게 하고 손해를 끼치기 때문이다. 그리하여 어린이는 자라면서 이런 난폭한 행동을 자제하는 것을 배운다. 그것을 배우지 못한 어른은 정신장애자이거나 범죄자다.

지금 우리 사회에 폭력이 많아진 것은 과잉된 쾌락과 탐욕을 자제하는 것을 배우지 못했기 때문이라 할 수 있다. 그런 자제심은 부모, 교사, 어른들이 가르쳤어야 했던 것이다. 어른들은 지금이라도 개탄만 할 것이 아니고 방법을 찾아야 한다. 아마도 통제된 범위에서 공격성을 해소하도록 놀이공간을 만들어주고, 동시에 어른들이 스스로 자제하는 것을 모범으로 보여야 할 것이다. 그런데 어른들이 공개적 장소에서 패를 나누어 난동 부리는 모습을 보여주어서야 되겠는가?

누군가가 일본에게도 자제심을 가르쳐 줄 수 있어야 한다. 어떻게 일본에 독도 문제를 거론하는 것이 탐욕이라는 것을 가르쳐 줄 수 있을까? 덩치 큰 존재가 어린 아이처럼 자기 좋을 대로 해치우는 것이 얼마나 파괴적인지 깨닫게 할 수 있을까? 어떻게 그들의 만세(반자이)가 유아적이라는 것과, 또 그래서 상대에게 폭력이 된다는 것을 깨닫게 해 줄 수 있을까?

결국 우리가 어른 노릇을 하려면 우리 자신이 어른다워야 할 것이다. 최소한 우리의 아이들이라도 어른들을 어른으로 인정하도록 해야 하지 않을까? 한국 사회에 폭력이 증가하고 있는 것은 일진회 사건이 아니더라도 모두 느끼고 있다. 교통사고가 많은 것도 폭력의 한 현상이고, 자살이 증가하고 있는 것도 폭력의 한 현상이다.

폭력으로 폭력을 극복하기는 힘들다는 것은 역사적으로도 알 수 있다. 폭력이 아닌 힘, 인간문명적인 힘, 진정한 힘을 보여주어야 한다. 진정한 힘은 사랑에 기초하고, 도덕적이어야 하고, 용기에 의해 발휘될 것이다. 그 힘은 단체적으로도 나올 수 있을 것이나, 일단은 "한 사람의 힘"으로부터 시작될 것이다.

(국민일보 2005년 3월 25일)

03.

악플, 자살 그리고 공격성

요즘 우리사회에서 주목받은 이슈 중에 악플과 유명인의 자살이 있었다. 우리나라의 자살률은 세계최고 급에 속한다. 특히 20~30대 인구 중에서는 사망 원인 중에 자살이 1위라고 한다.

악플이나 자살문제는 꽤 오래전부터 문제시되어 왔고 또한 이에 대한 여러 대처방안이 논의되어 왔으나, 별다른 개선을 보이지 않고 있다. 그 이유가, 필자는 우리사회에 워낙 크게 만연하고 있는 공격성의 증가 때문이라고 생각한다. 공격성은 어딘가를 향하기 마련인데, 악플은 타인에 대한 공격이고, 자살은 자기에게 향한 공격이라고 해석되기 때문이다.

공격성은 일반적으로 동물이 먹이를 얻기 위해, 그리고 적으로부터 자신을 방어하기 위한 행동양식이다. 이러한 공격성은 선악의 판단을 넘어선 자연의 행동이다. 그러나 인간에게는 웬일인지 이러한 동물의 공격성에 더하여 쾌락을 위한 공격성이 있다. 인간적인 것을 우리는 흔히 높이 평가하지만 공격성은 반드시 그렇지 않다. 인간만이 잔학한 행동을 개발하여 즐기는 동물이기 때문이다.

우리사회 '공격성' 위험 수준

문제는 우리가 과거 억압받아 왔다고 생각하기에 사회적으로 공격성의 표현을 관대히 보아 주는 데 있다. 그리하여 공격성은 점차 일반적인 인내심의 한계를 넘어 점점 더 과도하게 표현되기에 이르렀다. 이전에는 도리(道理)라든가 염치 등등 겸양의 예의범절 때문에 함부로 행동하는 것이 잘 통제되었다. 그런데 이제 그런 구식 행동방식은 어리석은 것으로 간주되고, 자유분방한 행동이 보다 인간적이라는 점에서 장려되었다. '참으면 나만 손해보고 결국 병이 된다' 고 생각하는 것이다.

흔히 공격성에 분노, 폭력 등만이 포함된다고 생각하지만, 여기엔 여러 양상이 있다. 고집, 억지, 무관심, 불러도 대답 않는 것, 시키는 일에 미적미적대는 것, 뼈아픈 농담, 시니컬한 비판 등등…. 요컨대 법에 걸리지 않게 상대방을 마음 상하게 하고 힘들게 하고 궁지에 몰아가는 행동이 다 공격성 행동에 포함된다. 이런 공격성을 수동(受動) 공격성이라 한다. 수동적이든 능동적이든, 상대방에게 불편감을 주거나 화가 나게 만드는 모든 행동은 공격적 행동이라고 할 수 있다. 자살과 악플은 물론 교통사고, 안전사고, 어린이들의 주의산만, 청소년들의 폭력과 왕따현상, 음주와 흡연의 증가, 이 모든 것이 공격성의 증가에서 오는 것이다. 즉 감정표현 내지 감정의 실현에 절제가 없다는 뜻이다. 고진감래(苦盡甘來)를 위해 기다리지 못한다. 즉각적 만족을 실현하지 못하면 손해 보았다고 생각한다.

나부터 참는다는 자세로…

악플은 그 중에서도 꽤 교묘한 공격성의 표현이다. 익명이지만 형식적으로는 자유분방하게 자신을 표현하는 일이다. 그럴듯한 변명이다. 하지만, 그것은 어둠 속의 비수 같은 살인적 행동이다. 그리고 그 원인은 명백히 악(惡)한 감정이다. 이런 공격성이 증가된 사회에서 자살은 필연적으로 증가할 수밖에 없다.

우리는 화를 표현하면 결국 우리 끼리 상처를 주게 된다는 사실을 깨달아야 한다. 우리는 한국 땅, 좁은 공간 안에 모여 살고 있다. 화를 내고, 누구를 공격하면 그것은 돌고 돌아 결국 그 해가 나에게 미친다. 내가 배짱을 부리면 누군가는 꼭 마음에 상처를 받게 된다. 누군가가 먼저 참기 시작해야 이 악순환을 끊을 수 있을 것이다. 그 누군가는 나부터라야 할 것이다. 누군가의 희생과 모범정신이 없으면 우리 사회는 결국 내부의 익명의 공격에 시달리다가, 사회의 자살이랄까, 스스로 멸망할 수밖에 없을 것이다.

(조선일보 2007년 2월 5일)

04.

엽기 도발의 한계를 그어야 한다

최근 우리 사회가 목격한 공개방송 알몸 노출이나 시어머니 뺨을 때리는 장면 같은 일련의 도발적인 엽기적 사건을 보면서, 우리 사회가 후퇴하고 있다는 조짐을 느낀다. 마치 정상적으로 학교 잘 다니던 청소년이 마리화나를 피우는 것을 보고 느끼게 되는 위기감과 같다고 할까. 이제 그 청소년은 머지않아 본드나 필로폰까지 사용하게 될지도 모르기 때문이다.

**"마약 중독 비슷한 내성과 금단 현상 수반
파괴적 충동 허용하면 큰 대가 치르게 돼"**

왜 하필 이 사건들을 마약 중독(中毒)에 빗대어 이야기하느냐 하면, 이들이 서로 유사하기 때문이다. 중독 현상이란, 예를 들면 술을 습관적으로 마시다 보면 주량이 늘고 더 독한 술을 찾게 되는데 이를 내성(耐性)이라고 한다. 나중에는 술에다 수면제나 필로폰을 타서 마시고, 그런 것들을 구하기 위해 범죄를 마다하지 않게 된다. 알몸 노출이나 뺨 때리기 같은 성적 행동이나 폭력도 시작이 어렵지 한번 맛 들이면

중독되기 쉽다. 이런 행동은 마약처럼 쾌감을 야기하기 때문이다.

중독 현상의 또 다른 특징은 일단 중독이 된 이후 사용을 중단하면 고통스러운 금단(禁斷) 현상이 생긴다는 것이다. 금단 현상이 얼마나 가혹한지 술이나 담배를 잘 끊지 못하는 이유를 생각해 보면 쉽게 알 수 있다. 마약 중독뿐 아니라 쾌락을 위한 모든 중독 행동들 즉 인터넷 중독, 도박 중독, 섹스 중독 등등에는 내성과 금단현상이 있다. 그리고 그 결과는 모두 파멸이다.

섹스와 폭력은 쾌감을 주기 때문에 경험하면 경험할수록 내성이 생겨 더 자주, 더 강한 자극을 추구하게 되기 쉽다. 예를 들어 이제 우리나라에서도 영화나 비디오 게임에서 점점 더 성적 노출이 많아지고 폭력은 점점 더 피비린내를 내고 있다. 자극은 자극을 부르고 스스로 몸집을 불린다. 이러한 와중에서 TV 공개방송 알몸 노출 사건이나 시어머니 폭력사건이 벌어진 것이다. 이번 사건들은 모두 우리 사회에 이미 허용의 범위를 넘어, 섹스와 폭력의 자극에 대한 내성이 이미 상당한 수준으로 키워져 왔다는 것을 의미한다.

일찍이 아담과 이브가 자신들의 부끄러운 부분을 가림으로써 짐승으로부터 인간이 되었고, 문명사회가 발달하였다. 그런데 이번같이 공개장소에서 가린 것을 벗어던졌다면 그들은 무엇을 노렸을까. 아마도 그들은 알몸 노출 순간 그동안 길러왔던 내성의 벽을 돌파하는 폭발적 쾌감을 느꼈을 것이다. 동시에 이는 지금까지 우리 사회가 통제하려 했던 바에 대한 폭력적 도발이었다. 그들은 가면과 같은 분장 뒤에 숨어서 야유까지 하지 않았던가.

그러나 그것은 인간적 성숙을 비웃고 짐승의 상태로 후퇴하는 몸짓과 다름없다. 자연 상태의 동물이 멋지기는 하지만, 인간은 이미 동물 상태로 후퇴할 수는 없다. 물론 문명이란 인간이 짐승으로서 가지고 있는 충동을 억압하는 과정이라고 보는 견해도 있다. 그래서 일찍이 프로이트는 문명은 사람들에게 불만을 초래한다고 분석한 바 있다. 그래서 사람들은 증가되어 온 자유에 내성이 생겨, 지금 누리고 있는 자유도 성에 차지 않는 것일까.

문제는 내성이 육체적 현상이며, 이런 육체적 현상은 사람이나 동물이나 마찬가지라는 사실이다. 그래서 성인군자라 하더라도 술을 계속 마시면, 이성이나 의지와는 상관없이 육체에 내성이 생긴다. 따라서 이미 발을 내디딘 쾌락을 향한 육체의 충동을 인간 정신이 억제하기 쉽지 않다. 그렇다고 충동을 조금씩 허용해 주다 보면 언젠가는 눈덩이처럼 커져 그 압력을 감당하기 어렵게 된다. 한번 도발을 허용하면 도발은 도발을 부르고 스스로 키워갈 것이다. 나중에 이를 통제하려 들면 파괴적인 금단 현상이 복수에 나설 것이다.

우리는 충동 표현을 허용하다 보면 결국 짐승의 충동이 인간 사회를 지배하게 될지도 모른다는 것을 예상해야 한다. 모든 병이 그러하듯이, 조기에 발견해서 치료하지 못하면 결국 개인이나 사회는 큰 대가를 치러야 한다. 우리에게 아직도 냉철한 이성이 조금이라도 남아 있다면, 더 늦기 전에 이런 파괴적 충동을 적절한 통제 하에 두어야 한다. 아니면 전능하신 신에게, 우리를 파괴하려는 우리 자신의 충동으로부터 우리를 보호해 달라고 기도해야 할 것이다.

(조선일보 2005년 8월 5일)

05.

파괴성만 키우는 인터넷 루머

미국산 쇠고기 수입 재개에 따른 광우병 논란이 매우 거세다. 특히 인터넷상에서 그 논란과 루머 등이 증폭되고 확산되면서 국민들의 불안감을 조성하고 있다. 인터넷에 돌아다니는 각종 정보와 루머는 확인되지 않은 주장이거나 왜곡된 사실이 많다는 점에서 그 문제점은 더욱 심각하다. 사람들은 인터넷에 돌아다니는 정보를 검증하지 않고 사실로 받아들이는 경향이 있기 때문이다.

최근 광우병 루머를 주도적으로 옮기고 확산시키는 이들은 일부 청소년과 20대 초 젊은 층이라고 한다. 이들은 왜 이렇게 검증되지 않은 내용을 주도적으로 퍼뜨리고 있는 것일까.

우선 청소년은 성인에 비해 상대적으로 미숙한 정신상태에 있다. 그래서 부당하다고 생각되는 사실에 대해 앞뒤 안 가리고 적극적으로 무모하게까지 의견을 표시하는 것으로 볼 수 있다.

청소년은 또한 정체성을 찾아가는 과정에 있다. 이들은 '패거리 형성'을 잘하는 경향이 있다. 그래서 집단행동이 나온다. 집단 속에 자신을 파묻어 표가 나지 않게 행동해 보고.,결과가 어떤가, 괜찮은가를 보고 싶어 한다. 결과가 괜찮거나 환영받으면 더 심한 행동을 하도록 유도되기 쉽다.

인터넷의 익명성도 이런 청소년과 청년들이 과감한 행동을 할 수 있도록 부추기는 역할을 한다. 인터넷이라는 익명성이 보호해 준다는 생각에, 인터넷을 잘하고 시간이 남아도는, 그리고 달리 할 일이 없는 청소년과 청년들은 자연히 충동적이고 과격한 내용을 퍼뜨리는 행동에 몰두하게 된다.

사람은 자극적인 것을 좋아하는데 그것은 본능적 욕구다. 자극은 하면 할수록 더 강한 자극을 요구하게 된다. 이를 중독의학에서는 내성(耐性)이라 한다. 루머가 날이 갈수록 더욱 자극적이 되고 과격해지고 더 널리 확산되는 현상은 중독(中毒)에서의 내성 성향을 나타내는 것으로 생각된다. 그런데 그 클라이맥스는 대개 파탄이다. 이 모든 행동의 배후에는 공격성, 타인의 곤란을 은밀히 즐기는 경향성이 있다.

그러나 이런 행동은 그 대가를 동반한다. 뭔가 잘못하고 있다는 느낌, 내심 미안한 생각, 들켜서 벌 받지 않을까 하는 마음 등 죄책감과 두려움이 나타날 수 있다. 그 결과 대인기피, 고립, 피해의식, 나아가 우울증 등이 생기거나 악화될 수 있다. 악순환하는 것이다.

악플의 유행은, 한국인의 고질병처럼 인구에 회자되는 “집단성”(集團性이) 확인되는 것 같아 씁쓸한 마음을 지울 수 없다.

청소년뿐만 아니라 어른들도 격앙돼 의심의 말을 뱉으며 서로 상대편의 의도를 의심하며 논쟁을 벌이는 상황을 보면 우리 수준이 이 정도인가 하는 걱정이 앞선다.

루머에 나타나는 요구사항은 마치 의처증이나 의부증 환자가 상대방에게 바람피우지 않았다는 증거를 대라고 하는 것과 유사해 보인다. 의사로서 의처증 환자에게 의심의 문제를 지적하면 환자는 오히려 자기 부인과 의사가 짜고 자기를 환자로 내몬다는 의심을 더 크게 하곤 한다. 마찬가지로 이번 사태에서 누가 용기 있게 악성 루머의 문제점을 지적하면 무더기로 비난을 덮어쓰게 될 가능성이 크다.

균형 잡힌 상상력이 의심병을 치유하는 길이다. 의심도 상상력의 산물이지만 균형 잡힌 상상력은 의심의 상상을 해소해 준다.

우리에게 잃는 게 있으면 얻는 것도 있게 마련이라고 상상해보는 것은 어떨까. '정부로서는 협상에서 잃은 것만큼 얻었을 가능성이 있는데 이를 공개하기 어려울지도 모른다' 고.

(매일경제 2008년 5월 14일)

06.

왜 편 가르기를 하는가?

분리(分離)라는 정신기제(精神機制)를 잘 사용하는 환자가 정신과 입원실에 입원하면 치료진들 사이에 혼란이 일어나기 쉽다. 그들은 곧잘 환자들과 치료진 사이를 이간질 하고, 의사들과 간호사들 사이를 이간질하고, 레지던트들과 교수들 사이를 이간질하기 때문이다. 그 방법은 비교적 간단하다. 예를 들어, 환자들은 회진 시간에 "선생님, 저의 진실을 듣고 싶으시면, 저 간호사들은 여기서 나가도록 해 주세요"라고 말한다. 이간질이란 대상을 두 집단으로 분리하고, 한편은 좋다고 하고 다른 한편은 나쁘다고, 편 가르기를 하는 것이다.

보통 사람들도 편 가르기를 곧잘 한다. 우리는 모두 다 같은 문제 있는 인간이기 때문이다. 수준 높은 사람일수록 보다 세련된 이유를 댄다는 것이 다를 뿐이다. 그래서 사회적 차원에서도 분리 현상을 보는 것도 어렵지 않다. 어떤 사회에서든, 적과 동지를 뚜렷이 구분하고, 같은 편끼리는 우정과 의리를 지켜야하고, 상대편은 타도해야 한다고 강조한다. 중간은 허용되지 않고, 타협은 비겁한 행동으로 간주된다. 그런 개인이나 조직이 있다면, 그들은 분리를 행사하고 있는 것이다.

현실적으로 어느 한 집단이 전적으로 나쁘거나 전적으로 좋을 수는 없다. 그럼에도 불구하고 무리하게 흑백으로 분리를 하는 이유가 무엇인가? 그것은 그렇게 하면 할수록 그 자신의 마음이 편해지기 때문이다. 즉 분리는 개인이 불안한 상태에 직면하여 자신 체면을 지키고 마음의 평화를 얻기 위한 정신기제 중 하나이다.

사람은 누구나 자신에게 좋은 면과 나쁜 면이 동시에 있다는 것을 내심 알고 있다. 그런데 이 둘을 완전히 분리하여 좋은 면은 자기 것으로 하고, 나쁜 면은 무의식적으로 외부로 투사하여, 타인에게 그런 나쁜 것이 있는 것으로 치부하면 나의 마음이 편해지게 된다. 예를 들면, 나는 좋은 사람으로 그 누군가를 미워하고 싶지 않으나, 그가 날 미워하니 나도 어쩔 수 없이 나도 그리된다는 것이다. 이와 같이 자신의 분리는 대상을 분리하게 만들고, 결국 사회 전체를 분리함으로, 분리가 확대되어 나간다. 이런 사람들은 사물까지도 흑백논리로 대한다. 어느 나라 상품은 무조건 좋고 다른 나라 상품은 무조건 형편없다는 식이다.

분리는 건강한 행동방식이 아니다. 그 결과를 보면 이를 잘 알 수 있다. 우선 분리 때문에 극단적 애증(愛憎)의 대인관계나 심한 편견이 나타난다. 그리고 그에 따라 폭력과 같은 극단적 감정이 쉽게 표출된다. 그런 인격성향을 가진 사람이 어느 집단에 들어오면, 그 집단은 여간 지혜롭지 않는 한 그리고 여간 상호신뢰가 높지 않는 한, 결국 그 한사람 때문에 구성원 간에 편이 갈리고 의심과 싸움이 야기되고 여러 사람이 괴롭게 되고, 결국 그 집단은 파국을 맞는다.

이런 장애는 치료하기 쉽지 않다. 분리란 현실을 무시하고 자신이 편하고자 사용하는 기제이기 때문에 그 자신은 고통을 느끼지 않고 따라서 치료받을 필요를 느끼지 않는다. 오히려 그는 자신에 의한 혼란은 당연하다고 생각하며, 심지어 분리를 자신의 영웅적인 또는 비극적인 역할로 자부하기도 한다.

어쨌든 치료의 핵심은 무의식화된 자신의 부정적 요소를 드러내어 "의식"(意識)하게 만드는 것이다. 그리고 이를 긍정적인 자아와 통합하게 만드는 것이다. 이 의식화를 위해 가장 중요한 것은, 자신 속에 숨겨져 있는 불안, 욕망, 미움, 분노, 폭력성 등이 폭로되는데 따르는 두려움을 극복하는 것이다. 이를 위해 치료자와의 공동노력에 대한 신뢰가 핵심적 역할을 한다. 이러한 감추어진 자신을 통찰함으로 보다 완전한 존재로 통합되는 과정을 우리는 자기실현(自己實現)이라고 부른다.

치료자에게 중요한 것은 일관성 있게 신뢰를 보이는 것이다. 왜냐 하면 환자는 끊임없이 자신을 도와주려는 사람도 자극하여 그의 마음도 분리되도록 시도하기 때문이다. 이 게임에서 치료자가 지면, 치료자의 마음도 분리되어, 나는 좋은 치료자인데 환자가 워낙 나쁘다고 보게 되어(그 반대도 가능하다), 치료가 실패하기 쉽다. 이 현상은 사회적 차원에서도 볼 수 있는데, 타협 또는 협상의 실패과정이 바로 그러하다.

사회가 분리를 극복하고 통합으로 나가는 것은 개인보다 더욱 어렵다. 집단이 되면 개인일 때 보다 더욱 이기적이 되기 때문이다. 개인은 도덕적이 되고 싶어도 집단이 되면 비도덕작이 되기 쉽다고 하지 않는가?

그러나 그러한 때에도, 숨겨진 진실이 드러나는 것에 관한 두려움을 상대편이 인정해주고, 그 극복을 우정으로 격려하는 것이 필요한데 이는 고도의 사회적 기술을 요한다. 사회적 통합이란 개인에 있어서와 유사하게 감추어져 있는 부분이 드러나 이미 드러난 부분과 통합되어 전체가 광명정대(光明正大)하게 되는 것이라 본다. 사회의 발전이란 결국 분리로부터 다양성의 인정, 공존 그리고 통합으로 향한 인위적인 노력의 결과가 아닐까?

진실의 발견에 대한 두려움의 극복, 일관된 신뢰와 사랑, 이런 말들이 편 가르기의 극복과 통합에 관련된 키워드들이다,

(국민일보 2005년 2월 18일)

07.
배짱과 야한여자

최근 모대학교수가 쓴 「나는 야한 여자가 좋다」라는 책이 선풍적인 인기를 끌어 장안의 종이 값을 올리고 있다. 이 인기는 나로 하여금 수년전 정신과 의사가 쓴 「배짱으로 삽시다」라는 책의 인기를 상기시켜준다. 배짱과 야한 여자, 아주 멋진 콤비네이션이다. 공통적으로 지성과 세련됨, 그리고 대중적 인기도 골고루 갖춘 이 시대의 단어들이다. 이 시대란 한반도 남쪽의 1980년대 후반부이다. 이 시대는 「못 먹어도 go다!」라는 고스톱열풍이나 여성잡지의 어지러운 속옷 선전의 범람 등으로 특징 지워진다. 그리고 이런 선동에 나 자신의 심약한 마음이 다소 고무 받은 것 또한 사실이다.

배짱으로 살자는 것은 무엇일까. 참기만하고 죽어지내기만 하고 살지 말자. 주눅 들어, 소극적으로 열등의식에 사로잡혀 패배의식으로 노예처럼 살지 말자. 대신 적극적으로 당당하게 자기주장을 하며 살자, 대강 이러한 뜻이겠다. 옳은 말이다. 그러나 나는 이러한 배짱 운운하는 말에 은근히 걱정이 된다.

지성인과 성업성이 만든 걱정스런 조화

양보, 겸소, 소박함이 존중되어야 할 시대

아마도 내가 워낙 심약(心弱)하기 때문인 것 같은데, 내 걱정은, 그러한 충고대로 모든 사람이 두둑한 배짱을 가진다면 세상이 어떻게 될까 하는 것이다. 양보도 없고 겸손도 없으며 대신 배짱이다 하여 밀어붙이고 버티고 하면 어떻게 될까? 참으로 노이로제 환자 같은 걱정이지만, 배짱부리는 일이 지나치면 혹시 공격적이 되지 않을까, 깡패 같지 않을까, 폭력적이 되지 않을까 하는 것이다. 배짱이 배짱이 되려면 상대방의 양보나 패배가 있어야 하는데 그렇다면 배짱이란 결국 상대방에 상처를 주는 것 아닌가.

야한 여자도 그렇다. 여자가 볼품없이 하고 다니는 것은 물론 보기에도 좋지 않고 그 본인도 행복하지 않을 것이다. 여성의 화장이나 치장은 거의 본능적인 것 같은데 그것을 소홀히 하는 것은 뭔가 자연스럽지 못하고, 무슨 문제가 있기 때문일 것이다. 여자가 눈에 딱 뜨이게 예쁘게, 화사하게, 물론 세련되고 야하게 꾸민다는 것은 여성만의 매력, 그 섹스어필을 들어내는 것이 아니겠는가, 본인의 자존심에도 만족을 줄 것이고, 주위도 환하게 밝게 할 것이고, 특히 주위 남성들을 즐겁게 할 것이다. 옳은 말이다. 야한 여자 좋아하는 것은 많은 남성들의 숨겨진 비밀일 것이다. 독자들도 이미 눈치 챘겠지만 나는 이 말에도 역시 은근히 걱정이 된다. 아마 내가 아름답게 야한 여자 앞에서 쉽게 주눅이 드는 남자이기 때문일 것이다.

주위여성이 모두 섹스어필하게 치장하고 다니거나, 아니 섹스어필하게 보인다면 이세상이 어찌될까, 지나친 생각일지 몰라도 모든 여성들이 섹스에 온통 강박적이 되거나 모두 경쟁적으로 야해지다가 그만 어떻게 되는게 아닐까 걱정이 된다. 야한 여자가 아니 매력적인 여자가 돋보이려면 수수한 여자도 있어야 하는 것 아닌가.

배짱과 야한 여자라는 단어가 선풍적인 인기를 끈 이유가 여러 가지 있겠으나 글쓴이들이 지성인이라는 점과 상업성을 띄는 것, 당시 사회 분위기가 책 내용과 맞아 떨어진다는 사실 때문이라는 설명이 설득력이 있다. 배짱이라는 단어는 이 시대의 도박적 모험주의, 한탕주의 심리와 그 궤를 같이하고 있는 것 같다.

야한 여자는 최근의 민주화, 개방주의, 사치, 향락, 그리고 높아진 여성의 자의식등과 무관하지 않으리라, 그런데 참으로 심약한 걱정이지만 배짱적 폭력과 이기기 힘든 성적유혹이 부딪히면 어떤 결과가 날지 무섭다.

이런 단어들은, 아니 이러한 선동적 언어들은 좀 더 자제되고 삼가져야 될 것이다. 이런 말의 유희는 일시적으로 스트레스를 풀게 할 수 있겠으나, 인간의 약(弱)함과 악(惡)함이 이 기회를 놓치지 않을 것이기 때문이다.

요즘같이 세상이 온통 폭력과 섹스로 어지러울 때는 겸손과 양보, 검소함과 순박함이 그 이상으로 존중되어야만 이 세상이 그런대로 겨우 균형을 유지할 수 있을 것이다.

(연세의료원소식 제 175호)

08.

현대인의 罪

옛날 사람들에 비해 현대인들은 죄(罪)가 많다. 동굴에 벽화를 그렸던 크로마뇽인이나, 고대 신화를 만든 희랍인이나 화랑도의 신라인들을 생각하면 아무래도 그들의 현대의 우리들보다 선량하고 기상이 씩씩하고, 자연과 조화를 이루므로 죄가 적지 않을까 싶다.

현대인에게 죄가 많다면 무엇을 보고 그렇게 말할 수 있을까. 현대사회의 여러 모습이 바로 그 죄의 결과라고 보기 때문이다. 나무가 좋은가 나쁜가는 그 열매를 보고 알 수 있듯이 개인의 마음이 선(善)한가 악(惡)한가는 그 행동의 결과를 보면 알 수 있다고 한다. 따라서 현대인이 행동한 결과를 보면 얼마나 죄가 많은가를 알 수 있는 것이다.

현대사회의 특징적 죄란 무엇인가.

흔히 자연파괴, 공해, 대량살상의 전쟁, 자극과잉(정보과잉), 인구밀집, 소외감, 극심한 경쟁, 마약, 범죄, 정신장애 환자의 증가 등등이 거론되고 있다. 과거에도 이런 문제가 없었던 것은 아니나, 시간적, 지역적으로 어떤 한계 내에 있었다. 그러나 지금은 이 모든 것이 범세계적이다. 이들 병폐가 바로 현대인의 죄의 결과인 것이다. 그 설명의 실마리를 인구증가에서 찾아볼 수 있다. 사람의 지혜가 발달하고 의술이 발전하여 출생이 늘고, 병으로 일찍 죽는 사람이 적으니, 현대에 이르러 인구가 폭발적으로 증가했다. 일정한 지역 내에서 많은 인구가 살게 되니 경쟁이 심해지고 도시가 커지니, 인근의 숲을 파괴해 나갈 수밖에 없었다.

생산에도 경쟁이 심화되면서 산업공해, 농업공해가 생겨 자연파괴가 더욱 심해졌다. 과학기술과 산업이 발달하니 대량 살상무기가 발명되고, 그래서 세상 살기가 더욱 무시무시해졌다. 불안해지니 마음이 악해지고, 범죄는 쉬워지고 불안은 더욱 강화되었다.

그래서 마음 약한 사람이 정신질환이 걸리기 쉬워졌다. 안락한 생활, 술과 마약, 공해 등으로 새로 태어나는 아이들은 약골이 되거나, 유전적 결함을 가지고 태어나기 쉬워지고, 그리고 현대의술과 경제적 부(富)는 그런 약골이나 결함 있는 아이들을 다 살려내고 또 그들도 자식을 갖도록 또 도와주고 있다.

복잡한 세상을 살려니 알아야 할 것이 많아 고학력시대가 왔다. 입시경쟁은 인생의 처음부터 어린이들을 좌절시키고 있다. 그래서 열등한 수많은 사람이 소외되고 있다. 옛날 시골마을에서는 오히려 평등하게 서로 더불어 살지 않았던가? 정보과잉은 오히려 사람을 멍청하게 만든다.

최근 정신질환자들이 보이는 공포증 중 하나가 머릿속으로 무수한 전파들이 꽤뚫고 지나간다는 것이다. 텔레비전의 전파, 라디오의 전파, 카폰 전파, 삐삐전파, 군사용 전파, 인공위성에서 쏘는 전파 등등. 우리

머릿속으로 얼마나 많은 전파들이 통과하는가? 그래도 과연 괜찮을까? 이것은 하나의 예일 뿐이다.

그래서 그런지 현대사회에는 신경질, 짜증, 적대감, 피해의식, 분노가 팽배하고 여기저기 광기(狂氣)가 번득이고 있다.

모두들 자연으로, 동심으로, 고향으로, 어머니 품으로, 과거 좋았던 때로 돌아가자고 외치나 우리는 결코 다시 돌아갈 수 없음을 잘 알고 있다.

이것이 현대인의 우울이다. 현대인의 죄의 결과인 것이다. 인간의 자신의 지능을 개발하여 현대사회를 만든 결과(값)이다. 아무도 이런 결과를 원치 않았을텐데 왜 이렇게 되었을까. 사람 한 사람 한 사람을 보면 모두 착하고 선량하며, 이해할 만하다. 그런데 현대사회는 왜 이렇게 되어 버렸을까.

그것은 아마도 우리가 미처 모르는 우리 마음속 깊이 감추어져 있는 어떤 악(惡)때문이라고 말하지 않을 수 없다. 그 악은 깊이 감추어져 있어 우리가 모르는 사이에 우리를 조종해 왔던 것 같다. 그 악은 원래 사람에게 타고 난 것이지만, 과거에는 어떤 이유에서든 사회적으로, 개인적으로 잘 통제되었던 것이다. 그러나 사람이 지혜에 눈이 뜨고, 꾀가 나면서 그 악이 조금씩 통제를 벗어나 사람에게 쾌락을 조금씩 맛보이면서 점차 본색이 드러나게 된 것처럼 보인다. 비밀스러운 쾌락이 더욱 강렬하기 때문에 그 악은 우리 모르는 사이에 에이즈 균처럼 퍼지고 있다. 그리고 그 악은 아마도 사람의 눈을 흐리기 위해 다른 이름을 앞장세웠을 가능성이 있다. 과학기술의 이름, 의술의 이름, 번영의 이름 등등. 유전공학의 기술 발전은 나중 어떤 해독을 미래 인류사회에 끼칠지, 나쁜 방향으로 상상해 본다면 끔찍하다.

악이란 개방되고 자극될수록 쉽게 크게 그리고 점차 대량으로 표현된다. 이는 마치 아편과 같다. 그 맛을 알기 시작하면 인간의 정상적 정신, 또는 보통 정신은 그 유혹에서 이겨나기 거의 불가능하다. 자신도 빤히 알면서 가족과 이웃도 빤히 알면서도 아무도 말릴 수 없는 상태에서, 중독환자는 조금씩 망해간다.

누구가 이를 통제할 수 있을까. 그것은 이러한 사태를 이해하고 예측하는 능력과 창의력이 있는 우수한 잠재력을 가진 인간의 뇌, 즉 우리의 이성(理性)일 수밖에 없다. 그런데 우리의 이성은 우리를 우리의 죄에서 구원할 만큼 우수할까?

(商議週報 1998년 5월 6일)

01.
억울하고 분한 사람들

컵 속의 태풍

정신과 의사를 오래 하다보니, 진찰실 안에 앉아 있어도 세상 돌아가는 일을 대충 알 수 있다. 최근 부쩍 눈에 뜨이는 환자집단은 '억울해하는 사람들', '화내는 사람들' 이다. 이런 분들은 대개 집안 일, 친구사이, 회사 내의 일 등등 소규모 집단 안에서 인간관계로 인해 화를 내는 것이기 때문에 어찌 보면 컵 속의 태풍같이 다른 사람이나 사회 전체적으로는 중요한 일이 아니다.

그러나 "아마존 숲에서 나비가 펄럭이면 아시아에서 태풍이 불게 된다"는 말이 있듯이, 이제는 세상의 모든 일들은 서로 연결되어 있다고 본다. 진찰실에서 화가 나서 못 견디겠다는 사람의 분노가 어찌 사회의 폭풍으로 나타나지 않을 것이라 장담할 수 있겠는가?

화내는 사람들

전에는 화가 난다는 단순한 이유로 정신과에 찾아온 사람은 거의 없었다. 이전에는 화가 났다면 대개 자신의 인격 부족 때문이다, 화내면

체면이 안 선다, 수치스럽다, 또는 화를 내면 남한테서 욕을 먹는다 등의 이유로 화를 참고 표시 하지 않았다. 참는 것이 미덕(美德)이란 말이 존중되었다.

그런데 요즘은 화가 나서 못 참겠다는 이유로 본인이 직접 정신과 의사를 찾아오는 경우가 늘고 있다. 가장 전형적인 표현은 "이때까지 살아온 것 생각하면, 억울하고 분하다"라는 말이다. 이때까지 나는 한다고 했는데, 돌아오는 것은 억울하고 분한 것 밖에 없다는 것이다. 이전에는 화를 낸다는 '증상'은, 다른 정신장애의 공격적 행동증상의 일부로서만 중요시되었다. 그런데 이제는 우울증이나 정신분열병 같은 장애가 없음에도 불구하고, 단순히 '화가 나서 못 참겠다'는 호소를 하는 것이다.

여기서 화내는 사람이란, 감정적으로 화가 나 있을 뿐이며, 남한테 화를 표시하거나, 욕을 하거나, 폭력을 행사하는 사람이 아니다. 혼자 화내고, 혼자 억울해하고, 혼자 씩씩댄다. 이런 사람들이 정신과에 와서, 화가 나서 못 참겠으니, 상담해 달라거나 약이라도 달라는 것이다. 물론 이런 화내는 상태가 오래가면, 고혈압 심장병 등이 생길 수 있고, 우울증 등으로 발전할 수 있다. 그래서 일찍 도움을 받는 것은 바람직한 일이다.

그래서 필자는 '이제 단순한 분노도 병이라고 해야 겠구나' 라고 생각하게 되었다. 옛날에는 억울하고 분한 것은 적절히 자신이 처리할 수 있는 감정으로 보았다. 아니면 죽어 귀신이 되어 엉뚱한 다른 사람에게 해꼬지하는 방법만 있었을 뿐이다. 이제는 화나는 것도 의사가 ' 치료 '해 주어야 할' 병 '이 된 것이다.

화를 잘 내는 현상은 요즘 한국 사회문화의 하나의 특징이 아닌가 생각된다. 외국 신문을 잘 보지 않아 자신 있는 것은 아니지만, '홧김에 때

렸다', '홧김에 불 질렀다', '홧김에 자살했다' 같이 '홧김'이라는 말이 신문에 버젓이 그리고 자주 나는 것은 우리나라 뿐 아닌가 생각된다.

여하튼 요즘 화내는 사람도 많다. 어머니는 딸에게 화내고, 딸은 어머니에게 화를 낸다. 그러면 부부간에도 싸우게 된다. 분노는 전염되고 병균 같이 퍼진다. 격론, 투쟁, 분규, 결사항쟁, 화형식, '직격탄을 날리다' 등등 분노의 말들이 난무하고 있다.

최근 필자는 화내는 일에 임상적인 관심을 갖다보니, 신문기사에서 '화', 분노, 울화통, 분통, 한(恨)스러운, 울분, '끓는다 끓어' 같은 글자들을 유심히 살펴보고 스크랩도 하고 있는데, 그렇게 많은 기사들이 이런 단어들로 점철되어 있다는데 놀라움을 금치 못한다.

감정적 한국인

한국 사람은 대체로 감정적이다. 좋은 뜻으로는 인정이 많고, 해학을 즐기고, 음주가무를 좋아한다. 그러나 부정적으로 말하자면 쉽게 흥분하고, 사소한 일에 삐지고, 툭하면 섭섭하다고 눈물을 흘리고, 그리고 버럭 화를 잘 낸다.

우리 외할아버지 형제분들이 생각난다. 이분들은 평소 인정이 많고, 성격이 급하고, 동시에 우스개를 즐기는 쾌활한 분들이었다. 이 형제분들 중 한 분의 생일 때 함께 모이신 적이 있는데, 이미 몇 분이 작고하신 뒤였다. 남은 할아버지들께서 모여 술을 드시면서 즐겁게 노시다가, 돌아가신 형제분들 얘기가 나왔다. 옛 기억을 더듬으시다가 그만 한 분 두 분 우시는데, 결국 그 점잖으신 할아버지들께서 모두 눈물을 흘리며 우시는 것이었다. 이러한 장면을 본 이모님들은 할아버지들께서 정(情)이 많다고 하셨다. 이렇듯 풍부한 감정표현은 한국인들의 전형적인 모습이 아닌가 한다. 우는 모습은 요즘 한국사회에서도 흔하게 본다. 최근에도 점잖으신 어른들께서 억울하고 분한 감정에 엉엉 우는 장면들이 텔레비전 화면을 가득 채운 경우도 있었다.

한국인들은 정이 많다. 감정적 한국인인 것이다. 「겨울 연가」가 일본에서 히트하는 이유는 한국 젊은이들이 가진 순수하고 섬세하고 따뜻한 사랑의 감정에 대한 묘사 때문이라는 것이다. 어떤 평론가는 일본 중년 여인들이 "정(情)의 문화에 푹 빠졌다"고 표현하였다. 정이라는 감정은 한마디로 표현하기 어려우나, 어쨌든 한국인들은 다정(多情)하다. 심지어 "다정도 병인 양하여 잠 못 이뤄 하노라"하기도 하고, "바람에 지는 잎새에도 괴로워"하기도 한다.

2002 월드컵 이후 자칭 타칭으로 한국인을 '다이나믹 코리아'라고 말하는 것은 한국인들의 집단 무의식적인 격정적 감정상태를 일컫는 것이 아닌가 한다. 한국인이 원래 다이나믹했지는 모르겠으나, 요즘은 너무 다이나믹(too dynamic)하다.

한(恨) 많은 민족

한국인들이 감정적이라는 것은 유전적인 것 같다. 한국인에게서 감정이라 하면 금방 한이 연상된다. 어떤 학자는 한국인에게 한도 유전되어 왔다고 말한다. 한은 억울한 감정이다. 오랜 역사에 걸쳐 한국인은 억울하게 당해 온 일이 많았다. 혹자에 의하면 고구려의 상실 즉, 대륙의 상실이 한국인의 '억울함의 역사'의 시작이었다고 한다. 잦은 외침에 의한 인명의 상실과 재산의 손실, 계급에 의한 수탈, 남존여비 문화에 의한 그 숱한 여인들의 고통, 나라 잃은 설움, 식민지 지배에 대한 울분, 분단과 이별, 동족상잔의 비극, 독재자에 의한 박해, 가지지 못한 사람의 분노 등등 한국인의 한은 끝이 없다. 어느 나라인들 화나고 억울하고 한 많은 일이 없을까 마는, 한국인은 유난히 그런 일을 많이 겪었다고 생각한다. 그러는 동안 한이 유전되었다. 한국인들의 한을 잘 드러내는 예들이 많지만, 일제 때 민요에 다음과 같은 구절이 있다.

> "석탄 백탄 타는데 연기만 펄펄 나구요,
> 이내 가슴 타는데 연기도 김도 없구나."

이제는 어느 정도 잘 살게 되면서 가난의 한은 풀었으나, 이제 억압의 한풀이를 할 때가 되었다고 보는 것 같다. 억눌린다는 생각이 조금이라도 들면, 전에는 한으로 삭였으나, 이제는 더 이상 참지 않고 분노를 발한다. 요즘 한국 사회는 분노로 들끓고 있는 것 같다. 아내들은 더 이상 남편들에게 억눌리지 않겠다고 생각한다. 젊은이들은 권위자들에 대해 더 이상 억눌리지 않겠다고 생각한다. 노동자들은 더 이상 사장에게 억눌리지 않겠다고 생각한다. 이제 독재자에 대해 국민이 참는다는 것은 더 이상 상상할 수 없게 되었다.

화병

한(恨), 분노, '억울하고 분한 것'을 잘 삭이지 못하면 몸과 마음에 병이 생긴다. 그 병이 바로 화병이다. 화병이란, 억울하고 분한일, 화나는 일, 한스러운 일을 장기간 겪어 왔으나, 참을 수밖에 없는 사람들이 그 참은 것이 쌓여 생긴 이다. 새삼 억울하고 분한 생각이 들고, 몸에 열이 확확나고, 입이 타고, 거슴이 뛰고, 숨이 답답하고, 가슴에 무언가 치밀고, 답답하여 가만히 있지 못해 밖으로 뛰쳐나가야 되고, 한숨이 나고 하는 병인 것이다. 이 화병(火病)이라는 병명은 화나는 것을 불화(火)로 표현하는 한국인들의 심성을 잘 말하고 있다. 가슴이 타는데도 연기도 김도 나지 않게 참아야 한 결과가 화병인 것이다. 화병은 한이라는 한국 문화 현상과 관련된 병이다.

그러나 화병은 '불과 같은 분노의 파괴적 힘을 알기에, 분노를 참아야 한다'는 고통스러운 의지의 결과라는 점을 이해해야 한다. 희생의 결과란 점에서는 한과 같다. 며느리의 화병은 자신에게는 고통을 주지만, 그 덕분에 가족이 유지되고, 자식들은 잘 자라게 되는 것이다.

분노의 문화

과거 정이 많고 너그럽고 이웃을 잘 돕고 손님을 잘 대접하던 사람들이, 왜 이렇게 화가 많아 졌을까? 일제식민지, 6·25전쟁 등을 거치면서, 마음속에 숨어 있던 공격성이 자극받아 활성화가 된 것이다. 즉 참고 쌓였던 분노가, 우리의 오랜 미덕이었던 은근과 끈기의 벽을 뚫고, 밖으로 나타나고 있는 것 같다. 사회적으로 해방되면서 공격성도 해방된 것은 또 아닌지.

어쨌든 이제 한국인들은 더 이상 못 참겠다는 것이다. 새로운 세대는 인내와 염치의 미덕은 배우지 못한 채, 표현의 권리만 배운 것 같다. 참을성은 사라지고, 사소한 일에도 화를 버럭 내는 신경질적인 한국인들이 되었다. 명랑하고 온화했던 사람의 표정은, 무표정하고 건드리면 짜증을 낼 것 같은 긴장된 모습으로 대치되었다. 요즘 TV 코미디 프로그램에서도 '우격다짐'으로 웃기고, "짜증나, 짜증나"하면서 웃기려고 한다. 보기에 애처러운 코미디이다.

한국사회는 이제 만인에 대한 만인의 화내기로 물들여지고 있다. 모두 자신만이 억울하다고 생각한다. 혹시 나 자신이 잘못을 인정하면 그것이 핑계가 되어 잘못을 다 뒤집어쓰게 될까봐 절대로 사과하거나 양보할 생각이 없게 되었다. 혹시 겸손하게 "내 탓이오"라고 하다가는 "그래 네 탓이다"라는 말을 들을 것 같다. 잘못을 몰래 하나님께는 고백하더라도, 절대로 이웃한테는 잘못을 인정하면 안 된다고 믿게 되었다.

잘못을 인정했다가는 벌 떼 같은 공격을 받고, 그 모든 손해에 대해 보상을 해주어야 하기 때문이다. 끝까지 화내고 큰소리로 우겨야 되는 세상이 되었다. 분노와 저주의 극치는 인터넷에 올라와 있는 무명씨들의 글들을 보면 실감할 수 있다.

전에는 한을 문화라 하고, 한의 역동성에 의해 창조된 예술이나 사회개혁을 이루는 잠재력으로서 높이 평가한 때도 있었으나, 이제 한이란 젊은이들에게는 먼 나라 이야기로 들린다. 한은 눈물 쥐어짜는 소리에 불과하다. 이제는 참지 말고 화를 낼 때가 된 것이다. 한풀이 · 화풀이의 세상이 되었다.

그러나 잠간 머추어 서서 생각해 보아야 한다. 내가 화난다고 화풀이나 한풀이를 하면 나는 시원해지겠지만, 당한 상대방은 화가 나고 또 한이 생길 것이다. 한 사람이 배짱으로 나가면 다른 누군가 상처를 입게 마련이다. 한은 한을 부르고 그 고리는 계속 이어질 것이다. 이대로 지냈다가는 한국사회가 온통 투쟁과 상처의 세상이 될 것이다.

또 문제는 그 공격성이 우리 자신에게 향하고 있다는 점이다. 왜 우리는 우리의 분노를 달리 표현하지 못하고 우리 자신에게 상처만을 주는 것일까?

그러면 어떻게 하면 좋을까?

분노는 개인이나 사회를 죽음으로 가까이 몰고 간다고 하면, 이것은 너무 과장된 표현일까? 그러면 어떻게 하면 좋을까?

옛날에는 굿판을 벌렸다. 잘못은 귀신 탓, 액 탓으로 돌리고, 살풀이하고 귀신을 달래고 쫓아버리는 또는 저주를 다른 사람한테로 옮기도록 하는 의식을 통해 화나 한을 풀었다고 생각했다. 정신과 의사는 화내는 개인에 대해 도움을 줄 수 있다. 명상같이 개인적으로 화를 다스린다는 종교적 방법도 많이 이야기되고 있다. 그러나 화내는 사회에 대한 처방은 간단치 않다.

어쨌든 이제 화를 일단 진정하고 냉정해져야 한다. 단순한 화풀이 한풀이는 그만해야 한다. 다른 사람에게 상처를 주기 쉽기 때문이다. 정신과 의사의 견지에서 본다면, 일단 대화를 통해 상황을 이해하고, 화난 사람의 마음과 행동을 알아주고 인정해 주어야 한다. 지금까지 인내해 온 과정 속에서 보람된 것은 없었는지를 확인해 준다. 그리고 분노의 원인이 되는 정신적 사연에 대해 밝히고 그 연결고리들을 확인한 다음, 분노를 표현하는 방법에 대한 대안을 제시한다. 가능하면 본인 스스로 그 대안을 생각하게 도와주고, 그것의 실행을 적극 지지해준다. 다시 말하면 분노와 공격성을 승화하여 창조적으로 표현하는 것을 제안하는 것이다. 분노는 하나의 다이나믹한 힘이기 때문에 자타에 상처를 줄 수도 있지만, 얼마든지 창조적으로 표출될 수 도 있다. 물론 의사가 대안까지 가르쳐 주면 좋겠으나, 그런 소극적 방법은 피한다. 자신이 방법을 찾아 해결해보는 경험이 중요하다. 이는 진정 이후의 분노에 대한 대처 기술도 세련되게 해주고 자신이 해결했다는 자부심을 한껏 느끼게 해준다. 그러면 노력의 결과가 보람과 즐거움으로 변하게 된다.

한국 사람들이 과연 그렇게 할 수 있을까? 우리의 분노를 우리 자신에게 상처 주는 것으로 끝내지 말고, 밖으로 창의로 또는 국력으로 표현할 수 없을까? 어떤 지도자가 나와야 분노하는 한국인들을 다독거리고, 그 '한과 분노' 속에 내재하고 있는 잠재적 창조력이 발휘되도록 인도할 수 있을까?

(진리.자유. 2004년 가을호, 54호)

02.
울분을 만드는 세상

우리 사회에 자살자가 하루 평균 30명으로 급증했고, 자살에 의한 사망률이 인구 10만명당 24명에 이른다는 통계청 발표가 있었다. 특히 20~30대의 사망원인 1위를 차지했다. 자살 급증의 원인으로 통계청측은 경제위기, 가정 파탄, 사회지도층의 자살 등으로 인한 생명경시 풍조 등이 영향을 미친 것으로 분석했다고 한다.

높은 자살률과 음주율

또 삼성경제연구소는 최근, 직장인 4명 중 1명이 중독 초기에 이를 만큼 음주도 심하다고 밝혔다. 음주로 인한 생산성 손실, 질환, 범죄 등 우리나라의 연간 경제 · 사회적 비용도 14조5000억원을 훨씬 넘고 국내총생산(GDP)의 2.8%에 달해, 선진국들보다 훨씬 높은 것으로 나타났다고 한다.

자살과 음주는 각기 별개의 현상처럼 보이지만 많은 점에서 공통분모를 갖고 있다. 그것은 분노와 우울증이다. 한국식으로 말하자면 억울하고, 분하고, 비참하고, 자신이 초라하고, 한스럽고, 화병이 날 지경인 그 현상이다.

정신의학에서 우울증이란, 분노를 자기 자신에게로 향하게 하여 자신을 자책하고 응징한 결과로 해석한다. 그 자해 행동의 가장 극단적이며 최후의 수단이 자살인 것이다.

현대 정신의학은 음주도 우울증의 한 표현으로 본다. 술을 마시고 웃고 떠들고 하는 것은 우울증과 분노를 감추기 위함이다. 그 증거로, 술 마시던 사람이 술을 안 마시면 울적해지고 예민해져서 화를 잘 내는 것을 볼 수 있다. 회식자리가 흔히 울부짖는 행동이나 싸움으로 끝나는 수가 있어, 음주의 진짜 원인을 드러내고 만다. 특히 습관성 중독이란 술로 인한 간질환, 치매, 폭력 등의 여러 해독을 알면서도 마시지 않을 수 없는 경지에 이른 것이다. 그러므로 음주는 의학적으로는 자해인 셈이다. 정신의학에서 음주를 '만성 자살'이라고 부르는 이유가 여기에 있다.

그렇다면 우리 사회에 자살과 음주가 증가하는 이유는 바로 우울증과 분노, 즉 울분의 증가 때문이라 할 수 있다. 최근의 사회 지도층 인사들의 자살도 울분 때문이라 할 수 있다. 정부관계자는 경제위기나 가정파탄이 자살의 원인이라고 했는데, 울분이 먼저 오고 그 때문에 경제위기나 가정파탄이 왔다고도 볼 수 있다. 화가 나고 우울한데, 언제 사업이나 가족 간의 대화에 흥미가 생길 수 있겠는가? 이들은 모두 고리를 이루어 악순환하고 있다.

우리 사회에 자살이 증가하고 음주가 증가하는 것에 대해 걱정한다면, 지금은 어딘가에서 남몰래 울분을 삭이려고 애쓰고 있는 사람에 대해 걱정해야 마땅하다.

지도자들이 치유해 줘야

실제로 사회 전반에 울분이 많아지고 있는 것은 사실인 것 같다. 여기저기 분통을 터뜨리는 모습을 흔히 볼 수 있다. 이유는 무엇일까? 그 자신들이 못나서 그럴까, 혹은 세상이 나빠서 그럴까? 분통을 터뜨리게 만드는 사람들이 따로 있을까? 우리 사회에 이런 울분의 사태를 보고 몰래 만족해하는 사람은 설마 없을 것이다. 그러나 세상이 어떻게 돌아가는지는 아랑곳하지 않고 자기 하고 싶은 대로 하는 사람이 있을 가능성은 있다. 그들은 자신 때문에 누군가 상처받고 억울해 하고 분해 한다는 사실을 생각해야 한다.

나라를 이끄는 지도자들이 하루 빨리 우리 사회의 울분에 대해 올바로 진단하여, 다수가 술 없어도 신바람이 나는 세상이 되도록, 스스로를 해치는 일을 생각할 수 없는 사회로 치료해주기 바랄 뿐이다.

(조선일보 2004년 9월 26일)

03.
분노의 병

저는 정신과 의사입니다. 정신과 의사가 무슨 설교인가 하는 생각을 하실 것입니다. 그러나 설교라기보다, 세상이 온통 미쳐 돌아간다는 말이 있는데 그런 뜻에서 정신과 의사가 한 마디 할 수 있을 것이라는 생각에 감히 이 자리에 서기로 하였습니다. 실제로 나는 정신과 외래에서 연세대 학생을 많이 보고 있고 그래서 여러분과 가까이 있다고 느끼고 있습니다.

최근 분노라는 관점에서 우리주변에 관심을 끄는 일이 몇 가지 있습니다. 왕따 현상과 미국의 한 고등학교 총기난사 사건입니다. 이 둘은 내용을 보니 비슷한 사건이었습니다. 미국에서도 따돌림당한 학생이 화가 나서 복수했다는 것인데, 우리나라도 총기를 쉽게 구입할 수 있는 나라라면 이런 난사사건이 벌어질 수 있었을 것입니다. 다시 말하자면 따돌림을 당한 사람자신을 따돌린 사람들을 죽이고 싶도록 미워질 수 있다는 것입니다. 따돌림까지 안 당해도 인간이란 잘 안해주면 적개심을 가지는 존재입니다.

밉다. 복수한다, 폭력, 싸움, 죽인다 등은 "화가 난다"는 감정의 파생물입니다. 화가 난다. 분노가 느껴진다 등은 "공격성(aggression)"의 느낌입니다. 원래 공격성은 모든 동물이 가지고 있는 본능입니다. 적으로부터의 자기방어, 즉 공격은 최상의 방어라는 뜻에서, 자기를 외부의 위협으로부터 지키고자 하는 행동양식입니다. 따라서 공격본능 자체는 순수합니다. 여기에는 화가 난다. 밉다, 복수한다는 의미가 없습니다. 어제 본 TV 장면 즉, 특정교파의 신도들이 MBC에서 난동을 부리던 장면, 또 얼룩말이나 영양을 공격하는 사자의 행동을 보면 알 수 있다. 사자가 영양을 놓쳤다고, 땅을 치면서 분통을 터뜨리지 않습니다. 그냥 가만히 서 있습니다.

그러나 사람은 감정의 동물, 상상력이 뛰어난 동물이어서 다시 말하면, 뇌가 발달하고, "정신"이 발달하였기 때문에 순수한 공격성 또는 공격행동에서 많은 파생물이 생산되었습니다. 즉 분노, 폭력, 증오, 적개심, 복수 등등 입니다. MBC에서의 난동, 충동성, 성급함, 불안정성, 주의 산만 등도 인간 특유의 분노의 표현들입니다. 쉽게 말하면 사람만이 '내가 당했으니 억울하고 분하며 그래서 언제인가 복수하겠다' 는 의도되고 계획된 마음을 가집니다. 인간의 정신은 사람을 동물과 구별되게 하였지만, 동시에 인간의 상상력은 인간을 잔인하게 특히 집단적으로 잔인하게 만들었습니다. 그리고 인간의 풍부한 상상력은 이러한 잔인성을 후회하게 하고 "죄"를 깨닫게 하고 회개하는 장치(종교)도 만들었으며, 또 한편으로는 이러한 폭력을 피하기 위해 원수를 사랑하라던가 하는 교훈과 웃어넘길 수 있는 유머 감각도 고안해 내었습니다.

일상생활에 있어 공격성은 반드시 나쁘지는 않습니다. 본능이란 쓸모가 없는 법이 없기 때문이다(쓸모가 없으면 본능으로 발전하지 않았을 겁니다. 성적(性) 본능을 생각해 보십시요.) 공격성은 사람에게 자기

보호를 가능케 합니다. 쉽게 말하면 공격성은, 활발성, 의욕, 용기, 투지, 인내심을 주며, 사회적으로는 생산성, 스포츠, 그리고 사회개혁 등으로 나타나게 됩니다. 한국인은 이러한 투지를 잘 발휘하여 동학란(東學亂), 3.1운동, 4.19혁명도 일으켰고, 경제건설을 이루었다고 볼 수 있다.

그 성장이 빨랐다는 것은 그만큼 한국인에게 공격성이 강했다는 것입니다. 과연 그럴까요? 우리는 단군 이래 우리나라 사람이 착하고, 은근과 끈기, 해학이 풍부하다고 알고 있습니다. 그러나 과거 이씨조선 때는 그러했는지 몰라도, 최소한 요즘은 한국인은 확실히 공격적입니다. 운전할 때 보면 사람들이 잘 참지 못합니다. 성급하고, 충동적이고, 저돌적입니다. 그래서 싸움이 잦습니다. 대로상에서 운전사끼리 차를 길 한가운데에 세워 놓고 욕설과 멱살잡이하는 것을 자주 볼 수 있습니다.

우리나라는 온통 싸움판인 것 같습니다. 정치도 그렇고 기업도 그렇고 생활도 그렇습니다. TV 안방극장을 보아도 비꼼, 긴장, 말다툼, 짜증 등이 가득합니다. 연애하는 젊은 남녀도 말이 거칠고 톡톡쏘는 등, 서로 이기려고 하고 상처를 주고자 애쓰는 것 같습니다. 사랑하는 사람 사이에 대화가 그처럼 살벌할 수가 없습니다. 사랑한다면 상처 주는 것을 피해야 합니다. 요즘 젊은이들의 대화는 쎄게 말하여 상처를 주고 좋아하는 것 같아 아슬아슬합니다. 또는 그가 상처를 주는데, 내가 상처를 안 준다면 나만 손해 보는 것 아닐까 하는 느낌을 갖는 것 같습니다.

우리는 이렇게 공격적이 되었습니다. 누구나 다 마음에 분노를 가득 갖고 있는 것 같습니다. 우리는 미처 모르고 지내지만 외국 살다가 한국에 온 교포가 얼마나 한국 사람들이 인상을 험하게 쓰고 다니는지 무서웠다고 합니다. 양순(良順)하다던 한국인에게 이 분노는 어디에서 왔을까요?

구한말 우리나라에 왔던 선교사들이 남긴 글 중에 한국인은 성 잘 내고, 노래 잘 부르고, 공무원들이 부패했다고 하는 말이 있습니다. 그때나 지금이나 우리 모습은 별로 변한 것 같지 않습니다. 한 가지 가능성 있는 설명으로 정치권력의 억압, 양반의 억압, 여성에 대한 억압, 일제의 억압, 남북분단에 근거한 억압 등등, '억압의 사회구조'에서 분노가 태어난 것 아닌가 싶습니다. 이 "억압의 역사적 경험" 때문에 한국인에게 분노와 억울함이 많고, 그 억울함과 분노를 참다보니 소위 "한(恨)"이 생긴 것이 아닐까요? 한을 우리 민족의 정서라고도 합니다. 우리 역사는 "한의 역사"라고도 부르는 것을 보았습니다.

화를 내다보면, 자꾸 쉽게 자주 화를 내게 된다. 화내는 간격이 빨라지고 심해진다. 이를 의학에서는 kindling이라고 부릅니다. 그리고 정신의학에서는 분노를 하나의 "힘"이라고 생각합니다. 감정의 힘을 주장하는 이론을 역동정신의학적 가설이라 합니다. 분노는 사람의 마음을 움직이고 폭력을 행사하게 하고 사회를 변혁시키는 힘으로 보이기 때문입니다. 분노는 사람의 마음을 아프게 하는 "칼"입니다. 예수님이 옳은 말을 했을 때 사람들이 마음에 찔림을 받아 분노하고, 결국 예수님을 죽음에 이르게 하였습니다. 일제시대 시인 김영랑은 "나는 가슴에 독을 품고 산다"고 했다. 여인의 한은 오뉴월에도 서리가 내리게 한다고도 했다. 분노가 쌓이면 다른 사람을 향해 폭력이 행사되고, 그 길이 막히면 자신에게 폭력을 행사하게 됩니다. 그 결과 자해나 자살을 하게 합니다. 타해도 자해도 하지 못하면 몸이 아파집니다. 두통, 요통, 관절통, 복통, 심장통 등등.

본인은 화병(火病)에 대한 연구를 하고 있습니다. 화병은 그야말로

화의 병, 분노의 병 입니다. 분노를 오래 참다보면 화병이 생깁니다. 화병의 특징은 우울과 불안증 그리고 각종 신체통증, "열불"나는 느낌, 치밀고, 가슴에 응어리가 있고, 한숨, 눈물, 피해의식, 건강염려증 등이 특징이다. 불안이란, 분노가 밖으로 튀어 나오려 하는 위기감 입니다. 분노를 참고 억압다 보면 사람의 다른 정신기능도 같이 덩달아 억압되기 쉽습니다. 그것이 우울증 입니다. 내가 누군가에게 향해 분노하고 미워하게 되면 그 당사자가 눈치챌까봐 걱정하게 되고 그도 나를 미워하고 나를 해치게 될 것이라고 예상되기 쉽습니다. 이것이 피해의식 입니다. 피해의식이란 반전(反轉), 투사(投射)된 분노 입니다. 화병을 앓다 죽기도 합니다. "분노가 사람을 죽인다"는 것입니다. 분노는 이와 같이 사람을 아프게 하고 죽이기까지 하는 무서운 병입니다.

분노 때문에 남을 미워하고 해치게 되면, 흔히 나중에 내가 왜 그랬을까 후회하게 됩니다. '아마도 내 정신이 아니었나' 라든가 내가 무엇에 씌었던가 하고 변명하려고 합니다. 그 무엇에 씌었다 할 때 그것은 바로 귀신, 마귀를 의미합니다. 이것이 바로 분노가 마귀에게 내 몸과 마음을 맡기어 죄를 짓게 허용하는 것이다.

분노는 흔히 가까운 타인 때문에 오게 됩니다. 여러분 학생들이 가지는 분노는 흔히 부모, 교수로부터 옵니다. 친구로부터 올 수도 있습니다. 여러분은 얼마나 부모 때문에 화가 나는 일이 많았습니까? 성경(엡 6:41)에도 너희 자녀들을 노엽게 말라고 했는데, 이는 어릴 때 분노하게 하면 나중에 어떤 일이 생기는가를 경고하는 것이다. 그것은 죄를 짓게 하고 사람을 죽게 만들기 때문이다.

그러므로 여러분도 남을 노엽게 하지 마십시오. 그것은 그 사람을 병들게 하는 것이고, 그 복수의 칼을 여러분이 언제인가 받게 될 것이기 때문입니다. 복수하려 할 때 당사자가 그 자리에 마침 없다면 엉뚱한 불특정다수가 그 복수이 대상이 됩니다. 왕따나, 총기사건은 바로 여러분이 언제인가 누구엔가에게 저질렀던 분노의 죄 때문이다. 우리들 모두의 책임인 것입니다. 그러므로 손해보는 기분이 들더라도 타인에게 잘하세요. 잠언에 너희가 빵을 강물에 던져도 언젠가 도로 찾을 것이라 했습니다.

그러기 때문에 화가 나면 빨리 풀어야 합니다. 우리나라에 화풀이 또는 화를 삭인다는 말이 있는데 이것은 매우 적절한 말입니다. 우리나라 전통사상에는 신명(神明)으로 한(恨)풀이한다는 것이 있습니다. 굿판에서 신명으로 놀면(신바람), 한이 풀어진다고 하지요. 일상생활에서는 웃는다. 웃어넘긴다, 유머감각으로 해소한다고 말할 수 있습니다. 제가 한과 화병을 비교 연구해 봤는데_ 한에는 화병에는 없는 유머감각, 이타주의 즉, 남을 위한다, 사랑한다는 요소가 있는 것을 알았습니다. 한은, 그만큼 분노에 있는 독소가 빠진, 덜 해로운, 오히려 삶에 견디는 힘을 준다는 긍정적인 면이 강합니다. 화가 나더라도 참고, 한으로 남기십시오. 폭력으로부터 여러분과 사회를 보호하십시오.

무엇보다 화가 나지 않는 것이 좋은데, 가만히 보면 화를 잘 안내거나 더디게 내는 사람이 있습니다. 신경이 둔해서 그런지 몰라도 그런 사람은 행운아 입니다. 그러나 교육을 통해, 인생경험을 통해, 수양을 통해, 깨달음을 통해, 신앙의 힘으로, 이웃 봉사를 통해, 사랑 때문에 화를 잘 푸는 사람도 분명 있습니다. 그런 사람을 본받아야 합니다. 성경에 분노하기를 더디하라(딤14:37), 분을 오래 품지 말라(엡4:26)고 했다. 우리는 이 교훈을 마음에 새겨야 합니다.

이래도 저래도 화가 났다면 빨리 풀어야겠는데 그 방법은 무엇일까요? 이 때 화가 난 이유를 잘 살피는 것입니다. 사건 자체는 별것 아닌데 내가 너무 예민했나, 또는 내가 오해했다는 생각을 해보는 것입니다. 그리고 내가 정당했다면, 내가 화가 나는 것은 그 사람 탓이다 라고 생각할 수 있습니다. 그 사람 탓이라면 그가 잘못한 것이고 그가 언제인가 그 대가를 치를 것인데, 대가를 치르게 하는 것은 하나님께서 하실 일입니다. 내가 굳이 복수해서 대가를 치르게 할, 즉 심판할 필요는 없습니다. 심판은 하나님이 하시는 것이다 라고 생각하는 것입니다. 그리고 우리는 그가 자신의 잘못을 깨닫도록 대화하고 기도하는 것이 좋습니다. 정신의학의 입장에서 보면 대화가 곧 사랑입니다.

여러분은 분노가 잘 나지 않는 사람이기를 바라고, 화가 나더라도 빨리 풀고, 오래 품지 말며, 더구나 남을 분노하게 하는 사람이 되지 않기를 바랍니다.

(연세대 학생채플 1999)

04.

화병과 분노조절

정신과 진찰실에서는 사회에서 일어나고 있는 일을 잘 볼 수 있다. 그 중 하나는 "억울하고 분한" 감정을 가지고 찾아오는 사람이 많다는 것이다. 물론, 우선은 머리가 아프다, 잠이 안 온다, 입이 마르다, 가슴이 뛴다, 열이 난다, 답답하다 등의 증상을 호소하지만, 자세히 물어보면 그런 증상 이면에는 거의 모두 억울하다, 분하다, 화가 난다 등의 마음을 가지고 있음을 알 수 있다. 즉 화병이다.

한국 사람들은, 그 성향을 좋게 설명한다면 감정이 풍부한 민족이다. 역사적으로도 억울하고 분하고 한 맺힌 사연이 많은 민족이다. 그래서 그런지 한국말에 감정에 대한 용어가 풍부하게 발달하고 있다. 그 중에 독특한 한(恨)과 정(情)이 있다. 그런데 묘하게도 한과 정은 모두 분노와 억울하고 분한 감정 등이 앞뒤로 연결되어 있다. 정이 배반당하면 화가 나고 이런 감정을 오래 삭이다 보면 한이 된다. 극단적인 화나 억울하고 분한 감정은 한 중에서도 복수심이 곁들여진 원한(怨恨)을 만들어 낸다. 억울, 분노, 한 등이 쌓이면 화병(火病)이 생긴다.

문제는 화에는, 불(火)과 같이 파괴적 힘이 있다는 것이다. 화를 참기 어렵게 되면 신경질, 욕하기 뿐 아니라, 폭력, "홧김에 확" 등 범죄마저 나타날 수 있다. "하필 내가 왜 당해야 하나"하는 생각에 우울, 절망, 자살로도 나타날 수 있다. 화병은 결코 가벼운 병이 아니다. 오래 앓으면 죽기도 하는 병이기도 하다. 고혈압, 심장병, 당뇨병, 위장병, 암, 자살, 우울증 등등은 특히 화, 분노, 억울, 한, 우울, 불안 등에 관련되어 생기는 질병들이다.

이제 우리는 행복을 위해서 뿐 아니라, 병에 걸리지 않기 위해서라도, 또는 화병을 치유하기 위해서라도, 분노의 감정을 해소하고 살아야 한다.

어떻게 해야 할까?

신체적으로는 운동이 좋다. 술 담배는 오히려 해가 된다. 화가 날 때 이완동작을 실행할 수 있다. 그것은 심호흡을 통해 호흡을 가다듬고, 명상하는 마음자세를 가지고, 몸에 힘을 빼고 자율신경계 반응(맥박 등)을 조절하는 것이다.

정신적으로는, 될 수 있으면 화가 날수 있는 상황을 피하고, 말을 삼가 하는 것이 중요하다. 그래도 화가 나면 우선 일단 화를 지그시 참아야 한다. 화의 요인을 반감 없이 받아들이고 사건에 대해 긍정적으로 그리고 지혜를 발휘하여 적절한 대안을 찾아야 한다. 자신이 화가 났다는 사실을 꼭 표시하고 싶으면 자신이나 남에게 해를 끼치지 않는 비폭력적 방법으로, 그리고 유머감각을 가지고 표현하도록 한다. 그리고 그 분노가 누구 때문이라기보다, 나 자신에게는 탓이 없는가 반성해 보아야 한다. 대접받고 싶은 대로 남을 대접해야 하기 때문이다.

그리고 용서하는 것이 좋다. 내가 복수하면 마음은 시원해지겠지만, 분노는 돌고 돌아 나에게 다시 돌아올지 모른다. 기어히 용서가 안된다면 허허하고 웃어넘길 수 있어야 한다. 그리고 역설적 의도라는 방법도 있다. 상황을 거꾸로 생각하는 것이다. 일부러 마음속으로만 화를 극도로 내어 보는 것이다. 그러면 그래봐야 소용없다는 것을 깨닫게 된다.

끝으로 "영적 성숙", 즉 기도할 수 있고, 무엇보다 원수를 네 몸과 같이 사랑하라는 그리스도의 가르침을 실행할 수 있으면 더 말할 나위 없이 좋다.

"유순한 대답은 분노를 쉬게 하여도
과격한 말은 노를 격동하느니라" (잠언 15장 1절)

(세브란스)

05.

주부 우울증과 화병

사람들은 대개 우울증을 가볍게 생각한다. 물론 누구에게나 한번쯤은 올 수 있고, 지혜롭게 극복하는 사람은 마치 감기처럼 지나고 마는 질환이다. 그래서 '마음의 감기'라고도 하지만 문제는 그렇게 쉽게 생각하는데 있다.

우울증은 잘 다스리지 않으면 며칠이 가고 몇 달이 가고 몇 년이 지나는 사이 심해져, 결국은 자신을 죽음으로 몰고 갈 수도 있다. 정신분석학에 따르면 분노가 자신을 향할 때 우울증이 생기고 심하면 자기파괴(자살)로 이어진다.

특히 우울증은 자신은 물론이거니와 가족과 친구, 동료 등 주변 사람들에게까지 많은 고통을 주는 질환이다. 예를 들어 엄마가 우울하면 남편은 직장에서, 아이는 학교에서 귀가하는 시간이 늦어진다. 아내, 그리고 엄마의 얼굴을 떠올리면 늘 어둡고 가라앉아 있다는 느낌이 드는 가정에서는 그들이 행복하지 않기 때문이다. 우울증이 전염병은 아니다. 하지만 마음과 마음이 가장 맞닿아 있는 가정에서는 그 어둠의 그

림자가 그대로 가족들을 힘들게, 고통스럽게 하는 것이다.

참아야 하느니라?
참으니까 병되더이다!

전체 인구의 15%는 평생에 한 번 이상 우울증을 앓고, 여성 우울증이 남성보다 3배 이상 많다. 특히 우리나라 주부들은 한 연구에서 4.1%가량 '화병' 이란 전형적인 주부우울증을 보였다.

중년 이후 여성에게 자주 발생하는 화병의 원인은 가난과 고생, 고부갈등, 사회적 억압, 그리고 한으로 표현되는 감정적 문제들이다. 이런 원인들로 인해 억울함, 분함, 화남, 속상함 등의 감정 반응이 생겨나지만 주위 여건 때문에 발산하지 못한 채 참아야 하는 일이 오랜 기간 계속될 때 화병으로 발전한다.

화병 환자들은 허무한 마음에 눈물이 나고, 누구든지 들어주는 사람만 있으면 한없이 하소연하고 싶어 한다. 또 가슴이 뛰고 답답한 증상 때문에 심장병인 줄 오해하고 치료법을 잘못 선택하기도 한다.

화병을 비롯한 우울증의 치료는 정신치료와 약물치료로 대별된다. 정신치료란 응어리진 것을 의사-환자 간 대화로 푸는 것이다. 약물치료는 항우울제로 한다. 우울증은 세로토닌과 노어에피네프린이라는 신경전달 물질의 부족을 특징으로 하는 뇌 장애이고, 항우울제는 이들 물질의 부족을 해소하기 때문이다.

우울증을 해결하려면 주위의 이해와 실제적 도움이 다 같이 필요하다. 아니 어쩌면 정신과 의사의 '치료' 보다 주위의 이해와 배려가 더 도움이 될지도 모른다. 쉽게 말하면 가족이 우울증 환자의 마음고생과 한을 이해해 주고 인정해줘야 한다. 예를 들어 남편이라면 한 많은 화병으로 고생하는 부인이 참고 견뎌 가정의 평화를 지키고 자식을 훌륭하게 키웠다는 것 등을 알아줘야 한다.

우울증 환자의 가족과 친구들은 어떻게 행동하는게 좋을까? 필자는 다음과 같이 세 가지 조언한다.

동무가 되라. 어떤 일이든 우울증 환자와 같이 행동하고 함께 있어주는 것 이상으로 좋은 것은 없다. 우선 환자가 불안감을 지울 수 있어야 하기 때문이다. 유일한 내 편이 있다는 것만으로도 숨통이 트이기 때문이다. 어떤 사람들은 함께 있으면서 자신이 뭔가 행동을 해야 한다고 생각하지만 그것은 잘못된 생각이다. 대화거리가 없어도 그냥 함께 있어주는 것만으로도 충분하다.

말을 들어주라. 특별한 대화법이 필요하지 않다. 우울증은 말을 들어만 주어도 80%의 치료효과가 있다. 단순하게 "맞다" "어머나" "그랬구나" 정도의 말 한마디만 거들어 주어도 된다. 가끔 할 말이 없어 억지로 말을 만들 때가 있는데 오히려 역효과가 날 때도 있다. 그럴 땐 그냥 "할 말이 없네요" 정도로 건네도 좋다. 대답을 잘못하면 자신이 말을 했던 것을 후회하고 도로 거둬들이려 하기 때문이다.

이런 질문은 꼭 한번쯤 하라. 대부분의 우울증 환자들은 누군가 자신에게 이렇게 물어봐 주길 원한다. **"뭘 해줄까?"** 그러나 많은 사람들이 이 질문을 아낀다. 혹시 부담스런 주문을 해오면 어쩌나 하는 걱정이 앞서기 때문이다. 과연 그럴까. 우울증 환자들이 원하는 것은 의외로 소박하다. 영화를 같이 보자든지, 맛있는 음식을 같이 먹자든지 하는 수준이다. 만일 좀 부담스러운 요구를 받았을 때는 받아줄 수 없는 사정을 솔직히 얘기하는 것이 좋다.

우울증 환자에게는 꼭 한번 물어봐야 할 질문이 있다. 죽고 싶은 생각이 드는지를 알아보는 것이다. 진지하게 물어보면 대부분의 환자들은 진지하게 대답한다. 그렇다고 할 경우에는 매우 위험한 상황이므로 즉시 병원을 찾는 것이 좋다.

(한겨레 신문)

06.

화병은 한(恨)의 병적 증상

화병(火病)은 우리나라에서 전통적으로 민간인들이 쓰는 하나의 병명이다. 조사에 의하면 "동의보감"이나 다른 한의학의 고전이나 책에도 이 화병이란 용어는 발견되지 않는다고 한다. 그러나 짐작컨대 화병이란 한의학의 화(火)의 개념 내지 울화(鬱火)라는 개념과 일치하는 것 같다. 어쨌든 화병이란 결국 한국인이 오래 전부터 사용해 온 말로서 우리의 정신적 장애에 대한 전통적 개념이 배어 있는 말이라고 생각한다.

그래서 화병을 이해하는 것은 우리의 정신적 원인에 의한 질병에 대한 개념, 그러한 질병의 치료에 대한 지혜를 알아내는 지름길이 아닌가 생각한다.

화병은 중년 이후에 많으며, 여자에게 특히 많고 사회 · 경제적으로는 수준이 낮은 계층에 많은 것으로 나타나고 있다. 이러한 사실은 화병이 아직 우리의 전통 문화를 보다 많이 간직하고 있는 계층에 많이 나타나는 것을 의미한다. 그러나 수준이 높은 계층에서도 화병이 있을 수 있으나, 서구적 교육을 받았기 때문에 이를 화병이라는 개념으로 인식하고 있지 못하고 있는 것 같다.

화병의 원인은 더욱 흥미롭다. 그것은 우리나라의 민족적 내지 역사적 특징을 반영하는 것 같기 때문이다. 즉 가난과 고생, 고부간 갈등, 사회적 억압, 잦은 외적의 침략, 수탈과 전쟁, 그리고 한(恨)으로 표현되는 감정적 문제들이 화병의 원인인 것 같다. 이러한 원인들로 인해 억울함, 분함, 화남, 속상함 등의 2차적 감정적 요인들이 발생하게 된다.

화병 환자들은 이러한 감정이나 충동들을 발산하고 싶으나 주위 여건 때문에 그러지 못하고 참아야 하는 상태에 빠진다. 이러한 사건들이 세월을 따라 반복되고 쌓이고 쌓인다. 그 장기간의 누적된 결과 화병이 생기게 된다.

가난과 고생, 고부간 갈등, 사회적 억압 등이 화병의 원인

요즈음 말로 하면 '마음의 상처'가 쌓이고 쌓인 결과이다. "고생을 거듭하며 참고 살아 이제 겨우 좀 살 만하게 되었는데 억울하게도 병에 걸렸다", "사랑하는 사람이 일찍 죽었다", "시부모(또는 남편) 때문에 마음고생이 심하나 어쩔 수 없이 참아왔다", "억울한 소리를 듣고 놀란 일이 많다", "무식해서 또는 힘이 없어 억울하게 손해(재산, 돈, 지위 등)를 보았다", "내가 겪은 것을 글로 쓰면 책이 몇 권이나 될 것이다" 등등.

이러한 감정 충동을 참으려고 하니, 더구나 급한 성격에(한국인의 급한 성격은 요즘 '빨리빨리 증후군'으로 나타나고 있는 것 같다) 속에서 '끓어 오르고', '치밀어 오르고', '머리로 뻗치며', '열이 화끈 오르고',

'가슴이 벌렁대며', '입이 타고' 하는 화병이 생기는 것이다. 계속 참아야만 하니까 결국 가슴이 답답해지고, 목이나 가슴에 덩어리가 있는 것 같고, 한숨이 잦은 증상이 생기는 것이다. 마음으로도 어쩔 줄 모르겠고, 정신이 나간 것 같고, 가만히 차분히 앉아 있지 못하고, 사방이 답답하고, 더워 집의 문을 다 열어 놓거나, 밖으로 휭하니 뛰쳐 나가고 싶고, 헤매고 다니고 싶은 마음을 억제하지 못한다. 마음은 허무하고, 눈물이 나며, 누구든지 들어 주는 사람만 있으면 한없이 하소연하고 싶은 것이다.

이러한 신체 현상, 열이나 치밀어 오르는 느낌 등에 대해 사람들이 '화'라고 부르는데 이 화가 불[火]을 의미하기도 하고 또는 분노를 의미하기도 하는 것 같다. 어떤 사람은 화를 억눌러 뭉쳐진 것(응어리진 덩어리)으로 말하기도 한다. 어쨌든 화병은 열이나 불의 개념을 많이 가지고 있다. 증상 표현에도 '치밀어 오른다'. '끓어 오른다', '얼굴이 벌겋게 달아 오른다', '몸이 화끈 뜨겁다' 등의 표현이 많다. 우리가 보통 쓰는 말에도 '열받는다', '열불이 난다', '열오른다', '화급(火急)하다', '속탄다', '불같은 성격', '심화(心火)', '번열(煩熱)' 등의 표현이 흔하지 않은가.

특히 필자는 화병을 연구하는 중에 우리 민족 고유의 정서로 알려진 한(恨)과 관련이 있음을 짐작하게 되었다. 즉 화병이 있다고 호소하는 환자들이 스스로 자주 한이 있음을 말했고 또한 직접 한이 화병의 원인이라고 말하기 때문이다. 그러고 보니 한의 표현이 화병에서의 표현과 유사한 점이 많다. 억울함, 분노, 아쉬움, 장기간에 걸친 해소되지 않는 불만 누적, 응어리짐, 한숨, 답답함, 눈물, 설움 등이 화병과 유사하다. 즉 화병은 한이 좀 더 병적으로 심해진 것으로 생각된다.

한이 맺힌 것을 풀기 위해서 굿이나 풀이(한풀이, 화풀이 모두 풀이란 말이 공통적임이 흥미롭다), 또는 삭인다(한이나 분노도 삭인다고 한다)라는 개념이 사용되고 있다. 이런 용어도 한국 문화적이다. 우리나라의 음식은 발효된 것이 많은데 이 삭임이 곧 소화이다. 또는 익는다(술이 익는다 등)라는 말과 연관된다. 음식이 소화될 때나, 술이 익을 때나, 퇴비가 썩을 때(이때 열도 난다) 그 결과는 모두 생산적임이 주목된다. 즉 분노를 삭여서 생산적으로 승화할 수 있다는 의미가 있다. 즉 한이란 감정 소통의 한 방법이며, 삶의 한 집념으로 승화되어 고통을 안고 살아가게 하는 힘을 그 속에서 얻게 한다. 또는 그 누적된 감정이 폭발되어 커다란 사회적 변혁을 야기하는 집단적 힘이 되기도 한다. 화병에도 이와 같은 어떤 긍정적 의미가 있을 수 있다.

치유되지 않고 누적되면 고혈압, 심장병 등 유발되므로 조기 치료해야

따라서 화병의 치료는 응어리진 마음을 풀고 끓어오르는 감정을 진정시키고, 삭이고 발효시키는 방법이어야 한다.

우선 할 수만 있으면 가능한 한 마음의 못 다한 소원을 현실 속에서 풀도록 도와주는 것이다. 소원 성취가 현실적으로 어렵다면 달리 화가 풀어지도록 도와주어야 한다. 굿판을 벌이든지, 춤과 노래로 풀든지, 예술로 승화하든지 할 수 있다. 또는 모든 것을 용서하든지, 서로 응어리진 것을 대화로 풀 수도 있다. 성급한 화풀이는 상대방에게 또다시 새로운 상처를 만들고 한과 화병을 유발할 수 있으므로 삼가야 한다. 여기에 정신과 의사의 치료와, 가족과 사회의 이해와 실제적 도움이 다 같이 필요한 이유가 있다. 아니 어쩌면 정신과 의사의 치료보다 주위의 이해와 배려가 더 도움이 될지 모른다. 쉽게 말하면 가족이 화병 환자의 마음고생을, 그 한을 이해해 주고 인정해 주며, 그 참음과 인내와 끈기를 통해 뜻밖에도 다른 성취를 얻었다는 사실(예를 들어 한 많은 또는 화병으로 고생하는 부인이 참고 견딤으로 가정의 평화를 지키고 자식을 훌륭하게 키웠다는 것 등)을 알아주는 것이다.

화병이란 그 자체는 심각하지 않으나, 그것이 치유되지 않고 누적되면 다른 병이 쉽게 발병하는 수가 많으므로 조기 해결해야 한다. '화병으로 죽었다' 는 말이 있는데 이는 감정 해소를 하지 못한 상태에서 오래가면 소위 정신신체장애(정신적 요인으로 몸에 생기는 병. 즉 고혈압, 당뇨병, 심장병, 기타 성인병)들이 나중에 생기는 것을 말한다. 화병이 어떤 환자의 설명대로 '죽이고 싶도록 미운' 마음 때문이라고 한 것처럼, 화병은 결국 자신과 타인을 해치게 되느니 '병' 인 것임에 틀림없다. 여기에 우리나라 보통 사람들의 지혜가 담긴 '경고' 의 의미가 있는 것이다.

(한국인 1996년 7월호)

07.

"집단 따돌림"에 대한 이해와 대책

피해학생에 대한 지도

따돌림을 당하는 학생이 있다면 먼저, 가해자들의 언행을 잘 살펴보고 자신이 왜 따돌림을 당하게 되었는지, 자신에게 원인이 있는지, 그 아이들에게 원인이 있는지 찾도록, 지도한다. 그리고 자신도 모르게 실수를 했다면 정중하게 사과를 하도록 하고, 따돌리는 친구들에게 편지나 호출기에 직접 힘든 상황을 전달하여 마음의 문을 열도록 끈기 있게 노력하라고 조언한다. 설사 친구가 놀리거나 욕을 하며 괴롭힐 때 울거나 화를 내지 말고 상냥하게 대하도록 노력하라고 지도한다. 그래도 지속적으로 따돌림을 당하는 경우 자신에게 호의를 보이는 친구나 반에서 인기가 있는 친구를 찾아서 친해지도록 노력하여 그 친구들의 그룹에 끼도록 지도한다.

자신의 힘으로는 어떻게 할 수 없다고 판단되면 자포자기 하지 말고 주변의 믿을 수 있는 어른, 즉 부모나 교사에게 도움을 청하도록 지도한다. 집단 따돌림은 자신의 잘못이 아니더라도 타인의 잘못으로 따돌림을 당할 수 있으므로 자신감을 잃지 말고 잘 극복해 나갈 수 있다는 긍정적인 믿음을 갖는 것이 중요 하다는 점을 강조하여야 할 것이다.

부모의 태도

피해 자녀를 둔 부모들은 자녀를 비난하지 않고 용기를 주는 것이 가장 중요하다. 피해 사실을 알았을 때 당황하지 말고 침착하게 행동하여 문제를 끝까지 해결 해 줄 수 있다는 믿음을 심어주어야 한다. 섣불리 가해 학생이나 그 부모를 직접 만나는 것은 오히려 역효과를 낼 수 있으므로 먼저 담임교사에게 상담을 하여 따돌림의 원인, 피해 상황, 가해자 특성에 대해 파악하여 적절한 대처 방안을 강구하는 것이 필요하다. 만약 가해 학생과 그 부모가 부인을 하는 경우 객관적인 증거를 찾는 것이 필요하며 이 과정에서 다른 친구와 담임교사의 도움이 필요하다. 자녀의 정신적 문제가 심각하여 등교를 거부하는 경우 전문적인 치료를 받도록 주선하며, 법적인 절차는 변호사와 상의하도록 한다. 자녀가 강력하게 전학을 요구하는 경우에는 문제가 해결된 후에 전학을 고려한 것이 좋다.

교사의 방침

교사는 먼저 자신의 학급에서 집단 따돌림이 일어나지 않도록 평소에 미리 예방하는 것이 필요하다. 즉 학급회의 시간에 집단 따돌림에 대한 토의를 실시하거나 교사 자신이 학생들에게 편견을 가지고 있는지 수시로 되돌아보고 모든 학생에게 공평하도록 노력한다. 일단 집단 따돌림이 발생하면 피해자를 성급하게 노출하지 않도록 주의한다. 누구 한 명을 지목하는 것 보다는 반 전체를 대상으로 따돌림에 대한 피해를 설명하고 따돌림은 우리 반에서 절대로 일어나서는 안 된다는 강력한 의지를 표명한다. 그 외 자치회의 시간이나 특활시간에 따돌림에 대한 토론이나 역할극 등을 시행하여 피해자의 고통을 가해자들이 느낄 수 있도록 시도해 본다.

이외에도 우리 사회와 학교 내에서 좀 더 근본적으로 해결 할 수 있는 제도가 필요하다. 즉 지속적인 교사교육, 전문적인 상담교사의 양성, 학교와 전문적인 치료기관과의 연계시스템, 학생들의 심성훈련 프로그램 등을 개발하여야 한다. 이제 우리 사회도 집단 따돌림, 학교 폭력 등의 문제를 임기웅변식으로 적당히 다루고 넘어가서는 안 된다고 본다.

(건강도시 과천 2000 14호)

01. 자살과 난폭한 한국사회

한국이 국제사회에서 꽤 성공한 나라로 알려져 은근히 자부심을 느끼고 있는 상황에서, 한 성공한 유명인사가 이 사회가 살기 힘든 사회라고 하면서 자살한 사실에, 우리는 심각한 당혹을 느낀다.

우리 사회가 어느새 몹시 살기 힘든 난폭한 사회로 변해 있음을 깨닫게 된다. 원래 우리는 이렇지 않았다. 한국인들은 가난했지만, 동방예의지국 등등의 말로 불리었듯이, 선량하고 소박하고 명랑하고 친절했다. 그런데 현대의 한국인들은 변한 것이다.

근대에 일제 식민지 통치, 나라의 분단과 동족상잔의 전쟁 등 고통스러운 경험이 많았지만, 또한 그러는 동안 만들어진 내공을 바탕으로 하여 끝내 가난한 한, 억압 받았던 한, 배우지 못한 한, 등등 한은 풀었다. 그러나 억제되었던 것이 풀리면서 너무 나갔던 것 같다.

"마음껏 발휘하라"가 과잉이 되어 이제 난폭이 되고 있는 것이 아닐까?

우리 사회를 세심하게 들여다보면, 여기저기에서 난폭한 장면을 흔히 볼 수 있다. 왕따라던가 홧김에 저질렀다는 폭력범죄는 물론, 악플이나 폭력시위 등에서 거침없이 저주와 폭력과 "죽음"의 단어들을 내걸린다. 드라마와 영화 할 것 없이 거침없이 뿜어져 나오는 표독한 표정과 대사들, 심지어 비호감자에게 상처를 입히는 엽기적 코미디, 등등. 대중연예계에서도 난폭성이 심상치 않다.

우리가 좀 더 섬세한 눈을 가졌다면, 시내의 풍경도 사뭇 난폭하다는 것을 알 수 있다. 더 빨개 지고 더 매워지고 더 뜨거워 진 음식, 크기와 색깔에서 너무나 어지러운 간판들, 길을 가득 메운 자동차들에서 뿜어져 나오는 매연 등. 최근 우리들이 혼혈인, 외국인 노동자, 탈북자, 그리고 최근에는 외국에서 결혼해 온 이방인 부인들에게 보이는 태도에서도 한국사회의 난폭성이 엿보인다.

우리 사회의 난폭성은 누가 무어라 해도 자살의 증가로 증명된다. 자살이란 폭력에 대한 반응의 하나로서 자기에게 폭력을 돌리는 것이기 때문이다. 심지어 어린아이들과 같이 동반 자살하는 어머니에 이르면, 우리 사회가 어머니들을 그렇게 죽음으로 몰고 갈 만큼 잔인해졌나 하고 생각할 수밖에 없다.

한국 사회에 난폭성이 증가하고 있다는 증거는 또 있다. 우울증과 알콜중독이다. 이들은 모두 분노와 폭력과 자살과 흔히 동반된다. 우리나라에 교통사고 또는 안전사고도 많은데, 이는 욱하는 충동을 동반하는 난폭성 때문이다.

우리에게 너무나 익숙하고 흔한 말, 화난다, 버럭 성낸다, 억울하다, 분하다, 끓는다, 열불난다, 홧김에, 뿔난 엄마, 같은 말은 우리 사회의 정신적 내지 문화적 특성을 이루고 있다고 생각한다. 화병(火病)으로 죽었다는 말이 있지 않은가? 이런 분노는 막심한 스트레스가 되어 돌연

사와 고혈압, 당뇨병 등 소위 성인병을 일으키는데, 이런 병이 요즘 우리나라에 증가하고 있다.

이제 한국사회는 "사물놀이의 굉음"처럼 다이나믹하고, 활력이 넘치고, 잘사는 사회이기는 하지만, 이제 선하고 좋은 사회라고 하기는 어려운 것 같다. 이제 우리는 세상사에 대해 너무 감정적으로 대응하지 말고, 합리적 행동방식을 균형있게 사용하여야 한다.

(매일경제 2008년 10월 9일)

02.

자살사이트, 사이버폭력 통제 강화하라

최근 어린 사람들이 자살사이트에 영향을 받아 목숨을 끊었다는 보도는 우리 마음을 아프게 한다. 우리사회가 무언가 잘못하고 있다는 느낌은 금할 수 없다.

자살은 인간의 본성중의 하나인 파괴의 욕구 내지 공격성의 본능에 뿌리를 두고 있다. 사람은 누구나 타인의 파괴욕구나 공격 본능의 피해자가 될 수 있다. 그 결과 분노, 미움, 복수심이 생겨난다. 그러나 그런 감정은 사회적 상황이나 자신의 역부족 때문에 표현하지 못하는 수가 많다. 역부족이라는 느낌은 열등감을, 미움은 죄의식을 야기한다. 이 모든 결과가 우울증이고, 우울 상태의 최악의 경우가 자살이다.

자살은, 사람이 분노와 절망에 빠졌을 때, 아무 것도 더 이상 할 수 없다고 느낄 때, 그리고 아무도 자신을 도와줄 수 없다고 느낄 때, 그래도 자신이 할 수 있는 마지막 남은 능력, 즉 공격의 화살을 자기에게로 향하게 하여, 죽음으로 도피한다.

그래서 사회에 분노나 폭력이 증가할수록 자살도 빈번해지기 마련이다. 최근 보도된 자살한 청소년의 경우, 그들이 어떤 분노나 폭력을 경험했는지 필자로서는 알 수 없다. 그러나 요즘 우리 사회에 분노와 폭력이 가득 차 있음을 누구나 느낄 수 있다. 지면을 장식하는 각종 범죄기사와 정치사회적 투쟁들, 학교에서의 시험경쟁이나 왕따 현상, 폭력이 난무하는 영화와 TV 그리고 피 튀기는 비디오게임, 등등. 자극은 자극을 부르고 있다. 더구나 요즘의 풍조는 자극된 분노를 자제하기보다 표현하도록 부추기고 있다. 만인에 대한 만인의 투쟁에 있어서도, 보다 공격적이고 악의적 경쟁이 더 경쟁력을 갖는 것 같다. 그리하여 전에 없이 수많은 절망적 패배자들이 양산되고 있다.

공격성과 분노는 동물에게도 있다. 그러나 동물은 자살하지 않는다. 인간은, 인간에게만 있는 "상상 할 수 있는 능력" 때문에, 자살할 수 있다. 이 능력은 인간이 문명을 발달시키고 도구를 만들 수 있게 하였다. 그 최종적 결과가 우리가 지금 누리고 있는 풍요한 사회와 경쟁체제와 사람들이 정신없이 즐기고 있는 컴퓨터, 인터넷 등등이다. 그러나 한편 인간의 이 능력 때문에, 인간사회의 폭력은, 동물세계와 달리, 보다 잔인해지고 있고 쾌락을 위한 수단마저 되고 있다. 그래서 피해자는 더 억울해 하고 분해 한다.

그러나 역시 죽음은 두려운 것이다. 그래서 자살도 쉽게 결정하기 어렵다. 따라서 동조자를 원하기도 한다. 이때 마침 인터넷 자살사이트가 등장하여 이러한 요구를 효과적으로 만족시키고 있다. 자살사이트는 결과적으로 두 가지 기능이 있는 것처럼 보인다. 첫째는 자살의 동조자를 구해주는 방편이 된다는 것, 둘째 본의가 아니라 하더라도 결과적으로 타인을 죽음에 이르게 하는, 폭력의 흉기가 된다는 것이다. 또한 두려운 것은, 이 수단이 매우 빠르게 대량으로, 그리고 익명성으로 인해 무차별적으로 사회에 퍼지고 있다는 것과 이 기술에 매혹되고 있는 어린 사람들이 주로 희생양이 되고 있다는 것이다. 어린 청소년들은 우리 미래의 희망이 아닌가? 인터넷이라는 인간의 행복을 위해 고안된 기술이 인간사회의 파괴에 공헌하고 있다는 사실이 매우 역설적이다.

우리 사회가 이러한 폭력과 기술의 악의적 이용을 방치하면, 자살은 계속 증가 할 것이다. 지금 우리사회는 암의 정복이나 에이즈 예방 등등 죽음을 막아보자고 어마어마한 투자를 하고 있다. 그러나 자살로 끝나는 어린 생명이 질병으로 끝나는 생명보다 덜 귀중한 것은 결코 아니다.

단순히 주장한다고 해서 이 사회의 경쟁이나 폭력이나 자살사이트가 줄어들지는 않을 것이다. 우리는 어린 자녀들에서 더 이상 희생자가 나오지 않도록 빨리 조치를 취해야 한다. 필자의 마음 같아서는 폭력물에 대한 통제가 강화되면 좋겠다. 사회는 젊은이들의 공격성이 창의적으로 그리고 생산적으로 표현 될 수 있는 길은 터 주어야 한다.

이를 위해서는 무엇보다도 부모와 교사들의 깨달음이 필요하다. 그 깨달음은 젊은이들이 관심과 사랑을 원한다는 사실과, 젊은이들이 싫어해도, 모범과 훈육은 필요하다는 것이다. 젊은이 행복이나 도움을 인터넷 사이트에서 구하기 전에, 부모와 교사들이 그 자리에 있어야 하는 것이다.

(경향신문)

03.

자살 급증의 원인과 그리스도인의 사명

요즘 유명인사의 자살 보도에 이어 자살이 최근 증가하고 있다고 하면서, 그 사회적 원인에 대한 관심이 높아지고 있다. 자살을 이해하려면 우울증을 알아야 한다. 자살은 우울증의 한 극단적 증상표현이기 때문이다.

자살의 원인-의존대상의 상실

정신의학의 이론에 의하면, 우울증도 그러하려니와, 자살은 의존 대상의 상실 또는 사랑의 상실에 대해 절망감과 분노의 감정이 야기되었으나, 이미 떠나버린 대상을 향해 표현하지 못하게 되었기 때문에 나타난다. 해소되지 않는 분노는, 대상을 자신과 동일시하여, 자신에게로 향하게 된다. 분노는, 인간 본능 중의 하나인 공격성과 결합하고 또한 떠난 분노나 미움에 의해 야기된 죄책감과 결합하여, 자기 징벌, 자기 상해 그리고 자신의 살인에 가지 이르게 한다.

또한 자살에는 도와주지 않음에 대한 원망과 복수, 도와주지 않아도 자신의 일은 자기가 결정한다는 자기지배 의도의 표명, 고통스러운 현실로부터 자신이 의존할 수 있는 대상과 다시 재결합할 수 있는 곳, 즉 잃어버렸던 낙원으로의 도피라는 의미가 있기도 하다.

인생에서 소소한 상실은 약간의 울적함, 약간의 기죽음을 느끼게 할 것이다. 그러나 믿었던 직장에서 해고되었을 때, 의지했던 재산을 잃었을 때, 자존심의 근거가 되었던 외모를 잃었을 때는 심한 우울증이 올 것이다. 이는 그가 크게 의존하는 대상이었기 때문이다. 나라를 잃었을 때, 사회의 원칙이 무너졌을 때, 하나님을 찾을 수 없을 때도, 우리는 의존할 대상을 잃게 된다.

의존관계 또는 사랑의 관계의 원초적 모습은 어머니와 어린이 사이에서 쉽게 볼 수 있다. 어머니에의 의존은 수태될 때 자궁 내에서 탯줄로 어머니와 연결된 때부터 시작된 것이다. 자라면서 어린이는 어머니로부터 더욱 독립적이 되면서, 비로소 "너"와 "나"의 관계가 출현하면서, 대상관계도 점점 다양하게 분화 발전한다.

"너"에는 아버지, 형제자매, 친구, 이웃어른들, 선생님, 회사 동료, 아내, 자식, 목사님, 영웅, 대통령 등등이 추가된다. 또한 사람이 아닌 인형, 담요, 쓰던 만년필, 좋아하는 책, 집, 학교, 애완동물, 그리고 어른이 되면서 고향, 돈, 약물, 술, 건강, 미모, 직장, 명예, 지위, 권력, 이데올로기 등도 추가된다.

어떤 이들에게는 교회와 하나님도 대상이 된다. 이 모든 대상관계에는 원초적 모자관계가 기초하고 있고 또한 끊임없이 반복되려고 하고 있다.

사람이 인생살이에서 어려움을 느끼게 되면, 단순하고 확고했던 어머니와의 의존관계로 돌아가고 싶어진다. 실제로 많은 사람들은 때때로 어머니나 어머니로 표상되는 가정의 품이나 고향, 자연의 품, 종교적 안식처로 돌아간다. 이들은 우리를 안식하게 해주고, 먹여주고, 상처를 치료해주고, 돌보아 주고, 키워 주는 대상이다. 돌아갈 곳이 없는 사람은 "어머니 없는 아이"같이 절망과 분노에 휩싸여 자살을 생각지 않을 수 없을 것이다.

상실감 극복-사랑

이 모든 상실을 무효화 할 수 있는 것이 의존의 제공, 바로 사랑이다. 요즘 우리 사회에 자살이 증가하고 있다는 것이 사실이라면, 이는 우리 사회에 분노와 폭력성이 증가해 있을 뿐 아니라, 우리가 의존하여 살아갈 만한, 의존할 대상을 상실하고 있다는 뜻이다. 궁극적으로 하나님과의 단절이 심화되고 있다는 사실을 반영하는 것이다.

그런 의미에서 그리스도인은 행복한 사람이다. 왜냐하면, 그리스도인들은 전능하신 하나님에게 의존하고 있기 때문이다. 하나님의 사랑과 그의 돌보심을 믿기 때문이다. 그리스도인은 우울할 이유가 없다. 더구나 자살은 생각할 수도 없는 죄이기도 하다.

그리스도인들은 이러한 행복을 값없이 받았기 때문에, 이웃에게 나누어 주기를 원하는 것은 당연하다.

그리스도인의 사명

이 점에서 한국교회와 우리 그리스도인들이 해야 할 일이 명백해진다. 절망하고 있을지 모르는 이웃에게 신뢰와 돌봄의 손길을 뻗치는 것이다. 그래서 자살의 증가에 대해, 사회가 잘못되었다는 탓을 하기보다, 사회안전망을 확충하고 정부의 투자를 요구하기보다. 바로 자신이 옆에 있는 가족, 친구, 동료, 이웃들에게 평소 신뢰와 돌봄을 베풀 수 있는가 하는 것이 중요하다.

아무리 응급전화 제도가 훌륭하다 해도, 전화를 받는 사람에게 돌봄의 정신이 없다면, 그에게 전화를 걸어온 자살기도자를 진정으로 도울 수 없을 것이다.

그리고 그것은 개인적일수록 좋다. 공식행사를 통하거나 단체로 하기보다, 한사람의 어머니가 한 무력한 어린아이에게 하듯, 쉽고 단순한 말로 그리고 확고하게 신뢰와 돌봄을 표시해야 한다.

어머니가 아이에게 하듯, 손길과 눈빛과 목소리로 사랑을 표시해야 한다. 우리 모두 다 같은 인간으로서 똑같이 무력한 존재라 하더라도, 우리가 그리스도인이라면, 하나님의 능력과 그리스도의 사랑에 힘입어 충분히 해 낼 수 있고 또한 해야만 하는 것이다.

(總神院報 2003년 9월 2일)

01. 재난과 정신적 상처

지금 서남아시아에서 발생한 지진-해일로 인한 재난(災難)에 대한 구호의 손길이 전 세계로부터 물밀 듯 쏟아져 들어가고 있다. 우리나라에서도 여러 구호 활동과 더불어 의료지원단이 파견되고 있고, 필자가 근무하는 세브란스병원에서도 교수들을 중심으로 한 의료지원단이 파견되었다.

그런데 필자가 옆에서 지켜 본 바로는, 피해자들에 대한 신체적 구호활동, 예를 들어 식량, 담요, 의약품등의 지원은 활발하지만, 정신적 상처에 대한 지원에 대해서는 미쳐 생각이 미치지 못하고 있음을 알 수 있었다.

사고가 전 세계에 알려졌을 때, 필자가 이사로 속해있는 환태평양 정신의학회, 그리고 세계정신의학회, 세계보건기구(WHO) 등 국제적 전문가들 사이에 지원계획이 논의 되었다. 문제는 그 수많은 피해자들을 위한 정신건강 전문가가 대단히 부족하다는 사실이다. 예를 들어

WHO 보고에 의하면 스리랑카에서는 난민 19만 명에 전국의 정신과 의사 수는 30명에 불과하다.

정신건강상의 문제를 나타내는 재난에는 지진, 해일, 토네이도, 화산 폭발, 산불, 등 자연재해와, 전쟁, 난민 등 정치사회적인 재난, 그리고 개인적 재난 예를 들어 강간, 고문, 테러, 납치, 생명의 위협을 느낀 사고 등에까지 확대 적용되고 있다.

재난이 정신적으로 문제가 되는 것은, 피해자가 재난 당시 자신이 실제적인 죽음의 공포를 느끼거나, 죽음의 장면을 목격할 때, 극도의 공포와 무력감을 느낀다는데 있다. 이를 외상(外傷, trauma)이라 부른다. 그리고 그 후 당연히 이러한 정신적 외상에 대한 후유증이 길게 나타난다. 이를 외상후스트레스장애(posttraumatic stress disorder, 즉 소위 PTSD)라고 한다. 우리나라에서는 삼풍백화점 붕괴 사고나 대구 지하철 사고시에 이 장애가 사회적으로 주목을 받았다.

재난이 끔찍할수록, 또는 피해자의 감성이 예민할수록 심한 후유증을 앓게 된다. 그 증상은 즉각적으로는 정신이나 감정이 멍해지고, 비현실적 느낌이 있고, 재난을 회상하게 하는 유사한 장면이나 장소, 물건 등을 회피하고, 기억상실, 불안, 불면 등이 나타난다. 그리고 조만간에 억제할 수 없이 재난장면이 반복 회상되고, 고통스러운 재난 당시의 기억이 자꾸 나고, 재난 관련된 악몽이 반복되고, 외상사건이 지금도 일어나고 있는 것 같은 느낌이 엄습하고, 당시와 비슷한 상황 또는 당시를 기억나게 하는 단서에 노출되었을 때 강한 정신적 내지 생리적 반응이 나타나고, 사건을 연상시키는 대화, 장소, 물건 등에 대해 강하게 회피하고, 그리고 불면증, 가슴 두근거림, 주의산만, 쉽게 놀램, 쉽게 흥분하거나 화를 내는 충동성 등이 나타난다. 여럿이 같이 있다가 혼자 살아남았을 때 그에 대한 죄책감을 느끼기도 한다.

이 증상은 사건발생 직후 나타나 1주 정도 지나면 회복할 수 있고, 수십 년 이상 지속되기도 한다. 일단 회복했다가 수년 후 갑자기 재현될 수도 있다. 필자의 연구에서도 위안부 일본군 성노예(위안부) 피해자들이 외상 경험 후 60년이 지났어도 지금도 외상후스트레스장애로 고통 받고 있음을 알 수 있었다. 장애가 장기화 하면 대개 우울증, 자살시도 등 다른 장애가 복합되기 쉽다.

치료는 전문적 치료가 필요한데, 정신사회적 치료로서 우선 위기개입 기법으로 피해자의 불안, 공포 등을 진정, 안도시키고, 인지행동치료 등으로 후유증의 악화와 연장을 차단한다. 약물치료가 크게 도움이 되며, 아마도 급성시 극도의 불안, 공포, 불면에 대해서는 응급적인 약물치료가 가장 효과적일 것이다.

문제는 재난 피해자들의 정신적 문제에 대한 이해가 부족 하다는데 있다. 물론 재난시에 생명구조와 신체외상에 대한 대처가 중요하다. 그러나 동시에 그들의 마음을 안도시키는 정신적 도움도 꼭 같이 필요하다. 당장 재난 구호자의 태도, 말씨 등에서 피해자는 위로와 안도를 느낄 수도 있지만, 또 다른 죽음의 공포를 느낄 수도 있다. 그래서 선진국의 경우 재난시 정신건강 전문가가 반드시 구호팀에 참여하고 있고, 평소 구호팀에게 정신치료에 대한 훈련을 받게 한다. 미국의 경우, 9.11 재난시 즉각 전 국민에게 매스컴을 통해 정신적 외상에 대한 지침서가 제시되었다.

재난과 관련하여 정신건강의 또 하나의 문제는 구호활동을 하는 봉사자의 정신건강 문제이다. 이는 소위 탈진(脫盡, burn out)이라는 용어로 대표된다. 이는 봉사자가 열악한 상황에서 일하다 보면 지치고, 좌절을 느껴, 결국 우울증과 같은 현상을 앓게 된다는 것이다. 이들의 탈진을 예방하는 조처가 전체 구호활동에 포함되어야 하는 것이다.

세계적 재난에 임하여, 재난과 관계된 정신건강상 문제를 잠간 생각해 보았다. 재난 당한 사람들의 심정을 헤아리고 그들을 직접 돕는 행동을 통해 우리는 인생의 많은 것을 배울 수 있을 것이다.

(국민일보 2005년 1월 7일)

02.

쓰나미-죽음의 공포 · 무력감, 정신적 피해도 치료해야

작년 12월 서남아시아에서 발생한 해일로 28만 3000명의 사망자와 500만 명의 이재민이 발생한 것으로 알려졌다. 이 큰 재난과 관련된 정신적 충격을 돕기 위해 현재 국제적인 노력이 진행되고 있다.

이번 사건에 특히 일본이 적극 개입하고 있는 모습을 볼 수 있는데, 일본에서는 오랜 전부터 지진이 많이 발생하여 재해대책에 대한 경험을 쌓아 왔기 때문이다. 정신건강상의 문제를 야기하는 재해(災害, disaster)에는 홍수 · 폭풍 · 지진 · 해일 · 토네이도 · 화산폭발 · 산불 등 자연재해와 전쟁 · 무차별 테러, 화재, 축구조물의 붕괴사고 등 인위적인 재난, 그리고 강간, 고문, 테러, 납치, 생명의 위협을 느끼게 하는 사고 같은 개인적 재난이 있다.

우리나라에서도 홍수와 태풍 같은 자연에 의한 크고 작은 재해가 있어 왔으나, 특히 인위적 재난이 많았다. 멀리는 6.25사변이 있고, 가깝게는 삼풍백화점 붕괴사건, 성수대교 붕괴사건, 대구 지하철 화재 사건

등이 그러한 예들이다.

최근 일본 규슈 지방의 지진에 부산경남 지역 사람들이 매우 놀라고 당황했다고 한다. 따라서 우리나라도 재난에 따른 정신적 피해문제에 대해 이제부터라도 관심을 가지고 대책을 세워 두어야 할 때다. 그럼에도 불구하고 이에 관련되는 후속적 정신의학적 연구는 활발하지 않다.

재해관련 정신장애 다양한 정신질환으로 나타나

재난이 정신의학적으로 문제가 되는 것은 피해자가 재난 당시 격심한 죽음의 공포를 느끼거나, 죽음의 장면을 목격할 때 극도의 공포와 무력감을 느낀다는 데 있다. 이를 외상(trauma)이라 하는데, 진단적으로는 급성스트레스 반응(acute stress reaction)이라 부른다. 그 증상은 불면, 악몽, 좌불안, 공포, 공황발작, 낙담, 그리고 약물 남용 등이다.

급성 스트레스후 당연히 이에 대한 후유증이 길게 나타난다. 그 전형적인 상태 중 하나가 '외상후스트레스장애 (posttraumatic stress disorder, PTSD)' 이다. 이는 평소에 일반 인구의 약1~3%에서 발견되나 재난을 당하면 5~75%까지 증가한다. PTSD의 증상은 지속적 불안과 과민성이 핵심인데, 불안감과 두려움, 긴장감, 가슴 두근거림, 숨이 막히는 기분, 불면증 등이 지속되다가 심해지고 하는 변동을 보인다. 그리고 원치 않지만 재난 장면과 당시의 고통스런 기억이 반복 회상되고 재난과 관련된 악몽을 자주 꾸며 사건이 지금도 일어나고 있는 것 같은 느낌이 엄습한다.

이러한 재경험을 억제하려고 정신상태가 멍해지고 비현실적 느낌과 주의산만을 보이기도 한다. 특히 재난을 회상하게 하는 장면이나 장소, 물건 등을 회피한다. 그 외에도 충동성이 나타나 쉽게 놀라거나 흥분하거나 짜증을 내거나 화를 내기도 한다. 여럿이 같이 있다가 혼자 살아남았을 때는 혼자 살아남았음에 대한 죄책감을 느끼기도 한다. 이 모든 어려움을 잊기 위해 피해자는 술을 마시거나 약물 남용으로 빠지기도 한다.

우리나라의 경우 삼풍사고나 대구 지하철 사고시에 이 장애가 사회적으로 주목을 받았다. 이런 증상은 사건발생 직후 나타나기도 하고 수십 년 후에 갑자기 나타나기도 한다. 재난이 끔찍할수록, 또는 피해자의 감성이 예민할수록 심한 후유증을 앓게 된다. 보통 1주일 정도 지나면 회복되기도 하지만, 수십 년 이상 지속되기도 한다. 또 일단 회복됐다가 수년 후 갑자기 재발할 수도 있다.

PTSD 이외에도 여러 정신장애가 타나날 수 있다. 가장 중요한 것이 우울증, 공황장애 그리고 약물 남용 등이다. 다른 정신장애가 새로 생길수도 있지만, 이전에 있던 정신장애가 재발하거나 악화하기도 한다. 충격이 격심할 때는 정신병 상태, 해리장애 등이 나타날 수 있다. 정신병 상태란 착란, 망산, 흥분, 폭력, 환각 등이 나타나는 경우이다.

정신적 피해 관심 기울여야 한다

재난이 일어나면 상당기간 동안 모든 사람들이 당황하여 우왕좌왕하며 혼란상태에서 구호나 의료 활동이 제대로 이루어지기 어렵다. 그나마 신체적 구호나 전염병 예방, 그리고 경제 재건문제 등에 집중하느라 정신적 충격 문제는 소홀히 하기 쉽다.

그러나 선진국이라면 그렇게 소홀히 하지 않는다. 미국의 경우 9.11 재난 시 즉각 전 국민에게 매스컴을 통해 정신적 외상에 대한 지침서가 제시되었다. 문제는 재난 피해자 자신들도 정신적 문제에 대한 이해가 부족하여 정신의학적 도움을 요청하지 않는다는데 있다. 후진국일수록 불안장애나 우울증, PTSD같은 정신과적 장애에 대한 이해가 부족하기 때문에 치료시기를 놓치는 수가 많다. 여기에는 정신의학에 대한 오해나 편견도 있으리라 본다. 이에 대해서는 재난시는 물론 평소에 정신건강에 대한 교육 계몽이 필요하다.

정신건강 서비스 다른 구호활동과 연계해 시행돼야

자신의 생명의 위협, 신체의 상해, 가족의 죽음, 재산의 상실 등 재난의 모든 측면들은 모두 정신건강문제를 일으킨다. 그러므로 정신건강 서비스는 다른 재난구호 활동과 밀접히 연결되어 수행되어야 하며 독립적으로 해서는 안된다.

재난 직후 시기는 응급 · 위기 때로 대개 사건 직후부터 2주까지로 보면 된다. 이때 충격이 크든 작든 일단 모든 피해자를 대상으로 조기개입(early intervention)이 시행되어야 한다. 이를 위해서는 신체치료, 정신치료(상담치료), 사회적 대책 등이 복합적 · 체계적으로 진행되어야 한다. 재난 직후 음식, 응급치료, 보호소 등의 제공과 더불어, 정신의학적 응급조처(first aids)가 필요하다.

일반적으로 정신사회적 치료에는 간단한 위로와 조언에서부터 상담, 정신치료, 정신분석, 집단치료, 인지치료, 행동치료, 최면술 등이 있으며, 이 모두 재난 시에 사용될 수 있다. 초기에는 앞서 말한 위기개입 기법으로 우선 피해자의 불안, 공포 등을 진정, 안도시키고, 나중 인지행동치료 등으로 후유증의 악화와 연장을 차단한다. 상태가 심하면 입원치료를 해야 한다. 이들 중 인지행동치료(cognitive-behavioral therapy) 기법은 가장 좋은 위기시 치료법으로 알려져 있다.

약물치료로는 재난 직후 급격한 불안, 공포 상태, 불면 등을 호소하는 환자에게는 응급 약물치료가 크게 도움이 된다. 이런 경우에 사용되는 약물은 항불안제, 항우울제 등이다. 특히 불면증에 대해 잠을 자게 해주는 약물치료는 가장 우선적으로 돕는 방법이 될 것이다. 그 외에도 자율신경계 조절약물이나 항경련제들도 사용된다. 베타차단제가 PTSD예방에 도움이 되고 있다고 보고되고 있다. 이는 전문가들이 시행하는 치료법이다.

그리고 이런 개입은 그 지역의 문화와 합당하게 진행되어야 한다. 즉 해당 지역의 상황의 맥락과 요구에 맞게 그리고 현재 여전히 진행 중인 스트레스, 반응 그리고 자원을 고려하여 융통성 있게 진행되어야 한다.

또한 피해발생시 이를 복구하는데 뛰어든 응급 구호자들은 피해자들의 정신적 문제에 대한 인식이 부족한 경우가 많다. 선진국의 경우 재난시 정신건강 전문가가 반드시 구호팀에 참여하고 있고, 평소 구호팀에 정신과 치료에 대한 훈련을 받게 한다. 또한 이른바 '탈진(burn out)' 을 예방하는 조처가 전체 구호활동에 포함되어야 한다.

우리나라 뿐 아니라 외국에 대규모 재난이 발생했을 때, 우리의 재난 구호팀도 신체적 뿐 아니라 정신적인 것까지 포함하여 완벽하게 피해자들을 도울 수 있는 날이 빨리 오기를 기대한다.

(의협신문 2005년 4월 11일)

03.

'IMF스트레스' 사회적 치료

우리나라의 범국가적 IMF 경제 재난은 하나의 사회적 위기로 개인에게 여러 가지 스트레스를 가한다. 직업의 상실, 경제적 곤란, 지위하락, 활동의 제약, 가족의 붕괴, 삶의 질 저하 등은 사람의 정신과 육체에 심각한 영향을 미쳐 건강을 악화시킬 수 있다.

스트레스가 약할 때는 사람들은 자신도 모르는 사이에 극복해 나간다. 그러나 스트레스가 정도를 넘으면 몸과 마음에 고통을 야기한다. 이러한 심리적 스트레스는 하나의 정신적 외상이 된다. 우리 신체도 경각(警覺), 저항(抵抗), 탈진(脫盡)이라는 과정을 거쳐 병으로 이어질 수 있다. 이것은 심리적 충격과 당황, 허탈과 좌절, 자포자기감, 분노와 적개심, 우울과 자살, 그리고 범죄의 증가 등으로 나타난다. 이 모두 크나큰 고통이자 스트레스이며 정신적 외상이기도 하다. IMF사태를 맞아 최근 자살이 신문에 빈번하게 보도되고 있다. 이것은 그만큼 요즘 우리나라에 우울증 환자가 많다는 뜻이다. IMF사태로 인한 실직, 주위의 도움의 거절, 기득권자의 냉담, 분노, 자포자기감, 복수심, 그리고 부자에 대한 상대적 박탈감 등이 이러한 우울증과 자살의 원인이 된다. IMF사태에 의한 재산의 상실, 특히 재산이 자신의 자존심의 근원이 되었던 사람에게 우울증이 잘 나타난다.

이 같은 우울증은 다른 모습으로 나타나는 수가 많다. 소위 "가면(假面) 우울"이라고 부르는데 청소년비행, 알코올중독, 약물중독, 성적 문란, 도박 등이 여기에 해당된다. 우울증의 극단적인 결과는 자기 파괴, 자살이다. 우울증과 관련된 비행, 범죄, 알코올중독, 약물중독, 도박 등에도 자신 또는 타인에 대한 파괴적 요소가 있다.

IMF사태에 대해 사람들은 흔히 누군가를 비난하고 욕하고 저주한다. IMF사태로 해고나 부도, 파산 등이 일어났을 때 내 잘못은 없는데, 이 때까지 성실히 열심히 살았는데, 왜 내가 당해야 하나 하는 피해의식이 드는 것은 어느 정도 당연하다.

피해의식이 있으면 대개 복수의 감정을 갖는다. 복수의 감정이 쌓이면 무의식적으로 아무에게나 그것을 표시하게 되는 수가 있다. 그리하여 피해의식은 또 다른 피해의식을 불러일으킨다. 피해의식은 널리 전염되고 집단행동으로 나타나기 쉽고, 집단화되면 더욱 파괴적이 된다. 인간관계에 신뢰가 없어지고 서로 경계하며, 신경이 날카로워진다. IMF시대의 우리 사회는 이런 식으로 분위기가 황폐해질 우려가 높다.

IMF로 인해 정신적 충격을 받은 사람들은 정신치료(상담)가 필요하다. 상담 치료팀은 정신과 의사, 간호사, 임상심리학자, 사회사업가, 사례관리사, 자원봉사자 등이 포함되어야 한다. 활동근거지는 병원보다 요즘 시작되고 있는 일종의 공공기관인 지역사회 정신보건센터가 적절한 모델이 될 것이다.

정신과 질병은 이에 대한 편견이나 오해 등이 있기 때문에 직접 내방하여 상담하기 곤란해 하는 수가 많다. 따라서 익명성이 보장되는 전화상담이 우리나라 사람들에게 적절한 방법이다. 이 같은 전화상담 센터를 지역사회저인보건센터에 설치하면 좋을 것이다. 그리고 센터의 활동에 대해 정부나 지방자치단체가 재정적으로 지원할 수 있을 것이다.

IMF사태에 의한 문제는 개인차원의 문제가 아니므로 가족이나 이웃, 지역사회가 다 같이 나서서 그들의 고통을 위로하고 경감되도록 공동으로 노력해야 한다는 사회적 공감대의 형성이 요구된다.

IMF사태는 그야말로 우리가 재산을 잃어도 가족이나 이웃의 사랑을 잃지 않으면 정신장애에 걸리지 않으리라는 생각을 검증해 주는 기회이다. 그리고 그들을 사랑하고 자존심을 지켜주며 가진 것을 나누어 가지는 능력, 즉 보다 성숙한 사회 형성을 위해 반드시 요구되는 더불어 함께 살아가는 능력이 우리에게 얼마나 있는가 하는 것을 시험하는 사태인 것이다.

(경향신문 1998년 5월 19일)

04.

테러리즘의 심리학

테러는 인간 본성 중의 하나로 생각되는 '공격성'과 '분노반응'의 한 병적인 표현이다. 그 분노나 공격성은 하나의 '힘'으로서 에너지 불변의 법칙에서 보는 것처럼 그냥 소멸되는 법은 없다. 즉 자제되기도 하고 타인에게로 향하기도 하고 자기에게로 향하기도 한다. 분노나 공격성이 타인에게 향하면 폭력이 되고 자신에게로 향하면 자해 · 자살로 나타난다. 자살테러가 그 좋은 본보기이다.

'사회적 소외' 테러집단서 해소

테러는 폭력 중에서도 대체로 자책감없이 폭력을 자행하도록 하는 사고 방식에 근거하며, 특정 정치적 변화를 노린 극단적인 폭력의 체계적인 사용이라 할 수 있다. 테러리스트는 불합리한, 병적인, 도착적인, 설명하기 어려운 사람이라는 의견도 있으나 오히려 논리적이고 계산된 행동을 하는 사람이라는 의견도 강하다. 테러의 특징은, 효과적인 해결방법을 모색하는 과정에서 성급한 일반화와 과도한 단순화의 위험을 채택한다는 것이다. 테러는 우연히 발생하지 않고, 사회적 경제적 동요 때문도 아니며, 자제심이나 자제력이 없는 소수의 급진적 젊은이들의 거부할 수 없는 요구 때문도 아니다.

연구에 의하면 테러는 사회적 불만이나 불공평성의 결과로 생긴 정신병리현상 이상의 현상으로 여러 요인들에 의해 발생한다고 한다. 여기에는 개인적 요소, 가족적 배경, 교육배경, 동료집단의 압력, 사회·역사적 요소 그리고 대중매체의 요소가 복합돼 있다. 많은 연구가 테러리스트는 과거 가정 내에서 부정적 사회화(社會化)의 과정을 겪은 사람이라고 한다. 사람은 인생 초기에 가족으로부터 가치관을 배운다. 부정적인 가족경험(사회화)을 한 사람은 이후 사회에서도 신뢰부족을 경험하게 마련이고, 그 보상책으로 특정 사회정치적 '집단에 대한 의존'을 강화하게 된다. 가족관계에서의 부정적 감정경험은 분노, 복수심, 죄의식, 불안 등을 야기하는데, 이는 억압되지 않는 한 타인을 향해 방출되기 쉽다.

학교 또한 사람에게 그가 속한 사회문화를 반영해 준다. 어린이의 학교적응, 즉 동무들과 교사가 자신을 받아준다는 느낌은 이후 사회적응에 지대한 영향을 미친다. 테러리스트는 대체로 어려서 배척당하는 경험 때문에 학교를 떠났다는 사실을 보여준다. 그들은 자신을 받아주는 갱(gang)에 가담함으로써 자신을 인정받고 또 소속감을 얻고자 한다. 그리하여 정상적 학교문화는 '합법적'으로 보이면서도, 동시에 그들에게는 적이 된다. 이 같은 맥락에서 테러리스트는 테러집단에 가담함으로써 사회와 소외된 자신간의 분열을 해소하고 정신사회적 정체성을 확립한다. 동시에 그들은 조직속 타인의 지지를 얻기도 하고, 마음속에 있는 공격성(폭력과 증오)을 사용해 세상에 대해 복수할 정당성도 얻는다.

여건개선 병행돼야 '응징' 효과

테러가 민족적 내지 국가적 수준일 때는 테러의 역사적 배경도 이해할 필요가 있다. 즉, 민족의식도 개인의식과 같아서 집단적인 민족적 정체성이나 민족이나 국가의 미래에 대한 해답을 찾기를 원한다.

대중매체도 현대 테러리즘에 큰 영향을 미친다. 우선 테러리스트는 대중 매체를 통해 테러를 배운다. 그리고 그들에게 여론이나 경찰활동에 대해 알려줄 뿐 아니라, 누가 희생자가 돼야 할지를 암시하기도 한다. 대중매체는 결과적으로 테러리스트에 대해 대중의 관심을 모아주고, 정치가들이 강력한 대응을 발표하게 함으로써 테러리스트의 중요성을 과대 포장해준다.

이런 이유에서 테러리스트 출현을 막기 위한 사회교육이 중요하다. 그리고 사회 환경 개선과 경제적 개선이 수반돼야 하고, 미래에 대한 희망이 심어져야 한다. 테러리스트에 대한 위협이나 '반응성' 보복정책은 테러 예방에 충분치 않다. 이는 단기적 효과가 있으나, 장기적으로는 이를 목격한 테러집단의 젊은 세대가 곧 성인 테러리스트가 될 것이기 때문이다.

폭력은 문제해결의 수단이 아니며 그래서도 안 된다. 폭력은 결코 인간관계의 수준을 개선시키지 못하기 때문이다. 따라서 현 상황의 역사적 배경을 알아보고, 테러 집단을 배양하는 조건들을 해결하는 것이 중요하다. 이를 위해 관련 집단사이의 열린 대화가 필요하다. 특히 테러리스트가 기성사회로 재편입하려 할 때, 열린 융통성 있는 접근방법이 긴요하다. 무엇보다도 분노와 공격성이라는 인간 원죄(原罪)에 대한 반성과 통찰력 없이는 문제에의 접근이 용이하지 않을 것이다.

(문화일보 2001년 9월 17일)

PART 2.

희망과 봉사

Chapter 1 **진리, 자유, 그리고 치유**

01.

진리와 자유, 그리고 치유

성경(요한복음 8장 32절)에 "진리가 너희를 자유케 하리라"는 말씀이 있다. 이 말씀은 곧 연세대학교의 설립정신이 되고 있다. 이 말씀은 진리 되시는 예수님을 믿음으로 우리가 죄로부터 자유함을, 무지로부터 자유함을 그리고 죽음으로부터 자유함을, 즉 구원을 얻는다는 뜻으로 받아들여지고 있다.

인간에 있어 질병, 고통, 그리고 죽음은 영적으로 해석하면 죄(罪) 때문이다. 이 죄는 반드시 나쁜 짓을 해서 즉 죄를 지어서 그 벌로 병을 얻게 된다는 의미도 있지만, 인간의 본질 또는 인간적인 속성 즉 원죄(原罪)라고 부르는 죄 때문에 질병과 고통 또는 죽음이 온다는 뜻이기도 하다.

원죄가 "인간의 약(弱)함"의 근거라고 한다면 이러한 인간의 약점 때문에 인간에게 병이 생기고 고통을 받고 죽음에 이르게 된다는 것이다. 그러나 우리가 예수를 구주로 믿어 진리를 우리 것으로 한다면 우리는 죄로부터 죄로 인한 노예 됨으로부터, 그리고 죄 값인 영원한 사망으로부터 자유로울 수 있다. 병과 고통이 결국 우리를 죽음에 이르게 하기 때문에 예수님 즉 진리가 우리에게 거하면, 우리는 죽음뿐 아니라 질병으로부터 자유롭게 된다.

우리 인간은 누구나 진리를 알고자 하고 자유를 누리고자 한다. 그러나 진리와 자유를 얻는 은혜는 아무에게나 주어지지 않는다. 인간적으로 노력한다고 해서 반드시 얻어지지 않는다. 이러한 은혜는 하나님께서 "믿는자"에게 값없이 주시는 것이다. 질병과 고통과 죽음으로부터 자유롭게 되는 것은 하나님께서 베푸시는 은혜로 말미암은 것이다. 우리가 신앙의 힘으로 또는 기도로 병을 고친다고 할 때 이는 우리의 신앙을 보시고 기도를 들으시는 하나님께서 은총을 베푸셨기 때문이다. 질병의 원인이 죄 때문이건, 인간적 약점이나 실수 때문이건 또는 다른 이유, 즉 하나님의 사랑의 징계나 섭리 때문이건 일단 우리에게 생긴 질병이 치유되는 것은 하나님의 은혜에 의해서이다.

하나님의 은혜는 어떤 모습으로 나타날지 인간은 알 수 없다. 기도현장에서 직접 치유의 은사가 나타날 수 도 있고 의사의 수술로 치유의 은사가 나타날 수도 있고 약을 통해서도 나타날 수 있다(디모데전서 5장 23절).

성경에는 믿음으로 "치유의 은사를 받은 선지자, 사도, 제자가 있다고 하였다.(고린도전서12장9절). 이러한 은사를 받은 사람 중에 의사도 포함될 수 있을 것이다. 어떤 경우든 기독교는 이러한 치유는 인간의 힘으로 되는 것이 아니며 하나님의 은혜라고 가르친다.

그러므로 자신의 병을 낫기 위해, 또는 의사로서 또는 병원의 직원으로서 다른 사람의 병을 고쳐주기 위해, 우리는 하나님의 은혜를 간구하여야 한다. 우리의 신앙이 부족하더라도 하나님께서 "구하라 그리하면 주실 것이다"라고 약속하셨기 때문이다. 만일 의사가 자신이 환자의 병을 고쳤노라고 말한다면 이는 하나님 앞에서 무지함과 오만함을 드러낸 것이다.

(의료원소식 2001년 4월 9일)

02.

세브란스 120년

올해는 세브란스가 이 땅에 세워진지 120년이 되는 해이다. 갑신정변 때, 미국공사 알렌이 부상당한 한 고관을 외과수술로 치료해 내자, 서양의 의학 기술에 감명을 받은 고종황제가 1885년 병원을 설립할 것을 허락하였다. 이렇게 하여 세워진 광혜원(곧 제중원으로 이름이 바뀜)은 실은 기독교 전파를 위한 선교병원이었고, 이는 세브란스 병원의 전신이다. 같은 해 언더우드와 아펜젤러가 제물포에 도착했다. 지난 120년 동안 세브란스는 한국의 개신교, 서양의학, 고등교육, 등과 밀접히 관련되어 한국 사회에 기여하였다.

구한말 당시 서양의술은 서양의 이상한 모양의 큰 배나 대포의 위력에 버금가는 경이의 대상이었다. 병원과 순회진료의 의술을 통해 기독교가 전해지고, 의학교 졸업생들이 귀향하여 복음을 전했다. 왕실사람과 고관들도 치료하였지만, 주로 가난한 민중을 무료로 치료하였다. 특히 여성과 어린이들도 차별 없이 진료 받을 수 있었다. 세브란스의 이러한 봉사 정신은 해방 후 수많은 귀환동포의 구호와, 6.25때는 남한 각지의 구호병원 운영, 무의촌진료 등으로 이어졌고, 요즘은 해외 난민

구호활동으로 이어지고 있다.

초기부터 제중원 의학당에서 한국인 의사를 양성하기 시작했다. 고등교육의 시작이었다. "제중원 박사들"은 당시 최고의 지식인으로 대중사회의 존경을 받았다. 1906년 간호사교육도 시작되었다. 최초로 여성도 실질적 전문 직업인이 될 수 있는 길이 열렸다. 많은 의학교과서가 한글로 번역되었다. 영어사용은 물론 많은 졸업생들이 선교사들의 안내로 해외로 유학을 떠났다. 한방의학도 연구되어 외국 의학잡지에 발표되었다. 이런 일들이 바로 세계화 아니었겠는가?

세브란스는 위생개념도 계몽하였다. 당시 한국에는 "벌레"(이와 빈대)가 득실대고, 호열자, 천연두, 나병, 말라리아, 매독 같은 전염병이 창궐하곤 했는데, 선교사 의사들이 이 병들을 예방하기 위해 위생적 생활을 민중에게 가르쳤던 것이다. 1916년부터 건강한 어린이 키우기 행사도 열렸다.

에비슨, 헤론, 언더우드, 스크랜튼, 엘러스, 호튼, 허스터, 러들러 등 세브란스와 관련되었던 선교사들 뿐 아니라 이 땅의 많은 선교사들의 서구기독교 정신, 개척 정신, 기부정신, 봉사정신 등은, 전통유교적인 국가 이데올로기와 사회관습에 매여 있던 한국 사회에 개화의 자극을 주었다. 의료를 통해 미신타파, 계급타파, 남녀차별 철폐, "데모크라시" 등이 시범되었다. 예를 들어 에비슨은 한 백정의 아들을 존경받는 의사로 키워 내었다.

많은 제중원 졸업생들이 의사 일을 하면서 독립운동에 헌신하였다. 예를 들어 김필순은 만주에서 일경에 의해 독살되었고, 이태준은 몽고까지 가서 왕실의사로 일했는데, 결국 러시아혁명전쟁 와중에 일본군에 의해 총살당했다. 3.1운동 때는, 학생 이용설 등이 활약했다. 1920년 멕켄지는 "극동에서 가장 유명한 선교사 병원 중의 하나인 세브란스

병원에 있는 15명의 실습 간호사들이 부상자를 치료하기 위해 붕대를 가지고 뛰어 나왔다. 경찰은 그들도 구금했다"라고 전세계에 전하였다.

일제 탄압에 의한 세브란스의 위기는 순수 기독정신의 재확인으로 극복되었다. 의료선교사들은, "기독교 의료사업은 전도와 관련 없이도, 그리스도의 사랑의 실천으로 기독교적 가치를 가진다"고 선언하였던 것이다. 실제로도 많은 선교의사들은 한국 땅에서 과로나 전염병로 인해 죽음으로써 사랑을 실천하였다. 태평양전쟁 때는 다수 선교사 교직원들이 투옥, 추방 당했다.

현재 세브란스는 초기 선배들의 "외국인에게 누를 끼치지 않고 능히 자치하는" 자립정신을 계승하여, 현재 외부의 도움 없이 새 병원을 지었다. 또한 세브란스는 "우리가 받은 대로 베풀자" 라는 정신으로 전도와 해외 선교에도 나서고 있다. 창립한지 10년 되는 몽골 친선병원도 그 하나의 예이다. 많은 세브란스 출신의 의료선교사들이 몽고는 물론, 우즈베키스탄, 네팔, 에티오피아 등 여러 나라에서 사역하고 있다.

1900년 미국 클리블란드의 부호 세브란스씨는, 병원 지으라고 막대한 현금을 지원했을 때 당시 제중원 원장이었던 에비슨이 고맙다고 하자, "주는 기쁨이 받는 기쁨보다 크다"라고 대답하였다고 한다. 이러한 내력을 지닌 세브란스 병원의 모습은, 한국 땅에서 기독교가 과연 어떠해야 하는지를 한국인에게 실천적으로 보여주었다. 그러할 수 있었던 힘은 지금 우리에게도 필요하다.

(국민일보 2005년 4월 15일)

03.

용서의 계절

연말이 다가 오고 있다. 망년회가 여기 저기 벌어지고 있을 것이다. 망년(忘年)? 지난 일을 그냥 잊기보다 곰곰이 생각해 보는 것이 어떨까? 좋았던 것은 잘 기억하여 내년에는 더 살리고, 섭섭한 것은 나의 잘못을 따져보고 용서하기로 하는 것이 어떨까?

정신과 진찰실에서는 사회에서 일어나고 있는 일을 잘 볼 수 있다. 그 중 하나는 "억울하고 분한" 감정을 가지고 찾아오는 사람이다. 물론, 우선은 머리가 아프다, 잠이 안온다, 입이 마르다, 가슴이 뛴다, 열이 난다, 답답하다 등의 증상을 호소하지만, 자세히 물어보면 그런 증상 이면에는 거의 모두 억울하다, 분하다, 화가 난다 등의 마음을 가지고 있음을 알 수 있다. 즉 화병이다.

한국 사람들은, 그 성향을 좋게 설명한다면 감정이 풍부한 민족이다. 역사적으로도 억울하고 분하고 한 맺힌 사연이 많은 민족이다. 그래서 그런지 한국말에 감정에 대한 용어가 풍부하게 발달하고 있다. 그 중에 독특한 한(恨)과 정(情)이 있다. 그런데 묘하게도 한과 정은 모두 분노와 억울하고 분한 감정 등이 앞뒤로 연결되어 있다. 정이 배반당하면 화가 나고 이런 감정을 오래 삭이다 보면 한이 된다. 극단적인 화나 억울하고 분한 감정은 한 중에서도 복수심이 곁들여진 원한(怨恨)을 만들어낸다. 억울, 분노, 한 등이 쌓이면 화병(火病)이 생긴다.

문제는 분노에는, 불(火)과 같이 파괴적 힘이 있다는 것이다. 한국사회에 계속 이런 억울함, 분노의 물결이 범람하면, 그 결과는 신경질, 욕하기, 폭력 등으로 나타나거나, "하필 내가 왜 당해야 하나"하는 생각에 우울, 절망, 자살로 나타나거나, 아니면 모두 화병에 걸릴 것이다. 화병은 결코 가벼운 병이 아니다. 오래 앓으면 죽기도 하는 병이기도 하다. 고혈압, 심장병, 당뇨병, 위장병, 암, 자살, 우울증 등등 모두 스트레스와 부정적 감정, 즉 화, 분노, 억울, 한, 우울, 불안 등에 관련되어 생기는 질병들이다.

이제 우리는 행복을 위해서 뿐 아니라, 병에 걸리지 않기 위해서라도 분노의 감정을 해소하고 살아야 한다. 어떻게 해야 할까? 신체적으로는 운동이 좋다. 술 담배는 오히려 해가 된다. 화가 날 때 이완동작을 실행할 수 있다. 그것은 심호흡을 통해 호흡을 가다듬고, 명상하는 마음자세를 가지고, 몸에 힘을 빼고 자율신경계 반응(맥박 등)을 조절하는 것이다. 정신적으로는, 될 수 있으면 화가 날수 있는 상황을 피하고, 말을 삼가 하는 것이 중요하다. 그래도 화가 나면 우선 일단 화를 지긋이 참아야 한다. 화의 요인을 반감 없이 받아들이고 사건에 대해 긍정적으로 그리고 지혜를 발휘하여 적절한 대안을 찾아야 한다. 자신이 화가 났다는 사실을 꼭 표시하고 싶으면 자신이나 남에게 해를 끼치지 않는 비폭력적 방법으로, 유머감각을 가지고 표현하도록 한다. 그리고 그 분노가 누구 때문이라기보다, 나 자신에게는 탓이 없는가 반성해 보아야 한다. 대접받고 싶은 대로 남을 대접해야 하기 때문이다. 그리고 용서하는 것이 좋다. 내가 복수하면 마음은 시원해지겠지만, 분노는 돌고 돌아 나에게 다시 돌아올지 모른다. 기어히 용서가 안된다면 허허하고 웃어넘길 수 있어야 한다. 그리고 "영적 성숙", 즉 기도할 수 있고, 무엇보다 원수를 네 몸과 같이 사랑하라는 그리스도의 가르침을 실행할 수 있으면 더 말할 나위 없이 좋다.

성탄절이 연말에 있다는 것이 참 다행이다. 예수님을 생각하며, 화를 풀고 용서하자.

"유순한 대답은 분노를 쉬게 하여도 과격한 말은 노를 격동하느니라" (잠언 15장 1절)

(세브란스 2007년 12월호)

04.
우리가 이 일의 증인이다

우리는 지난 120여년간 하나님께서 이 땅에서 행하신 놀라운 역사를 목격하여 왔다. 1885년 암흑의 조선 땅에 한 줄기 맑은 빛이 비추었으니, 곧 세브란스가 설립된 것이었다. 선교의 사명을 띠고 이 나라에 도착한 하나님의 사자가 정치 폭력에 상처 입은 사람들을 치료함으로 세브란스가 창립될 수 있었다. 우리는 이 일의 증인이다.

이러한 세브란스의 창립에 대한 이야기야말로 세브란스가 세워진 목적과 발전해온 이유, 그리고 세브란스가 일하는 방법을 잘 상징하고 있다. 세브란스는 수많은 사역자들과 후원자들의 기도와 헌신과 도움으로 오늘의 모습으로 발전하여 왔다.

세브란스는 조선말기, 일제의 암흑기, 건국의 혼란기, 6.25전쟁, 그리고 혁명, 경제적 격동, 부정부패의 소용돌이 속에서도 굳건히 서 있었다. 여느 기업이나 조직들 중 100년 이상 지속적 성장을 보여준 예가 과연 얼마나 있던가? 세브란스는 이제 2,591병상을 거느리고 5,833명에게 직장을 제공하고 있는 거대한 기관으로 발전하였다. 그리고 지금 새 병원을 짓고 있다. 이는 실로 하나님의 도우심이라 아니할 수 없다.

볼 수 있는 눈을 가진 사람은 이를 볼 수 있다. 우리는 이 일의 증인이다.

그리고 10년 전 세브란스는 지금까지 받은 하나님의 은혜를 갚고자 우리 힘으로 선교사업을 시작하였다. 그리고 지금까지 세브란스가 보여주었던 바와 같이, 의료원 내외의 많은 기독교인들의 기도와 후원으로 어려운 가운데서도 선교 10년간 많은 결실을 거두었다. 우리가 이 일에 증인이다.

우리는 우리가 목격한 바를 증거해야 한다. 이것은 세브란스 창립정신을 계승한 후임자들의 사명이다. 그러나 의료원내에서 세브란스의 역사, 사명, 성취, 그리고 미래에 대해, 기독교적 의미, 선교적 의미가 퇴색되고 있는 듯한 풍조가 또한 목격되고 있다. 이 풍조는 이 모든 것을 우리들 인간적 능력으로 이루었다고 말하는 듯하다. 하나님의 일은 하나님의 방법으로 이루어진다. 사람의 일은 한때 시작되고 성장하고 꽃피고 쇠퇴하고 그리고 사라지는 주기를 보일 뿐이다. 세브란스를 이끌던 선각자, 지도자들 즉 사람의 이름들은 역사 속에서 잊혀져 갈 것이다. 그러나 세브란스를 통해 나타날 하나님의 능력과 영광은 영원하시다.

우리 각자는 하나님 하시는 큰 건축에 선택된 작은 조각벽돌이나 모퉁이 돌일 뿐이다. 그런 역할을 맡을 수 있게 선택된 것도 큰 은총이다. 따라서 우리는 기꺼이 하나님 일의 사역자 또는 후원자가 되어야 한다. 이미 많은 분들이 이일에 나서고 있다. 최소한 이번 선교주간 행사에 많은 사람들이 후원자로 하나님 일에 동참하여야 한다.

무엇보다도 의료원이 선교의 전진기지가 되기 위해서는 의료원 전체가 복음화되어야 한다. 우리의 후임자들이 장차 우리의 어떤 모습을 증언할지, 우리는 지금 진지하게 생각해야 한다. 세브란스가 지향하는 의료원의 발전, 인재 배출, 선교사업 또는 어떤 일이든 이는 원래 하나님께서 시작하셨고 키워 오셨으며, 또 장차 이루어 나갈 것임을 믿는다. 그리고 온 세상의 모든 사람들은 이 일에 증인이 될 것이다.

(의료원 소식 2002년 11월 11일)

05.

광야로 나아간 뜻

[본문 : 마태복음 11장 7-9절, 누가복음 11:7-9]

요한이 옥에서 그리스도께서 하신 일을 듣고 제자들을 보내어 예수께 여짜오되 오실 그이가 당신이오니까. 우리가 다른 이를 기다리오리까. --- 예수께서 무리에게 요한에 대하여 말씀하시되 너희가 무엇을 보려고 광야에 나갔더냐 바람에 흔들리는 갈대냐 그러면 너희가 무엇을 보려고 나갔더냐 부드러운 옷 입은 사람이냐 부드러운 옷을 입은 사람들은 왕궁에 있느니라 그러면 너희가 어찌하여 나갔더냐 선지자를 보기 위함이었더냐 옳다 내가 너희에게 이르노니 선지자보다 더 나은 자니라

기독의사회 회장이라고 하지만 그보다도 평신도로서 목사님께 순종하는 마음으로 이 자리에 섰읍니다.

의료 사태 때 마음이 매우 괴로웠읍니다. 기독의사로서, 기독의사회 회장으로서 무엇을 할 수 있는가. 모여서 기도하기로 했습니다. 기도하는 사이에 이런 질문이 떠 올랐습니다. 왜 의사가 되었나, 무엇을 보려고 병원에 나오나, 우리의 젊은 후배 의사들은 무엇을 보려고 데모집회에 나갔을까 등등.

본문 말씀에 나오는 핵심단어 즉 key word를 몇 가지 생각해 보겠습니다. 광야, 갈대, 부드러운 옷 입은 사람들과 왕궁, 제자, 그리고 선지자 등등입니다.

자세히 본문 말씀을 살펴봅시다. 당시 유태의 상황은 원래 건조한 사막지대가 많아 환경이 열악한 지역인데다 로마 식민지로서 고통이 많았기 때문에 이런 상황에서 자유로와지고자 하는 정치적, 정신적 투쟁이 치열했습니다. 그 예가 열심당(젤롯), 쿰란 동굴지역의 에세네파, 그리고 나중 일이지만, 마사다 전투 같은 것들입니다. 유태인들은 고통 가운데서 정신적 지도자를 찾거나 자신들을 구원할 구세주(메시아)를 몹시 기다리고 있었습니다. 이때 구세주가 아니가 또는 그들을 이끌 선지자 내지 스승(랍비)이 아닌가 하여, 지목된 이가, 성경에 의하면, 세례 요한과 예수님이었습니다. 세례요한이 먼저 활동을 시작했지만, 이 두 사람은 거의 같은 시기에 활동을 시작했습니다. 우선 세례요한이 홀연히 광야에 나타나 소리 외치기 시작했습니다. 낙타 털옷을 입은 그는 모습은 초라했으나 입으로 외치는 말은 추상과 같았습니다. 선지자로서 특히 권력자(왕)들의 죄에 대해 질타하였습니다. 보통 좀 가진 사람들은 선지자들의 말, 양심의 소리를 듣기 싫어합니다. 심지어 미워하고 희생양으로 죽이려고 까지 합니다.

그러나 선지자나 스승 되는 사람에게는 꼭 제자들이 따르기 마련입니다. 세례 요한에게도 제자들이 있었습니다. 예수의 명성이 전해져 오자 세례요한의 제자들이 이 사람은 또 누구인가 하고 예수를 보러 왔습니다. 그리고 당신이 누구냐고 물었습니다. 예수는 대답하였고, 그들은 떠났습니다.

그러자 예수님께서 이들에 빗대어 주변 사람들에게 물었습니다. "너희는 무엇을 보려고 광야에 나갔느냐? 바람에 흔들리는 갈대냐(아니면), 그러면 무엇을 보려고 나갔더냐, 부드러운(좋은 fine, 또는 누가복음에는 사치스러운) 옷 입은 사람이냐, 부드러운 옷을 입은 사람들은 왕궁에 있느니라, 그러면 너희가 어찌하여 나갔더냐, 선지자를 보기 위함이었더냐, 옳다"라고 하셨습니다. 그리고 선지자 즉 세례요한에 대해 설명했습니다. 이 두 사람의 관계에 대해서는 알려진 것은 세례 요한은 예수님의 길을 예비하는 것이 그의 사명이었다는 것과 예수님께서 세례요한에게서 요단강에서 물로 세례를 받은 것입니다. 그 후에 세례 요한은 헤롯 왕에게 죽임을 당함으로 무대에서 사라지고 예수님께서 활동하시게 됩니다. 외에도 성경에 그리고 전설에 두 사람의 관계에 대해 많은 아름다운 이야기들이 전해옵니다.

이들의 이야기에는 기독교적 의미 이외에도 당시 이스라엘 민족의 고통과 희망에 대해 많은 것들이 담겨 있습니다. 기독교적이 아닐지 몰라도 여기에는 우리가 명심할 만한 교훈을 발견할 수가 있습니다.

다시 본문 말씀에 나오는 핵심단어 즉 key word를 몇 가지 생각해 보겠습니다. 광야, 갈대, 부드러운 옷 입은 사람들과 왕궁, 제자, 그리고 선지자 등등입니다.

마을은 제자들이 살고 있는 곳으로 여기서 출발하여 광야나 왕궁으로 나아 갑니다.

광야

광야는 색다른 곳입니다. 광야라 하면 우리는 광활한 또는 황량한 넓은 들판, 독립 운동하던 만주벌판, 황량한 "광야를 달리는 인생" 등을 연상합니다. 영어 선경에는 desert로 되어 있습니다. 제가 1996년도 이스라엘 성지순례 갔을 때, 본 광경이 생생하게 떠오릅니다. 예루살렘과 여리고 사이에 있는 유대광야에는 보기에 대단하였습니다. 끔찍하였습니다. 모래자갈만 끊임없이 보이고 그나마 골짜기와 구릉이 겹겹이 반복됩니다. 예수님은 이런 광야에서 40일 기도하여 마귀의 시험을 받았습니다. 그야말로 광야는 정신적 수련(수도)을 위해서 적합한, 극적인 장소입니다. 그래서 그런지 유태교, 기독교, 그리고 이슬람교는 사막에서 태동한 주요 종교입니다.

사람은 괴로우면 바람 쐬러 밖으로 들판으로 나갑니다. 언덕에 앉아 들판이나 바다를 내려다보기도 하지요. 이미 들판을 잃은 요즘 사람들은 무언가를 찾아 황량한 광야와 같은 신촌거리나 인터넷 안을 헤메고 다니고 있는 것 같습니다. 저는 그럴 때 넓고 푸른 들판이나, 저 먼 유대 땅 광야에 한번 가 보라고 권하고 싶습니다.

이와 같이 광야는 "인생" 그 자체라 불러도 좋겠다고 생각합니다.

왕궁

이는 왕, 귀속 등 권력자들과 권력과 부 또는 명예를 상징합니다. 상류사회이지요. 이들은 대체로 부정적 이미지를 갖고 있습니다. 예수님 당시에도 왕궁에는 분봉왕 헤롯이 살고 있었습니다. 그는 동생 빌립의 아내 헤로디아를 차지해 살고 있었습니다. 나중에 세례 요한이 이를 불륜이라 비판하자 왕과 그 부인은 그를 잡아 죽이려 했습니다. 그러나 신하들이 그를 선지자로 알아 두려워하여 말렸기 때문에 옥에 가두었습니다. 그러다 왕의 생일에 헤로디아의 딸이 연석 가운데 춤을 추어 그를 기쁘게 하니 그가 맹세로 그녀에게 무엇이든지 달라는 대로 주겠다고 약속했습니다. 그 딸은 자기 어머니가 시키는 대로 세례요한의 머리를 소반에 얹어 달라고 했습니다. 그리하여 헤롯왕은 요한의 목을 베어 그 머리를 소반에 얹어 그 소녀에게 주었습니다. 그 딸은 이를 자기 어머니에게 주었고, 요한의 제자들은 그의 시체를 가져다가 매장했습니다.

재미있는 이야기이지요. 선지자와 권력, 그리고 섹스 사이의 관계와 갈등을 잘 표현하고 있습니다. 이 딸은 살로메로 알려졌고 그 춤은 살로메의 춤, 일곱베일의 춤이라 하여, 연극, 영화, 오페라로도 많이 극화되었습니다.

본문에는 또한 네 종류의 사람들이 언급되고 있습니다.

갈대, 무리

갈대 하면 질박한 식물, 억센 들풀, 전혀 아름답지 못한 식물, 꽃 같지 않은 꽃, 벌판이나 늪지에 집단으로 자라는 식물, 바람에 흔들리는 연약한 풀, 그러나 잘 꺾이지는 않는 풀 등등입니다. 성경에는 하나님께서 상한 갈대도 꺾지 않으신다는 구절이 있습니다. 즉 성경은 갈대를 비유해 인간의 약함과 상처받기 쉬운 존재임을 암시하고 있습니다. 인간을 "생각하는 갈대"라고 하였고 또한 갈대와 같은 여자의 마음이라는 말도 있습니다만 어찌 여자의 마음만 갈대 같다 하겠습니까? 우리나라에는 民草라는 말이 있지 않습니까?

갈대는 인간적인 너무나 인간적인 식물입니다. 이와 같이 인간의 정신은 갈대처럼 보잘 것 없어 우리가 찾아가도 인생에 대해 우리가 보고 찾고자 하는 것을 줄 형편이 못 됩니다. 이 갈대 같은 존재가 바로 보통 사람이며, 이들이 바로 무리이기도 합니다. 성경에서의 무리는 무언가 인생에 도움이 될까 하여 이리 저리 몰려다니는 사람들이라 하겠습니다.

선지자

선지자는 prophet, 선지(先知) 즉, 미리 안다, 미래를 본다, 예언한다, 비전을 가진 사람이라는 뜻이 되겠습니다. 미래를 보고, 현재에 대해 고치라고 말할 수 있는 사람입니다. 즉, 선지자는 진리를 알기 때문에 현재의 잘못에 대해 비판하고, 미래에 대해 경고하고, 개혁을 촉구

합니다. 세례요한의 경우는 특히 곧 오실 메시야 즉 예수의 길을 예비하려는 선지자였습니다.

따라서 기득권자는 선지자를 좋아할 리가 없습니다. 소시민들도 안정된 삶을 누릴 때는 선지자에 대해 무심하거나 미워합니다. 그러나 어려움이 처하면 대개 소시민들은 그리고 소수의 엘리트들까지도 메시야를 찾습니다. 세례요한은 "회개하라 천국이 가까웠느니라"고 촉구했습니다. 권력자들이 좋아할 리가 없지요. 그래서 세례요한 같이 선지자는 흔히 권력자들, 기득권자들에 의해 죽임을 당합니다. 예수님께서도 나중에 그렇게 당했지요.

제자

제자는 광야로 세례요한을 찾아 나간 사람들입니다. 보통 사람들 중, 인생에서 무언가를, 아마도 가치, 의미, 진리를 찾고자하는 특별한 사람들입니다. "너희는 무엇을 보려고 광야에 나갔느냐" 이 말씀은 바로 우리에게도 해당됩니다. 우리 모두가 제자라고 할 수 없습니다. 대개 많은 사람들이 인생에서 무언가 해답을 찾기를 원하지도 않고 그럴 능력이 없기도 합니다. 인생의 의미에 관심을 갖는 사람은 그나마 선택된 사람입니다. 그런 사람에게만 그래도 구원의 기회가 있을 수 있기 때문입니다.

부드러운 옷을 입은 사람들

이는 안락한 생활, 쾌락을 즐기는 왕, 귀족 등 권력자들을 상징합니다. 민초에 대비와는 상류사회이지요. 우리나라로 치면, 재벌, 문벌, 학벌, 고위직 등이 되겠습니다. 우리 의사들은 아마도 여기에 속하는 집단이겠지요?

우리는 무엇을 보려고 이 자리에 나왔는가

자 이제 다시 본문으로 돌아가 봅시다. "너희는 무엇을 보려고 광야에 나갔느냐" 이 말씀은 바로 우리에게도 해당됩니다. 많은 사람들이 인생에서 무언가 해답을 찾고자 원합니다. 여러분 중에서는 이러한 주제에 대해 관심이 있는 분이 많기 바랍니다. 성경에도 "들을 귀 있는 자는 들을지어다" 라고 했습니다. 관심을 가지고 들을 귀를 가진 자는 진리를 들을 수 있기 때문에 행복한 사람입니다. 많은 사람들이 진리를 얻고자 하고 스승과 선지자 또는 구세주를 사모합니다. 사람들은 이를 찾아 헤맵니다. 어떤 사람은 과학에서, 어떤 사람은 돈에서, 어떤 사람은 예술에서, 어떤 사람은 정치에서, 어떤 사람은 종교에서 해답과 구원을 찾습니다.

여러분은 무엇에 이끌려, 무엇을 보려고 광야에 나갔습니까? 여러분은 무엇을 보려고 황량한 인생에 나왔습니까, 여러분은 무엇을 얻고자 황량한 인생을 살고 있습니까, 범위를 좁혀서 말해봅시다. 여러분은 무엇에 이끌려, 무엇을 보려고, 또는 무엇을 얻으려고, 의과대학에 다닙니까, 여러분은 무엇을 보려고 치과대학에 다닙니까, 여러분은 무엇을 얻으려고 간호대학에 다닙니까, 여러분은 무엇에 이끌려, 무엇을 얻고자, 무엇을 보려고 이 채플에 나왔습니까, 출석부, 음악, 성경말씀?

여러분이 기대하는 것이 바람에 날리는 갈대, 민초, 소시민, 보통 인간입니까, 부와 고위직과 권력과 명예, 안락한 생활을 하는 엘리트입니까, 또는 선지자가 되기를 원합니까?

우리가 광야에서 찾는 것은 선지자이어야 합니다. 선지자는 갈대와 더불어 광야에 있습니다. 예수님께서도 선지자를 찾으려는 태도를 옳다고 하셨습니다. 우리는 갈대와 더불어 있는 선지자를 찾아 인생이라는 광야로 나아가야 합니다. 우리가 선지자를 만나러 광야에 나간다면,

우리는 자연히 광야에서 바람에 흔들리고 있는 갈대를 만나게 될 것입니다.

예수님은 "광야에서 외치는 소리"를 듣기를 권하고 있습니다. 광야에서 외치는 소리는 무엇입니까. 진리, 경고입니다. 많은 사람들, 특히 무언가 진리를 찾고자 하는 사람은 광야에서 외치는 소리에 이끌려 광야로 나갑니다. 그러나 대개 사람들이 결국 발견하는 것은 갈대, 소시민, 보통 사람입니다.

어떤 사람은 보통 사람들과 더불어 있으면서 또는 진리를 찾는 척 하지만, 실은 왕궁으로 진출하려고 하는 중간 단계로 이를 이용합니다. 궁극적으로는 명예와 부와 권력을 노립니다.

우리는 진정으로 광야에서 외치는 소리의 근원지인 선지자를 찾아야 합니다. 반성(회개)하고 본연의 모습(진리)를 찾아야 합니다. 세례요한이 예수의 길을 예비하는 것이 그 역할이라면 우리도 우리 이웃을, 우리의 환자들을 예수님(진리)께로 이르게 하는 선지자 노릇을 해야 합니다. 최소한 세례요한 같은 선지자가 되지 못해도 그를 따르는 제자가 됩시다. 세례요한의 제자들은 세례요한이 죽은 후 예수의 제자가 되었다고 합니다. 우리는 주의 길을 예비하는, 예수를 증거 하는 의사, 간호사가 되어야 합니다. 어떤 사람은 처음에는 뜻한 바 있어 광야에까지 나가지만 조만간 도시와 왕궁에서 누릴 수 있는 권력과 환락의 유혹에 그만 마음을 빼앗깁니다.

우리는 세브란스의 궁극적인 창립정신, 즉 예수님에게 우리 민족을 또는 최소한 우리가 돌보는 환자들만이라도 예수님에게로 인도해야 한다는 사명을 잊어서는 안됩니다. 우리의 모든 의료 활동이 이 목적에 집중되어야 합니다. 세브란스는 하나님의 소유입니다. 그렇기 때문에 이 기관에 속한 모든 이들은 세브란스에 아무 보탬이 되지 못하고 갈대와 같이 그냥 스러져 버리는 존재가 되어서는 안됩니다. 더구나 자신의 안락함과 부와 권력을 획득하는 수단으로 세브란스라는 기관이나 세브란스 내의 자신의 직책을 이용해서도 안됩니다. 그러므로 우리는 늘 하나님을 두려워 하며 긴장해 있어야 합니다. 우리가 받은 것만큼, 하나님께서 우리에게 주신 것 만큼, 우리 능력대로 , 우리의 달란트를 사용하여 세브란스에 공헌하도록 애써야 합니다.

어떻게 세브란스에 공헌해야 할까요? 이미 우리에게는 훌륭한 표어가 있습니다. "하나님의 사랑으로 인류를 질병으로부터 자유롭게 한다"는 것입니다. 진정한 자유는 질병으로 부터의 자유라기 보다 죄로부터의 자유, 진리에 의한 자유입니다.

끝으로 다시 한번 말씀드립니다. 우리가 지금까지 무심히 살아 왔다면, 이 자리에서 한번 반문해 보기 원합니다. 나는 무엇을 보려고 이 자리에 나왔나, 나는 무엇을 얻으려고 세브란스에 출근하였나, 무엇을 보려고 지금의 일을 하고 있나, 나는 무엇을 보려고 인생을 살고 있나, 그리고 무엇을 찾는 제자인가 하고 말입니다.

06.

초대 선교사의 신앙과 우리

[그린도전서 1장 22-23절]

유대인은 표적을 구하고 헬라인은 지혜를 찾으나 우리는 십자가에 못 박힌 그리스도를 전하니, 유대인에게는 거리끼는 것이요, 헬라인에게는 미련한 것이로되, 오직 부르심을 받은 자에게는 유대인이나 헬라인이나 그리스도는 하나님의 능력이요 하나님의 지혜니라

여기 3 종류의 사람이 등장합니다. 여러분께서는 스스로 질문해 보십시오. "나는 어디에 속하는가?"

오랜 경험을 통해 볼 때, 잔소리의 효용서이 있습니다. 같은 설교도 자꾸 들으면 몸에 배서 효과를 발휘합니다. 제목대로 이야기하려면 결론은 당연히 "우리는 초대 선교사들의 신앙을 본받아야 한다" 입니다. 이제 좀더 풀어서 한 단어씩 이야기 하고자 합니다.

I. 초대 선교사는 누구이며 여기 온 이유는 무엇일까?

언더우드, 아펜셀라, 알렌 등이 우리가 흔히 알고 있는 초대 한국에 온 선교사입니다. 이들이 우리나라에 온 이유는 무엇일까요?

우선 생할 수 있는 것은, 자신들의 신앙에 기초한 선교의 열정일 것입니다. 이런 이야기는 잘 알려져 있어 자료를 들어 일일이 설명하지

않겠습니다. 단지 그들의 활동이 쉽지 않았다는 것을 분명히 말하고 싶습니다. 왜냐하면 당시 한국인들의 반응은 당연히도 거부적이었기 때문입니다. 즉 기독교는 유교전통의 국가 이데올로기와 사회관습에 위협적이었기 때문이었습니다. 저 자신의 유년기 경험 중, 아직도 마음에 아픈 것은 "예수쟁이"라고 놀려대고 왕따받았던 것입니다. 그러나 선교사들은 역경에도 불구하고 헌신적으로 사명을 다하였습니다.

선교의 통로가 열린 계기는 서양의술에 대한 경이였습니다. "기적 같은 치료"였다는 점이 우리 의학도들이 주목하는 바입니다. 서양 의술은, 특히 외과기술은 당시 한국인에게는 "표적"이었습니다. 표적을 구하는 한국인에게 확실히 하나님께서 능력을 보여 주었다.

II. 우리는 어떤 혜택을 받았나?

여기서 우리라 함은 조선사람, 한국사회, 세브란스, 나, 그리고 여러분입니다. 혜택이라 함은 기독교 전래가 한국사회에 미친 영향이라 하겠습니다.

기독교 문명, 문화, 서구문물, 서구 사상 등이 같이 한국에 들어왔다. 그 중 몇 가지는 조선인들을 놀라게 했습니다. 특히 의술은 충격적이었습니다. 다른 경이는 대포, 큰 배(이양선) 등이었습니다. 그래서 '우리도 배우자' 하여, 유길준의 신사 유람단 등 단체를 조직하여 해외로 배우러 나가기도 했습니다. 그리고 교육을 환영했습니다. 많은 사람들이 선교사들이 세운 학교에서 공부했습니다. 학교는 기독교 선교 목적이었으나 결과적으로 서구 사상을 교육한 것입니다. 그들을 통해서 헬라의 지혜, 지식, 과학, 철학 등을 배웠습니다.

또한 기독교는 결과적으로 한글의 보존에 기여했습니다. 성경과 찬송가의 보급은 결과적으로 민족 정체성 보존에 기여했습니다.

특히 기독교는 항일운동에 조력했습니다. 그리고 3.1.운동을 해외에 알리는 일에 앞장 섰습니다. 예를 들어 이용설 선생은 학생때 3.1. 운동에 앞장섰고, 세브란스의 스코필드는 해외에 알렸습니다. 나중 세브란스의 Dr. McLaren은 신사참배 반대하다가 투옥에 추방까지 당했습니다.

제중원의 선교사들로 인하여, 우리나라에 남녀평등 사상(우리 집의 경우, 식탁에 어머니 딸이 같이 앉아 식사했습니다), 음악(찬송가, 풍금, 성가대. 초기 세브란스에 성가단이 서울의 합창음악을 이끌었습니다. 그 전통은 지금까지 이브닝콰이어, 교수 성가대로 이어지고 있습니다), 지역, 연고가 아닌 가치관에 근거한 공동체 의식(기독교 공동체, 세브란스 공동체, 예를 들어 이 채플 등), 그리고 사회의식(예를 들어 우리의 무의촌 진료는 역사가 깊습니다) 등이 발전되었습니다.

기독교에 있어, 한중일간 비교가 흥미롭습니다. 왜 기독교가 한국에서만 왕성한가? 중국과 일본의 경우, 미숀 스쿨이 같이 만들어졌지만, 발전은 미미합니다. 한국이 기독교를 잘 받아드린 이유에 대해서는 여러 가설이 있습니다. 우수한 능력의 우수한 선교사, 의료를 통한 선교전략 때문일까요? 잘 모르겠지만, 아마도 한(恨)의 정서, 식민지 체험 때문에 구원에 대한 절실한 요구, 새로운 힘(power)에 관한 한국인의 강한 호기심 때문이라는 의견도 있습니다. 한국 기독교는 경상도 보다 이북에서 더 왕성하게 일어났는데, 평양신학교의 설립이나, 분단 후, 피난민교회(영락교회)의 왕성한 발전이 이를 증명합니다.

본문말씀에 비추어 보면, 표적, 기적 --- 조선인들은 표적을 구하고 있었는데, 서양의술은 그 답을 보여주었던 것 같습니다. 또한 조선인들에게는 학구적 요구가 있었는데, 기독교는 의학교육을 통해 선진 과학,

서구의 지식, 지혜를 전수해 주었습니다. Z고 무엇보다도 사○○○교사들을 통해 기독교와 옛 그리스도를 알게 되었습니다.

Ⅲ. 세브란스라는 혜택

세브란스병원을 우리에게 주신 하나님께 감사합니다. 우리에게 알렌, 에비슨, 세브란스 등등 하나님의 사람들을 보내주신 것을 감사드립니다. 그들은 우리에게 의료, 고등교육, 그리고 기독교를 가져다주었습니다.

이제 연세의대의 위상은 높습니다. 이제는 우리 힘으로 병원을 발전시키고 있습니다. 그리고 그 원동력은 기독교 정신, 선교사 교수들의 가르침과 모범이었습니다. 저는 직접 산부인과의 로빈슨교수와 의무기록실의 여선교사 교수, 마취과의 롭 교수, 외과의 여선교사, 등 여러 선교사 교수님들에게 배운 것을 기억합니다. 그들은 하나같이 일찍 출근하고 열심히 일하는 모습을 기억합니다.

비록 현대의 한국 기독교는 성공에 취해 원동력 상실하고 있다는 비판을 받고 있습니다. 대형교회, 목사세습 등도 비판대상입니다. 그러나 빈민구제나, 외국인 노동자, 탈북자 지원에 기독교인들의 공헌은 지배적입니다.

그러나 세브란스는 처음에는 그렇지 않았습니다. 초대교회 같이, 초기 조선의 기독교와 같이 헌신적이었습니다. 그러나 지금은 그 처음 사랑을 잃고 있지 않나 걱정됩니다. 세브란스도 대형병원이다, 부자 병원이다 라는 말을 듣습니다. 우리는 초일류병원이냐 봉사구제의 병원이냐의 갈등을 가지고 있습니다.

Ⅳ. 우리가 할 일

이제 우리가 할 일은, 우리가 거저 받았으니 거저 주자는 것입니다. 받은 은혜를 나누자는 것입니다. 감사하는 마음으로 양질의 의술을 베풀고, 높은 수준의 교육을 하고, 그리고 그리스도를 전하는 것입니다.

의술을 베품에 있어 우리가 알아야 할 것은 '하나님의 어리석음이 사람보다 지혜롭고 하나님의 약하심이 사람보다 강하니라'.입니다. 전도에 대해서는 '이 세상이 자기 지혜로 세상을 알지 못하므로 하나님께서 전도의 미련한 것으로 믿는 자들을 구원하시기를 기뻐 하셨도다' 라는 것입니다.

그리스도를 전한다는 것은 그를 알고(공부함, 성경공부), 그를 구주로 믿고, 그의 가르침대로 행하고, 그를 전하는 것입니다. 우리의 믿음이 우리의 태도와 행동으로 드러나도록 해야 합니다. 믿음으로 인한 기적을 보여줄 수 있어야 합니다. 기독교 병원에서 병이 잘 낫는다는 소문이 나야하지 않겠습니까? 그리고 교육으로 지식을 나어야 하겠습니다.

세브란스는 의술과 과학의 이름으로가 아니라 그리스도의 이름으로 유명해져야 합니다.

(대학 채플 2004년 10월 13일)

07.

처음 사랑

요한 계시록 2장 2-5절

에베소 교회의 사자에게 편지하기를 오른 손에 일곱별을 붙잡고 일곱 금촛대 사이를 다니시는 이가 가라사대 내가 네 행위와 수고와 내 인내를 알고 또 악한 자들을 용납지 아니한 것과 자칭 사도라 하되 아닌 자들을 시험하여 그 거짓된 것을 네가 드러낸 것과 또 네가 참고 내 이름을 위하여 견디고 게으르지 아니한 것을 아노라 그러나 너를 책망할 것이 있나니 너의 처음 사랑을 버렸느니라 그러므로 어디서 떨어진 것을 생각하고 회개하여 처음 행위를 가져라 만일 그러하지 아니하면 내가 네게 임하여 내 촛대를 그 자리에서 옮기리라 오직 네게 이것이 있으니 네가 니골라 당을 미워하는도다 나도 이것을 미워하노라 귀있는 장는 성령이교회들에게 하시는 말을 들을지어다 이기는 그에게는 내가 하나님의 낙원에 있는 생명마의 과실을 주어 먹게 하리라.

제가 교수 경력 30년이라 강의는 잘 하지만 여기서 설교를 한다는 것은 참 두려운 일입니다. 그러나 기회를 주셨으므로 오늘 저희에게 하나님께서 무슨 말씀을 주시는가 기도하다가, 이 성경 말씀을 받았습니다.

"네가 참고 내 이름을 위하여 견디고 게으르지 아니한 것을 아노라 그러나 너희에게 책망할 것이 있으니 너의 처음 사랑을 버렸느니라"

그래서 말씀의 제목을 "처음 사랑"으로 하였습니다, 짧게 말하면 첫

사랑. 넓게 마라면 초심.

성경에 첫사랑이란 말이 교훈으로 등장한다는 것은 놀랍습니다. 논어나 도덕경, 화엄경 같은 책에 첫사랑 같은 단어가 있을지요? 얼마나 인간적인 말 입니까? 성경은 우리 일상에서 사용하는 말로 교훈을 줍니다.

첫사랑. 요즘 저는 첫사랑에 푹 빠져 있습니다. 그 대상은 처음 우리에게 태어난 손자입니다. 1돐 4개월 되었는데, 제가 이러해라 하고 말하면 네 하고 말하고 그대로 합니다. 10개월 된 손녀는 이제 막 걸을려고 합니다. 아주 사랑스럽습니다. 눈에 넣어도 아프지 않겠다는 말이 실감이 갑니다.

또 첫사랑하면 옛날 젊을 때의 짝사랑을 바쳤든, 짝사랑을 받았던, 또는 처음 서로 사랑하였든 그런 순수한 첫사랑이 생각나시지요? 그런 생각을 하면 아마도 여러분 입가에서는 미소가 그리고 가슴에는 아련한 통증을 느낄 질 것입니다.

제가 1962년에 연세의대에 입학했을 때의 학교에 대한 처음 사랑을 지금도 기억합니다. 특히 연세 숲, 고등학교시절에 신록예찬이라는 아름다운 수필을 국어 시간에 배웠는데. 그것이 바로 연세 숲이었습니다. 학교가 너무 자랑스럽고 좋았습니다. 처음 인턴이 되었을 때도 감개무량하였습니다. 월급은 6000원 쥐꼬리 만했지만 별 문제가 되지 않았습니다. 무작정 열심히 일했습니다. 모든 선생님들은 모두 대단해 보였고, 간호사들은 모두 예뻐 보였습니다. 내과를 돌 때 생전 처음으로, 지금은 은퇴하신 문영명교수가 1년차 렌지덴트일 때, 같이 어떤 환자의 임종을 지키고, 혼자 남아 환자의 죽음을 처리하고 한밤중에 혼자 어둑한 복도를 걸어 인턴실로 돌아갈 때의 그 벅참 감정을 지금도 기억합니다. – 이런 이야기를 다 하자면 끝이 없을 겁니다.

아무튼 처음 사랑은 감격스럽고, 그래서 이후 오랫동안 사람의 마음을 지배합니다. 첫 사랑 때 맹세한 것은 오래 동안 지키려고 합니다. 누가 감독하지 않아도 누가 시키지 않아도, 그 사랑의 대상을 위해 아낌없이 주려고 합니다. 어릴 때 친구와의 우정은 커서도 오염되지 않습니다. 옛날 유행가에 "사나이의 순정"이라는 단어가 인기를 끌었습니다. 이제는 사나이라는 말도 순정이라는 말도 듣기 힘듭니다. 나이 들어 사랑은 물론 모든 것이 주고받기가 되고 있습니다.

이와 같이 시간이 흐르면 처음 사랑이 식으려고 합니다. 에베소 교회도 그렇게 빨리 첫사랑을 잃었다는 책망을 받을 정도이니까요. 사랑이 식어도 마지못해 사는 사람이 많습니다. 사나이의 순정이라는 단어는 이제 골동품처럼 되었습니다.

이럴 때 흔히 듣는 충고가 처음 만나 사랑할 때를 기억해 보라는 겁니다. 상당 부분 지루함, 미움과 갈등은 해소되고 다시 사랑을 회복할 가능성이 많습니다. 왜 그렇습니까? 그것은 처음 사랑은 순수하기 때문입니다. 그래서 웬만한 갈등은 해결해 주기 때문입니다.

그러므로 사랑이 식으면, 과거 처음 사랑을 생각해보는 것이 필요합니다. 과거, 처음 사랑의 때를 추억해 보는 것, 이렇게 과거를 생각한다는 것은 처음과 이후 전개된 자초지종을 생각하는 것입니다. 즉 역사를 더듬어 보는 것입니다. 역사를 아는 것, 즉 溫故知新은 시작과 이후의 흐름을 파악하여 현재를 이해하며 그래서 미래를 다시 설계하고자 하는 것입니다. 역사라는 것은 개인이나 국가 뿐 아니라 어떤 조직이든 개선, 개혁, 혁신에 필수불가결한 것입니다.

의사의 일에는 history taking이라는 것이 있습니다. 환자를 처음 진찰할 때, 먼저 역사를 물어봅니다.

그런데 우리의 선배 의사들은 자상하게 history taking을 했습니다. 첫 증상이 무엇이었고, 그 나타난 시기와 유발인자, 이후 증상의 변화, 사용했던 약물의 효과, 현재의 증상 다른 의사에게 받았던 진단명과 처방 등등. 심지어 가족력, 병 걸리기 이전의 과거력, predisposing factor, 학력, 종교력, 직장력 등등 조사합니다. 역사를 통해 진단하고 치료방향을 정했던 것입니다. history taking이 정확할수록, 특히 "어디서 잘못 되었는지"를 잘 안다면, 오진의 가능성이 줄고 치료계획도 완벽해 집니다.

그런데 요즘 소위 "과학적"인 젊은 의사들은 다짜고짜로 검사부터 하고 역사를 물어보지 않아 문제 입니다. 환자는 자초자종을 이야기하려고 준비를 잔뜩 해 왔는데 의사는 듣지도 않고 검사용지와 처방부터 건네줍니다. 그러면 환자가 이야기도 듣지 않고 무슨 의사냐 하고 불안해하고 화를 냅니다.

우리는 왜 이런 전문 임상기술, 즉 history taking을 우리 자신 또는 우리 기관에 사용하지 않습니까?

지금 우리에게는 뿌리 논쟁이라는 것이 있습니다. 학교를 사랑하는 분들은 이 논쟁 자체에 대해 역정을 느낍니다. 그래서 고문서를 샅샅이 뒤직여, 광혜, 제중원이 우리 뿌리라고 증명하고 하고 있습니다. 그러나 우리가 학교를 설립하고자 헌신하였던 분들의 설립정신, 기독교정신, 예수님의 사랑, 한국인에 대한 사랑, 이러한 처음 사랑을 우리가 지금 재현하고 있지 못하면 어떻게 우리의 뿌리가 광혜원, 제중원이라고 감히 주장할 수 있겠습니까? 설립정신을 계승한 자가 진장한 후계라 하겠습니다.

우리는 이제 우리 자신에 대한 history taking을 새로이 해야 할 것 같습니다. "어디서 떨어진 것을 생각하고", 즉 반성하여야 할 것입니다.

저는 연세의료원 120년사 편찬위원회 위원장을 한동안 맡아 일했습니다. 그 덕에 우리 기관의 역사를 공부할 수 있었습니다. 정말 많이 배우고 많이 깨달았습니다. 결론은 우리 연세의료원은 대단한 기관이다 그리고 그렇게 된 이유는 대단한 역사가 있기 때문이라는 것입니다. 고비 고비마다 하나님의 역사하시고 돌보심이 있었다는 것입니다. 사람의 계획을 넘어서는 섭리를 느끼지 않을 수 없었습니다.

이런 대단한 역사의 배후에는 설립자들의 처음 사랑이 중요했습니다. 초기 역사 한 페이지 한 페이지 마다 알렌, 에비슨, 허스트. 헤론, 많은 선교사들의 사랑과 헌신 희생이 있었습니다. 그들은 그리스도의 사랑을 전하고자 하는 뜨거운 열정으로 머나 먼 암흑의 조선 땅으로 왔습니다. 지쳐서 병들어 순교하신 분들도 있었습니다.

그 분들에 대한 역사는 큰 감명을 주었습니다. 선교사들의 사랑과 헌신을 눈으로 직접 눈으로 목격했던 우리 초기 선배들은 꼭 같은 사랑의 마음과 정열로 학교를 키워 냈습니다. "첫사랑"을 유지하였던 것입니다. 그러는 사이 우리 기관의 초기 지도자들은, 본문 2절에 보듯이 수고하고, 인내하고, 악을 용납하지 않고, 거짓 선생들을 몰아내고, 주의 이름을 위하여 견디고, 개으르지 않고 등등, 열심히 일하였습니다. 하나님으로부터 인정과 칭찬을 받을 만 하였습니다.

그래서 우리는 지금 우리가 누리는 바와 같이 축복을 받았습니다. 우리 기관은 이제 대단한 기관이 되었습니다. the first, the best, JCI 인증, 좋습니다. 이렇게 된 것에는 세브란스를 향한 처음 사랑을 간직하고 있던 선구자들이 있었기 때문입니다. 우리는 이 역사적 사실을 잊으면 안됩니다.

그러나 이제 우리에게 하나님께서 책망할 일이 생겨나고 있지 않나 걱정됩니다. 세월이 오래 흐르는 동안 첫사랑은 식어지고 있습니다. 처음 입사할 때 가졌던 학교에 대한 사랑, 처음 병아리 의사로서 가졌던 환자에 대한 사랑, 처음 일을 하면서 가졌던 동료에 대한 우정, 그리고 처음 하나님을 대하면서 가졌던 사랑이 식어가고 있습니다. 우리 주변에는 이제 오로지 능률, 성과, 경쟁이 주를 차지하면서 처음 사랑이야기는 벗어나고 싶어하는 무거운 짐 같은 존재가 되어가고 있지 않습니까? 그런 징후들이 포착되고 있다고 봅니다. 예를 들어 초기 교직원들 중에 기독신자들이 100%였는데 지금은 몇 % 일까요? 해외선교도 중요하지만 원내선교가 더 필요한 것 아닙니까? 우리 식구들 중에 기독교정신, 기독교정신 하는 것에 식상해 하는 분들이 있을 것 같습니다.

이제 성경은 우리에게 반성하지 않으면 즉, "그러므로 어디서 떨어진 것을 생각하고 회개하여 처음 행위를 가져라 만일 그러하지 아니하면 내가 네게 임하여 내 촛대를 그 자리에서 옮기리라."라고 아주 무섭게 말씀하십니다. 반성하여 처음 사랑을 유지하지 아니하면, 뿌리를 잘라버리겠다는 말씀 아니겠습니까?

지금까지는 하나님 보시기에도 꽤 잘해서 연세의료원이 발전 했습니다. 칭찬을 받을 만 했고 그리고 칭찬도 받고 축복도 받았습니다. 그러나 "그러나 너희에게 책망할 것이 있으니 너의 처음 사랑을 버렸느니라" 반성하지 않으면 "네 촛대를 그 자리에서 옮기리라.."고 경고하십니다. 우리는 이 책망과 경고를 무겁게 받아드려야 합니다. 하나님 말씀이기 때문입니다.

끝으로 초기, 예수님에 대한 믿음과 조선인에 대한 사랑이 충만하여 호주로부터 조선 땅으로 오신 선교사님들 중 한 분, 정신과를 창설하신 McLaren교수, 그가 기록해 놓은 명상 몇 구절을 소개하고자 합니다. (My beliefs. By C.I McLaren. Korean Mission Field 28-4, 1932, 75-77)

> "나는 역사를 읽고 오늘날의 세계를 넓게 봄에 따라, 더욱 더 교회를 믿게 된다."

> "신앙은 시대를 벗어나지 않았고, 앞으로도 벗어나지도 않을 것이다. -- 신앙은 정신psyche의 생명life의 조건이기 때문이다. ---나는 한 환자에게 한 때 질문한 것을 기억하는데, "무엇을 믿습니까?" 그는 대답하기를 "나는 한 기독교 학교에 다닙니다". 나는 그 젊은이에게 그런 신앙은 충분히 강하지 않다고, 그것으로는 세상을 이기지 못할 것이라고 말해 주었다."

> "나는 예수 그리스도를 믿는다. 여기서 나는 나를 낮추는 경외심으로 이렇게 쓴다. 그 앞에 나는 머리를 숙인다. 그의 사랑이 나를 속박한다, 그는 나를 사랑하였고 그 자신을 나에게 주시었다. ----그는 나에게 숨을 불어 넣어 주시었다. 그의 숨은 영이요 생명이다. 나는 말씀이 육신이 된, 하나님 아버지의 독생자, 은혜와 진리가 충만한 예수 그리스도를 믿는다."

이제 초대 사도들과 초대 에베소교회가 예수님에 대해 가졌던 첫사랑이 우리 모두에게서 회복하게 되기를 빕니다. 우리 개개인은 인턴 시절의 열정처럼 처음 이 기관에 들어왔을 때 가졌던 첫 사랑을 회복하게 되기를 빕니다. 그리고 우리 연세의료원은 초기 설립자들이 가졌던 설립정신 즉 한국과 한국인들에 대한 첫 사랑을 회복하게 되기를, 기도합니다.

(교직원 채플 2008년 1월 30일)

08.

찬송가로 그리스도의 사랑을 …

나의 취미가 무엇인가하는 질문을 받을 때마다 정말 대답하기 쑥스러워진다. 내가 중학생이었을 즈음에는 설문지의 취미란에 독서다, 음악감상이다, 등산이다, 운동이다, 하고 생각나는 대로 줄줄이 써 놓곤 했지만 이제는 그런 경우 빈칸을 그냥 두기십상이다. 막상 취미에 대한 글을 쓰려고 하니, 글쎄 내 취미가 뭘까?

나의 취미는 음악이다. 지금은 FM의 음악프로그램을 듣는 것이 고작이 되고 말았지만, 감히 말하자면 음악이 역시 나의 취미인 것이다. 그러나 음악에 재능이 있다는 것은 결코 아니다. 음악을 듣는다는 것은 재능이 별로 필요치 않고 누가 듣는 데에 대해 이래라 저래라 하는 것도 아니기 때문에 쉽게 취미가 될 수 있다.

음악 연주? 여기에도 별다른 재능이 없다. 기악은 좀 해보았지만 재능 부족을 깨닫고 일찍암치 포기했다. 남은 것은 타고난 목소리를 내는 것뿐인데, 역시 재능이 별로 없어 독창은 어림도 없다. 합창에 슬쩍 끼는 것이 고작이었다. 그것도 베이스파트에 끼어들었는데, 그 이유는 결코 목소리가 굵고 저음을 잘 내기 때문이 아니고, 쉿소리를 방불케 하는 쥐어짜는 목소리가 표시 안 나게 끼어들기에는 베이스파트가 안성맞춤이기 때문이었다. 어찌했든 나는 고등학교 때부터 열심히 합창반에 끼어들었고 그 당시는 취미란에 당당하게 음악감상이 아니라 음악이라고 줄기차게 써 넣었던 것이다.

그래서 개인적이지만 여러 가지 추억에 남는 일들이 많았다. 무엇보다도 이럭저럭 음악을 배우고 또 여러 친구들을 만나게 된 것이 좋았었다. 그 가운데서도 잊을 수 없는 것으로 이브닝콰이어가 있다.

이브닝콰이어는 연세의대 학생과 간호대 학생들로 구성된 합창단인데, 1950년대 중반에 창단되어 아직도 꾸준히 활동하고 있다. 매년 정기발표회도 있지만 그 보다도 주된 활동은 병원에서 찬송가를 부른 것이다. 당시 토요일 해가 저문 어스름에 병동의 복도에서, 또는 요청이 있으면 병상 곁에서 찬송가로 환자들을 위로하는 동시에 그리스도의 사랑을 전하는 것이었다. 아마 이만큼 오래된 학생단체로서, 기록도 회칙도 없지만, 결코 쇠퇴하지도 않고 한결같이 지속되어 온 단체도 드물 것이다. 그것은 이 단체가 노래와 화음으로 결성되어있기 때문이리라. 합창은 각자의 노래 소리를 합쳐 질서정연한 멜로디와 리듬과 화음을 이루는 것이다.

좋은 합창은 사람들의 감정을 조화롭게 만들어 주는 동시에 평화와 생동하는 기쁨도 가져다준다. 이브닝콰이어처럼 음악을 통한 신앙의 成長과 겸손한 봉사를 목적으로 하는 모임에서는 더 말할 것도 없다.

그래서 나 정도의 실력자도 단원들의 사랑과 理解로서 따뜻하게 환영받았던 것이다. 때문에 이브닝콰이어는 나에게 단순한 취미활동 이상의 것이 되었고, 나의 대학시절을 얘기하라고 할 때면 결코 빼어 놓을 수 없는 귀중하고 풍부한 추억이 되고 있다.

때때로 그 당시를 되새겨볼 때면 마음이 푸근해지면서도 나의 가슴은 어린 소년처럼 설레인다.

만일 이 세상 모든 일이 합창처럼 진행된다면 오직 평화와 아름다움만 있을 것이다. 합창에서는 자기 분야를 열심히 노래 불러야 하지만, 결코 개인의 목소리가 튀어나서는 안되고 주 멜로디는 살리되 전체의 화음과 리듬에 자기 목소리를 조화시켜야하기 때문이다.

(의료원소식 1982년 2월 17일)

09.

직업과 신앙

정신과 의사가 된 배경이 기독교적 신앙이었음에도, 나의 전문 직업은 세속 과학적인 것으로 모태 신앙의 교훈을 배신하게 만들 우려가 큰 것이었다.

나는 목사의 아들로서, 어려서부터 경건한 신앙생활의 분위기 속에서 자라왔다. 말을 배울 때부터 부모님으로부터 찬송과 기도, 성경을 배웠다. 모든 교훈은 절대적 권위였었고, 장차 일생동안 신앙생활을 한다는 것은 필연적인 것이었다. 심지어 나 자신 성직자가 되어야 할지 않겠나 생각했으며, 새벽 기도회 때나 S.F.C. 수양회 때 자못 심각하게까지 기도한 적도 있었다. 결국 의사가 되고 말았지만 청소년 시절 성직자에 대한 생각은 어른이 된 지금까지 무언가 마음 한구석에 메아리처럼 남아있다.

의과대학을 택한 것도 이러한 영향에 의했으며, 의학공부를 하면서도, 해부학이나 생리학, 약리학 보다 엉뚱하게 철학이나 문학, 역사, 심리학에 더 많이 흥미를 가졌던 것도 아마 이러한 영향 때문이었을 것이다.

의과 대학을 졸업한 후 정신과 전문의가 되려고 한 것은 특히 이 전문직이 성직자와 비슷한 점이 있다고 본 점도 동기 중의 하나였다. 정신과 강의 시간에 인격 이론, 본능, 양심, 고통, 죄책감, 상담 등의 용어를 들었을 때 무언가 친숙한 느낌이 들었고, 그래서 현재의 직업을 택하기도 하였던 것이다.

현재 나 자신을 돌아보면, 지난 세월동안 결코 내 신앙이 보다 성숙했다고 할 수 없으며, 부모님께서 보시기에는 순수했던 어린 시적보다는 퇴보하고 있다 하실 것이다. 다시 말하면 장성하고 보니 주변 상황도 더욱 넓어지고 변화되었으며, 그사이 듣고 배운 지식이 단순한 마음을 복잡하게 하고 있다. 특히 나의 직업에 있어 그러하다. 정신과 의사가 된 배경이 기독교적 신앙이었음에도 불구하고 그 후 배운 전문과학의 내용은 내가 애초에 기대했던 것과는 다른 비기독교적인 것이었다.

우선, 의학이 인술이라 하지만 인간을 하나의 육체적 존재로 다룬다. 정신의학도 역시 마찬가지여서 정신을 다룬다고 하지만 이는 순전히 뇌라던가 신경의 작용으로서의 심리과정이다. (주: 이에 대해서는 필자가 월간지 "뿌리깊은 나무"1980년도 5월호에 쓴 바 있다) 인간 정신을 육체적 조건하에 두고 동물적, 기계적 관점에서 보는 것 같았고, 영적 존재라는 개념은 전혀 없는 것 같았다. 다음 두 번째로 내가 충격 받았던 것은 현대 정신의학의 기초 중 하나인 정신분석학의 압도적 영향이었다. 이 심리학이 현대 사회와 사조에 미친 영향은 여기서 다 설명할 길이 없다. 그러나 여기서 강조할 것은 정신분석학이 특히 종교와 신앙에 대해 이론적 타격을 가했던 것이다. 그래서 흔히 경건한 기독교인들은 이 이론을 무신론이며, 사탄의 소행이라 지탄하였었다. 이로서 나의 전문직은 지금까지의 신앙의 교훈을 배반하게끔 하는 것이 아닌가 생각되었고, 자연히 지도 교수들과의 토론에서 모욕과 반발을 느낀 일이

한 두 번 아니었다. 그러나 나는 어디까지나 훌륭한 직업인–정신과 의사–정신병 전문가가 되는 것이 소원이었고, 이런 직업의식 내지 소명의식은 신앙적이라 할 만큼 철저해야 된다고 믿고 있는 터이었다. 그래서 더욱 혼란을 느끼지 않을 수 없었다.

아마도 어릴 때부터의 신앙이, 현재의 직업과 상반된다고 느껴 고민하는 분들이 많을 것이다. 그러나 전문 직종 중에서 매일 매시간 이러한 곤혹을 느끼는 직업은 아마도 정신과 의사만한 경우는 드물 것이다. 자기가 예수 동생이라 주장하는 정신분열증 환자나, 자기는 하나님 앞에 죄인이므로 죽어야 한다며 모든 음식을 거절하거나 자살을 시도하는 우울증 환자를 매일 대하여야 한다. 그러나 나는 차마 다른 동료의사들과 같이 그들을 단순히 환자취급을 할 수가 없는 것이다.

그러나 나 자신이 고마운 것은 과거 신앙적 영향이 강해서인지, 이러한 반기독교적으로 보이는 이론을 대할 때마다 혼란에 빠지기보다 이를 보다 깊이 이해해서 우리의 기독교 신앙을 옹호하여야겠다고 생각했던 것이다. 하나의 이론을 들을 때마다, 그것에 대해 성경은 무엇이라 했나, 위대한 기독교 학자들은 무엇이라 했는가를 알아보려고 하였다. 그리고는 기독교의 오래된 지혜를 발견하고는 감동해 마지않았던 것이다. 결코 새로운 지혜, 다른 원리는 없는 것 같았다.

대학생이나 지식인이라 자처하는 사람들이 기독교를 비판하려 할 때 들고 나오는 이론들이 주로 현대 과학이나 철학일터인데, 그 중에서 아마도 강력한 것이 정신분석학이나 또는 기묘한 변장을 한 현대 심리학일 것이다. 이때에 필요한 것은, 이들 정신분석학의 이론을 도입한 상담학(주:이에 대한 나의 의견은 "월간 牧會" 1979년 10월호에 쓴 바 있다), 목회심리학, 종교심리학과 같은 어정쩡한 타협이나 절충이 아니라 철저한 변론일 것이다.

내가 이 분야에 있어 적당한 인물인지, 또 얼마나 성공할지는 하나님만이 아실 것이다. 아무리 비신앙적인 이론이라 할지라도 하나님의 뜻이라면 이 이론도 우리의 신앙에 융합되어 오히려 더 큰 유익을 줄 것이다.

아마도 우리 교회 안에서는 자신의 직업과 신앙이 상반되지 않는가 하는 정신적 갈등을 겪는 분이 없지 않을 것이다. 특히 자연과학은 물론이고, 인문과학의 분야에서 고도의 전문직에 종사하는 분들에게는 이러한 갈등은 농사, 노동 또는 소규모의 상업 등에 비해 매우 델리킷드하며, 더욱 심각할 수 있다.

바라는 바는 이러한 분들이 전문직과 신앙을 편리한데로 별개라고 생각하여 상관없는 것으로 하지 말 것이다. 정신의학에서는 이런 행동을 고통에 직면하기 보다는 피하기 위해 관련된 문제들을 해리(dissociation) 시킨다고 부른다. 따라서 해리보다는 상관시켜서(association), 그러한 과학의 전문적 이론 속에서도 기독교 신앙의 증거를 발견하고 또 구현하는 노력을 꾸준히 해 나가야 할 것이다.

그래서 많은 지적인 젊은 기독교인들, 너무나 장기간 쓸모없이 방황하는 일이 보다 줄어들도록 도와야 할 것이다.

(개혁신앙 1980년 8월호)

10.

연세의료원의 발전을 위한 제언

많은 연세인에게는 의외로 생각되겠지만, 우리 의료원은 100년 전통의 일류 대학병원이라는 명성과는 달리 내부적으로 난관에 처해 있다는 위기의식이 높다.

첫째, 공간이 협소하다는 것이다. 처음 의료원이 서울역전에서 신촌캠퍼스로 옮겨 올 때만 해도 넓은 공간을 자랑했으나 30여년이 지난 지금 그 공간의 부족은 물론 그 효율성도 크게 떨어져 있다.

둘째, 시설과 장비가 매우 노후 되었다. 피부로 느끼듯이 우리 병원이 매우 낡았고 이어 지은 건물들로 인해 복잡하기 짝이 없다. 주지하다시피 국내에는 소위 하이테크의 최신 시설과 첨단장치를 갖춘 대형병원이 우리와 치열한 경쟁을 하고 있을 뿐 아니라 새로 개설되는 병원의 수준도 우리를 능가하리라 예상된다.

셋째, 연구수준의 유지에 있어서도 위기를 느끼게 되었다. 의학의 수준은 결국 높은 수준의 환자진료 서비스를 제공하는 것으로 귀결된다. 우리의 수준이 어떤가 하는 것은 통계를 보아 알 수 있듯이 우리 의료원이 한낱 지역병원으로 전락하고 있지 않나 하는 우려를 낳게 한다. 전국을 대상으로 최종적인 병원이라는 명성에 금이 가고 있는 것이다.

또한 우리가 자만에 빠진 사이에 미래지향적 연구에 있어서도 이미 학계를 주도하지 못하게 되었다는 자성의 소리도 높다.

넷째, 재정적 위기이다. 국가 전체적으로 의료보험제도가 시행되면서 모든 의료기관이 재정적 곤란을 겪고 있는 바 우리 의료원도 예외가 아니다. 주지하다시피 각종 비용과 인건비는 무섭게 상승되고 있음에도 불구하고 예산의 대부분을 차지하는 진료수입은 감소되고 있다. 때문에 의료원은 장래를 위한 투자가 크게 위축될 수밖에 없다.

끝으로 사기의 위축이다. 여러 가지 원인이 있겠으나 의료원에 근무하는 직원들의 기독교 정신에 입각한 성실성에 퇴보가 있지 않나 하는 우려이다. 이는 환자 서비스에 있어서 불친절과 절차의 복잡성 등 세간의 평판과 내부적으로도 늘 지적되는 근면성과 절약정신의 부족 등에서 나타난다고 여겨진다.

이러한 위기의식은 우리의 마음을 아프게 한다.

그렇다고 자괴에 빠져 있을 수만은 없다. 학문과 진료 수준의 향상은 교수와 의사들의 개인적 발전에 우선적으로 의존한다고 보아야 할 것이다. 그리고 공간, 시설, 장비, 재정적 뒷받침 또는 필수적이다. 이 난관을 극복하기 위해 발상의 전환과 더불어 새로운 전략이 필요하다는 것은 당연하다. 다행히도 의료원에 대한 위기는 학교를 사랑하는 교내외의 사람들 사이에서 새로운 발전계획을 수립하여야 한다는 의식을 자극하였다. 학교당국, 교수평의원회, 그리고 동창회 사이에서 이미 활발한 토론이 전개되고 있으며 여러 가지 개혁적인 계획들이 제안되고 있다. 특히 기금조성을 위한 노력이 시작되었으며 새로운 공간의 확보 그리고 내외의 재원개발에 대한 제안들에 대해서도 큰 공감대가 형성되고 있다.

많은 연세인들은 의료원을 자랑스럽게 생각하고 있다고 믿는다. 이

믿음을 유지하기 위해서 무엇보다도 의료원 사람들의 의식의 변화와 노력이 있어야 할 것이다. 그리고 연세인 전체가 의료원이 당면하고 있는 위기에 대해 정당하게 인식할 필요가 있다. 나아가 의료원 측이 보이고 있는 장래 발전계획 수립과 그 실현에 대한 노력을 평가하고 실질적으로 도와줄 수 있어야 한다.

(연세의료원소식 1991년 10월 28일)

11.

나의 도움

시편 121편 1절

내가 산을 향하여 눈을 들리라. 나의 도움이 어디서 올꼬. 나의 도움이 천지를 지으신 여호와에게서로다.

새해 첫 달, 의과대학 주관예배에 이 말씀으로 서로 나누게 되어 매우 은혜롭게 생각합니다.

잠깐 본문 말씀을 생각해 봅니다. 저의 동료 중에 한 분은 같이 사진 찍을 때 유달리 고개를 들고 멀리 쳐다보는 자세를 취합니다. 그 분은 꿈 많고 열정적인 성품으로 알려져 있지요. 눈을 아래로 깔고, 고개를 떨어뜨린 모습은 우울증을 나타냅니다. 우울증은 슬픔, 절망(희망없음), 외로움(고립), 무원감(아무도 나를 도와 주지 않는다), 무가치감, 죽고 싶은 생각 등이 특징인 상태입니다. 그런데 문득 내가 산을 향하여 눈을 들고. 나의 도움이 어디서 올까 생각할 때. 나의 도움이 나의 희망이 하나님에게서 온다는 것을 알 수 있습니다. 저는 이 시가 고립과 무능을 느끼는 인간이 전능하신 하나님의 도우심을 희망하고 감사하는 노래인 것을 느낍니다. 아시는 분은 잘 아시겠지만, 이 시를 가지고 만들어진 찬송가나 소위 명곡이 무수히 많습니다. 많은 사람들이 인생에서 도움이 필요하기 때문에 이 찬송을 자주 부르는 것은 당연합니다.

저도 이 구절을 저도 모르는 사이 흥얼대곤 합니다. 솔직히 감사한다기보다도 늘 나를 도와주시고 돌보아 달라는 기도에 가깝습니다. 이렇게 되는 데에는 많은 세월이 필요했습니다. 제가 어려서 공부를 곧잘 했습니다. 그래서 연세의대에 입학할 수 있었겠죠. 이것은 자랑할 만한 일 아니겠습니까? 그런데 이런 얘기를 들은 주변 어른들은 한결같이 부모님 기도로 네가 그리 잘 되었다고 말씀하시었습니다. 그런 말을 들을 때마다, 어린 마음에 저는 내가 열심히 공부해서 이렇게 되었는데 무슨 말씀인가 하고 속으로 반발 하였더랬습니다.

그러나 세월이 지나면서 여러 가지 경험을 하는 동안에 "내가 열심히 하면 무엇이든 이룰 수 있다"는 신념이 점점 흔들렸습니다. 능력에 한계를 깨닫는 거지요. 실제 인생에서는 보통 말하는 행운으로, 우연히, 재수가 좋아서 같은 단어가 어울릴 만한 그런 일로, 무슨 일이 성사되기도 하고 실패하기도 한다는 것을 차차 알게 되었습니다. 그런데 예수 믿는 사람들은 이를 우연이나 행운으로 보지 않고 하나님의 도우심, 하나님의 은혜로 생각합니다.

우리들에게는 속으로 몹시 원하는, 그러나 차마 그런 욕망을 내 놓고 말하기 어려운 일, 남에게 부탁은 하지만 절대적으로 들어 달라고 하지는 못하는 일들이 많이 있습니다. 저는 어려서 기독교 가정에서 자랐고 또 늘 교회에 다녔기 때문에 기도의 힘에 대해 늘 들어 왔습니다. 그래서 나이가 들면서 능력의 한계를 깨닫게 되면서, 이루기 어려운 희망이 있을 때, 결국 저는 속으로 어떻게 꼭 좀 이루어 달라는 기도를 하게 되었습니다. 평소 신앙의 수준을 생각하면 염치없다는 생각도 되었습니다. 억지부리는 거지요. 그런데 고백합니다만, 기도 덕분인지 일이 잘 된다는 느낌을 갖는 때가 많아 졌습니다. 남들이 보기에는 제가 제 인생에서 이룬 몇 가지 성취가 제 자신의 노력이나 행운 때문일 것이라고 짐작하시겠지만, 저는 속으로는 하나님의 도우심 때문으로 믿지 않을 수 없게 되었습니다. 그리고 새삼 부모님의 기도를 떠 올리게 됩니다.

일이 어려울 때 사방이 막혔다고 절망 가운데 있을 때, 막판에 생각지도 않던 방향에서 딱 필요한 도움이 와서 일이 기적적으로 풀리는 경험은 누구든 해 보셨을 것입니다. 이를 성경에서는 "때를 따라 도우시는 은혜"라고 말씀하십니다.

하나님을 마치 아버지처럼 믿으면, 개인적인 욕심 같은, 억지 부리는 것 같은 기도도 가능하다고 봅니다. 효자노릇도 못하면서 아버지의 도움은 은근히 믿고 있는 염치없는 아들 같다고 하겠지요. 그런 일은 성경에도 있지 않습니까? 야곱이 복 받으려고 아버지 이삭을 속이기까지 하고 결국 도망해야 했던 일, 도망 중에도 강가에서 밤새 천사와 싸움질까지 하면서 억지 부린 것, 등이 예가 될 것이다. 이런 기도를 할 정도이면 하나님과 나 사이가 매우 친한 부자지간 같이 가까워야 할 것입니다.

흑인 영가 중에 Nobody knows trouble I've seen. Nobody knows my sorrow(아무도 내가 겪는 어려움을 알지 못하네, 아무도 나의 슬픔을 알지 못하네)라는 노래가 있습니다. 우리 모두 이런 기분을 갖고 있지 않습니까? 그러나 아버지 같은 하나님은 미리 아시고 자녀에게 길을 열어 주십니다. 그래서 저는 찬송가, "내가 믿고 또 의지함은 내 모든 형편 잘 아는 주님, 늘 도와주실 것을 나는 확실히 아네" 하는 찬송을 부를 때마다 가슴이 찡합니다.

하나님께서 도와 주셨다는 생각에, 솔직히 두렵기도 하고, 신세를 졌으니까 무엇이로든 갚아야 된다는 생각에 저는 부담을 느끼기도 합니다. 그러나 흔히는 얼렁 뚱당 넘어가는 수가 많습니다. 그러다가 차츰 기도 스타일에 약간 변화가 나타났습니다. 나름대로 하나의 변명, 하나의 타협이 되겠지요. "하나님의 영광을 위해서"라는 말을 기도에 넣습니다. 이런 소원을 기도드리는 것은 물론 저의 희망이기도 하지만, 결국 "하나님의 영광이 되는 것이라면" 들어주시기 바란다는 겁니다. 또는 "하나님에게 영광이 되는 방향으로 되게끔 방향을 틀어서라도" 들어주시기 바란다는 뜻이기도 합니다.

하나님을 믿고 또 기도도 하지만, 인생에서는 어려움이 때때로 닥칩니다. 그래서 사람들은 왜 나에게 이런 어려움을 주는가 하는 원망을 하기도 합니다. 그러나 친아버지라면 어린 자식이 들지 못할 역기를 들어보라고 야단하지 않듯이, 아버지 하나님께서도 우리가 감당하지 못할 시험은 주시지 않으신다고 하셨습니다. 얼마나 위로와 힘이 되는 말씀입니까? 또한 작은 역기로 드는 연습을 자꾸 해야 나중 무거운 역기를 들 수 있듯이, 시련도 나중을 위한 훈련이라 볼 수 있으니 이 또한 도움이라 하지 않을 수 없습니다.

우리가 하나님께 기도하는 것은, 바로 높으신 분한테 부탁하는 것인데, 이것은 우리가 무력하고 또 달리 나를 도와줄 사람이 없다고 보기 때문입니다. 능력이 뛰어난 사람은 남의 도움이 필요 없지요. 그래서 기독교인은 자신을 무력하다, 가난하다, 불쌍하다, 남이 도와 줄 리가 없는 죄인이다라고 생각합니다. "나를 불쌍히 여기소서"라는 기도를 비기독교인이 들으면, 도대체 무슨 죄를 그리 많이 지었나, 뭐가 그리 가난하고 궁핍한가 라고 의아하게 생각하기 쉽습니다. 하늘은 스스로 돕는 자를 돕는 다는 말이 있습니다. 이 말은 사림이란 어느 정도 몇 가지는 스스로 할 수 있는 능력이 있다는 낙관적 견해를 근거로 하고 있습니다. 물론 우리끼리도 노력해야겠지요. 그런데 과연 우리 인간은 우리 스스로를 도울 능력이 있다고 보십니까? 기독교인은 하나님께 부탁하려 할 때, 우리는 죄인이고 또 무능하니 전능하신 하나님께서 돕지 않으시면 우리로서는 어떻게 할 수 없다는 생각을 고백하고 기도를 시작합니다. 그래서 우리는 기도할 때, 감히 내가 직접 하나님께 기도하는 것이 아니고, 우리 죄를 대신하여 죽으심으로 우리의 죄 값을 치룬 예수님의 이름을 받들어 기도하는 것입니다.

기도하는 사람은, 도움이 필요한 사람은, 그래서 결코 교만할 수 없습니다.

다른 사람을 위해 기도해도 하나님의 도움을 받을 수 있습니다. 우리가 누군가를 사랑한다면, 그를 위해 기도하지 않을 수 없습니다. 아침 병원 복도에서 들려오는 찬송가 소리, "누군가 나를 위해 기도하네" 라는 찬송은 그래서 제게는 큰 힘이 됩니다. 제 집사람이 오늘 이 채플에서 설교한다고 하니 저를 위해 기도하겠다고 했습니다. 옛날에는 그런 말을 들을 때, 겉으로는 "그래? 고마워"하면서도 속으로는 "걱정마라. 내가 다 알아서 할 테니까"라고 했습니다. 그러나 나의 인생을 돌이켜

보면 어려서부터 부모님의 기도, 요즘은 아내의 기도까지, 그리고 나는 모르지만, 몇 사람은 제가 확실히 압니다만, 누군가 나를 위해 기도하는 분들의 기도 등등, 저는 많은 사람들의 은혜를 입었다고 말하지 않을 수 없습니다.

이와 같이 우리는 우리 자신을 위해 기도해야 하고, 또 다른 사람을 위해 기도하여야 합니다. 그리고 또 다른 한 가지, 우리는 합심하여 기도해야 합니다. 식당으로 올라가는 엘리베이터에 붙어있는 성구, 마태복음 18:19에 보면 "진실로 다시 너희에게 이르노니, 너희 중에 두 사람이 땅에서 합심하여(agree) 무엇이든 구하면, 하늘에 계신 내 아버지께서 저희를 위하여 이루게 하시리라"고 하셨습니다. 그래서 우리는 한 사람이 기도하더라도 모두 다 같이 "아멘"이라고 합창함으로 찬동을 표시하는 것입니다

우리 의료원은 지금 하나님의 도움이 절실히 필요합니다. 그래서 우리는 우리 학교, 우리 병원을 위해 기도해야 합니다. 우리 교직원 중에 아직 기독교인이 아닌 분들이 많다고 들었습니다. 우리는 무엇보다도 우선 "의료원의 복음화"를 위해 기도해야 합니다. 새세브란스 병원을 짓는 일을 위해서도 열심히 기도해야 합니다. 실제로 많은 분들이 기회 있을 때마다 새병원 건축을 위해 개인적으로 또는 합심하여 기도하고 있음을 잘 알고 있습니다. 하나님께서 틀림없이 도와주실 것임을 믿습니다. 의료원의 모든 경영을 책임 맡은 지도자, 의료원장님, 학장님, 병원장님, 부장님, 과장님, 수간호원님들을 위해서도 우리가 대신 기도해 주어야 합니다. 그리고 우리 다 같이 합심하여 기도해야 합니다. 전국의 모든 기독교인들에게 우리 세브라스를 위해서 기도해 달라고 요청

할 수 있어야 합니다.

우리는 하고 싶은 일도 많고, 해야 할 일도 많습니다. 그러나 우리는 능력이 부족합니다. 하나님께 도움을 청할 자격도 없습니다. 그러나 우리가 기도하면, 천지를 지으신 능력의 근원이신 하나님께서 도와주실 줄 믿기 때문에 우리는 희망을 가집니다.

(2000년 새해 교직원예배)

Chapter 2 **희망**

01.

의사의 희망

이 풍진세상에서 우리 의사들의 희망이 무엇일까. 부귀와 영화일까. 아마도 의과대학에 입학하기를 희망하는 고등학교 학생들, 아니 저 멀리 국민학교 시절에 의사가 되겠노라고 단언하는 어린 학생들은 그 동기로서 슈바이처를 본 받겠다느니, 고통받는 사람들을 도와주는 일이 얼마나 보람된 것인가 하는 말들을 흔히 한다. 의과대학에 들어 와서는 히포크라테스나 갈렌 같은 위대한 의사, 심장이식과 같은 첨단 기술을 구사하는 의사, 또는 한스 카롯사나 손문 같은 위대한 사회적 지도자가 되는 것을 꿈꾸기도 한다.

그러나 졸업이 가까워오면 국가고사에 합격하는 일과, 어떻게 하면 장래가 유망한 전문과목을 택하느냐, 또는 모든 조건이 좋은 병원에서 레지던트과정을 밟을까 하는, 보다 세속적인 것에 온통 관심을 집중한다.

그리고 수년이 지나 군대복무도 끝나면, 교직이냐 개원이냐 취직이냐의 갈림길에 서게 된다. 이제 희망은 가르치고 연구하는데 보람이 있다느니, 역시 개업해서 성공하는데 보람이 있다느니 하지만, 역시 봉급의 많고 적음에 희비가 교차한다.

십수년이 지나면 승진하는 일, 병원을 확장하는 일, 자동차의 차종 높이기, 골프 핸디 줄이기, 그리고 무엇보다도 단체나 조직에서 활동하고 영향력을 행사하는데 야망을 가지게 된다. 역시 "부귀와 명예"가 의사의 최종적 희망인 듯싶다. 부귀와 영화는 이 풍진세상의 보편적 희망이다.

그러니 어떻게 누가 누구를 감히 비난할 수 있단 말인가. 하지만 좀 더 진지하게 생각해보면 왜 우리가 어릴 때 가졌던 고귀했던 희망들이 잊혀 져야 하는지, 슈바이처를 본받는 것, 첨단지식을 개발하는 것, 사회에 공헌하는 것에 대한 열망이 왜 희미해지는 것일까. "네 자신을 알라"하는 교훈 때문인가.

그러나 그 열망은 우리들 마음속에서 사라진 것은 결코 아니다. 마치 에너지 불변의 법칙과 같이 부귀와 영화를 누려도 결코 마음이 족하지 않는 이유는, 가슴속 한 귀퉁이에 아직 남아있는 어릴 때의 희망 때문이다.

사람의 마음속에는 동물과 달리 神의 속성을 부여받은 바가 있어 순수함, 고귀한 그리고 헌신적 봉사에 대한 욕구가 끊임없이 메아리치고 있다. 조용히 귀 기울이면 그 소리를 들을 수 있다. 그 소리를 억누르고 듣지 않으려고 한다면 아무리 부귀와 영화를 누려도 어릴 때 맹세했던 바에 대한 자책감 때문에 마음이 만족스럽지 않다.

언젠가는 우리 모두 어릴 때 가졌던 고귀한 희망에 대해 대답을 할 수 있어야 한다. 마음에 껄끄러움이 남지 않는 그 어떤 대답을.

(의협신문 1985년 10월 7일)

02.

용서하고 희망하자

세월의 수레바퀴가 또 한번 돌아 새해가 온다. 테니슨의 시에 다음과 같은 구절이 있다.

"종소리 크게 울려라 저 묵은 해가 가는데, 옛것을 울려 보내고 새것을 맞아들이자"

생각해 보면 지난 해 동안 火나고 억울하고 분한 일이 많았다. 경제난 같은, 누구 탓하기 딱 좋은 그런 불행한 일이 많았다. 열심히 일 했는데도, 실업의 위기에 몰리고 있다. 열심히 공부했는데도, 일할 곳을 구하지 못하고 있는 젊은이들이 많다. 눈앞에 바로 화려한 것, 부유한 것들이 보이는데, 자신은 여전히 초라하게 여겨지는 사람이 많아졌다. 병원에서 흔히 보는 바이지만, 눈앞에 좋은 치료법이 있는데도 돈이 없어 그 치료를 못 받는 사람이 있다. 그들은 모두 억울하다. 이미 정치에 대해서는 화를 내기에도 지쳤다. 2008년 한국인들은 거의 모두가 억울한 감정에 휩싸여 있었다고 해도 과언이 아니다.

문제는 분노에는, 불(火)과 같이 파괴적 힘이 있다는 것이다. 올해 우리 한국사회에 계속 이런 억울함, 분노의 불길이 드세었다. 사방에서

"하필 내가, 우리가, 왜 당해야 하나"하는 생각에 "火풀이" 행동이 수없이 나타났다. 시위, 악플, 폭력 등등. 모두 火病에 걸렸다고 할 지경이다. 올해만큼 우리나라에 우울증과 자살이 문제가 되었던 때가 없었다. 그런데 화병은 오래 앓으면 죽기도 하는 병이기도 하다. 고혈압, 심장병, 자살, 우울증 등등 거의 만성 분노에 관련되어 생기는 질병들이다.

그러니 우리는 묵은 해, 옛것을 보내기 위해, 그리고 새것을 맞들이기 위해 먼저 묵은 것을 청산해야 한다. 억울함과 분노를 해결하려고 지금 화풀이를 시도하기보다, 해소해야 한다. 이제 우리는 미래의 행복을 위해서 뿐 아니라, 병에 걸리지 않기 위해서라도, 사회가 불타 파괴되지 않기 위해서라도 분노의 감정을 청산하고 새해로 넘어가야 한다. 묵은 것을 날려 보내야 새로운 것을 맞아들일 수 있기 때문이다.

이제 과거를 청산하는 여러 방법 중에서 용서를 말하고자 한다. 뒤집기, 복수, 화풀이 보다 용서는 더 어려운 방법이다. 더 큰 용기가 필요하다 그러나 옛것을 깨끗이 하는데는 용서만큼 확실하고 긍정적이며 창조적인 것이 없다.

용서를 위해서는 나 자신도 같이 돌아보아야 한다. 그냥 용서한다는 것은 오만일 수가 있기 때문이다. 오만은 결코 상대방에게 호의를 불러일으키지 못한다. 그래서 나의 분노가 누구 탓이라기보다 내 탓은 아닌가 하고 생각해보아야 한다. 우리는 모두 부족한 사람이 아니던가? 먼저 나를 용서할 수 있으면, 비로소 형제를 용서할 수 있다. 나도 문제가 있다면 상대를 정죄하고 화풀이를 하는 것은 정당하지 않다. 그러므로 화나고 억울하고 섭섭한 것에 대해 나의 잘못도 따져보고 용서하기로 하는 것이 어떨까? 대접받고 싶은 대로 남을 대접해야 하기 때문이다. 그러나 나는 대접을 잘 해 주었는데, 상대방으로부터 대접을 받지 못하면 어떻게 하나 하는 걱정이 앞설 것이다. 그러면 또 화나고 억울해 지니까. 그래서 "그럼에도 불구하고"(nevertheless) 용서에는 용기가 필요하다.

내가 화풀이를 하면 일시적으로 마음은 시원해지겠지만, 상대는 또 그 때문에 화가 난다. 이같이 분노는 돌고 돌아 나에게 다시 돌아올지 모른다. 용서야 말로 그 악순환을 끊는 다. 그래서 희생적 용기가 필요하다. 그러나 요즘 사회의 키워드가 되고 있는 실용적인 면에서도 용서는 궁극적으로 이익이 된다. 용서해야만 진정한 과거의 청산이 이루어질 수 있다. 우리의 시야는 넓어야 하며, 멀리 볼 줄 알아야 한다.

연말이 닥아 오고 있다. 망년회가 여기 저기 벌어지고 있을 것이다. 忘年, 지난 일을 그냥 잊어버릴 수 있을까? 送年, 그냥 보내버릴 수 있을까? 그러기보다 곰곰이 생각해 보고 2008년을 清算해야 한다. 그렇게 한 다음 깨끗하게 원점에 서서 새해에 대해 희망해야 할 것이다. 자리를 비워 놓아야만 새것이 들어올 수 있기 때문이다.

내년은 올해보다 더 어려울지 모른다고 한다. 그러니 과거가, 미래를 향하는 나의 그리고 우리의 발목을 잡도록 내버려두지 말아야 하겠다.

(미발표)

03.

긍정적 사고로 생활하라, 몸과 사회가 건강해진다

삶이란 결국 몸과 마음을 가진 사람이 사회 속에서 인간관계를 맺고 살아가는 것이다. 그런데 사람의 몸과 마음 그리고 사회는 서로 강하게 연결되어 있다. 예를 들어 뇌의 기능을 주장하는 신경전달물질 중 하나인 세로토닌의 기능이 떨어지면 기분이 우울해지고 기분이 우울해 지면 대인 관계에서 소외가 나타나고, 그런 사람이 많으면 사회 전체에 활기와 생산성이 줄어든다. 심한 경우, 요즘 우리나라에서 보는 것처럼 알코올중독, 자살, 도박 등의 파괴적인 사회문제가 많이 발생하게 된다.

이같이 몸과 마음과 사회가 '나쁜 방식' 으로 연결되어 있으면, 개개인의 삶은 불행해진다. 이러한 고리를 끊는 방법, 나아가 악순환을 끊고 대신 좋은 연결고리를 만드는 방법은 있을까?

그런 행동을 시작할 주체는 아무래도 나의 마음이라고 할 수밖에 없다. 사회가 나서서 도와주기만을 바라서는 안된다. 사회란 결국 개개인의 집합체이기 때문에 사회가 움직이기 위해서는 한 개인의 마음이 우선 변해야 한다. 마음이 변화를 시작하면 몸 상태가 달라지면서 그 개인이 좋아지고, 그런 사람이 많아지면 사회가 변하기 시작한다.

마음은, 악의 고리를 끊고 선한 고리를 만드는 이 일을 어떻게 시작할 수 있을까? 그것은 바로 긍정적 사고를 가지는 것이다. 긍정적 사고는 긍정적 기분을 불러일으키고, 몸에 활력을 줄 뿐 아니라, 긍정적 정신과 몸의 활력은 사회의 생산성으로 이어진다. 반대로 부정적 사고는 우울증과 자신과 사회에 대한 파괴적 행동으로 이어진다. ,

긍정적 사고는 어떻게 가질 수 있을까? 그것은 긍정적 사고가 좋다는 지식과 믿음에 근거하여 의도적으로 노력하는 수밖에 없다. '그러기 때문에 어쩔 수 없이' 가 아니라, '그럼에도 불구하고' 적극적으로 긍정적 사고를 갖는 것이다. 이는 사람만이 갖고 있는 힘이다. 이 힘을 우리는 사용하여야 한다.

건강한 사람은, 주변에서 끊임없이 생겨나는 온갖 사태에 대해 의지와 논리로 대응하고 살아간다. 인간은 "생각하는 동물"이며, 바로 그 생각으로서 감정이라는 동물적 행동을 제어할 수 있다. 따라서 긍정적 사고와 긍정적 감정은 하나의 단위로서 기능한다. 일단 생성된 긍정적 힘은 연결고리를 따라 몸으로, 사회로 퍼져 나가게 마련이다. 한사람의 긍정적 사고는 사회를 변화시키는 힘이 된다.

우리가 오래 살기 위해서는, 몸과 마음과 사회가 다 건강해야 하지만, 그중에 제일은 마음의 건강이다.

(경향신문 2006년 10월 17일)

04.

발전과 진통의 리듬

세계의 역사이든 개인의 생활사이든, 역사의 흐름에는 파도처럼 위기가 밀려오는 것을 볼 수 있다. 하나의 문명이든 또는 개인이든, 그 위기를 극복할 때 마다 한 단계씩 발전하게 되고 그래서 점점 성숙하게 된다. 그러나 결국 역사상 영구히 계속된 문명도 없었고 또 영원히 살아남았던 사람도 없었다. 외부로부터의 도전이 늘 호의적이거나 극복하기에 만만한 것만이 아니며 또 내부로부터도 도전이 생겨나 점차 쇠퇴의 길을 걷게 된다.

현명했던 노인은 죽고 그리고 그 손자가 태어나듯이, 한 문명의 폐허 옆에서 새로운 문명이 탄생한다. 역사에도 흥망성쇠(興亡盛衰)라는 리듬이 있는 것이다. 이것은 밤낮과 사계절, 맥박과 뇌파, 그리고 자고 깨는 것과 같은 자연 세계에 리듬이 있음과 같다. 소립자도 진동하고 우주도 수백억년을 주기로 팽창과 위축을 반복한다고 하지 않는가? 우리는 리듬위에 실려 살아가고 있다.

위기와 도전을 인식하는 것도, 이겨 내고자하는 것도, 모두 고통을 수반한다. 존재를 위협당하는 것은 항상 분노 또는 공포의 느낌을 야기한다. 모든 능력을 파내어 전략을 세우고 투쟁하여야하며, 그냥 도망가고

싫은 생각을 참아야하고 다른 쾌락은 유보하여야 한다. 이것은 전쟁 시에 느끼는 고통과 같다. 그러나 우리의 역사적인 경험은 이 진통이 한 단계 높이 발전하기위한 하나의 과정이라는 희망적인 사실을 알려준다.

따라서 그 고통은 당연히 받아져야 하며, 오히려 적극적으로 도전에 응할 수 있어야 한다. 하나의 위기를 극복함으로써 우리는 보람과 만족감을 누릴 수 있을 뿐 아니라, 다음에 또 밀려올 더 심할지도 모를 도전에 대한 좀 더 나은 준비 태세와 좀 더 노련한 능력을 기를 수 있게 된다.

그러나 이 위기와 도전은 리듬처럼 파도처럼 계속 밀려온다. 누구이든지간에 무대에서 내려오듯이 역사의 장에서도 물러나게 된다. 이러한 현실을 받아들이는 것 역시 고통스러운 일이다. 아마도 죽음처럼 아쉬운 일일 것이다.

그러나 무엇이든 한계가 있다는 현실을 직시하면 아쉬워할 것이 없음을 잘 알 수 있다. 그것이 리듬의 속성임을 받아들여야 한다. 리듬에 몸을 실지 않고 뻗대기만 한다면 자기 몸도 불편하고 남 보기에도 흉하다.

우리는 이 모든 흥망성쇠의 조짐을 빨리 발견할 수 있어야겠다. 로마제국이 멸망될 조짐은 이에 수백 년 전에 나타나고 있었다고 한다. 한 개인이 쇠퇴하게 될 때 나타나는 조짐은 무엇일가? 그것은 권위주의, 주의산만, 고집, 아전인수, 그리고 피해의식 등일 것이다.

위기를 겪어내는 진통은 발전과 성숙을 약속한다. 역사의 무대에서 퇴장하는 고통을 감수하는 것 역시 새로운 발전을 도모하는 것이다. 붉게 익은 감이 저절로 땅에 떨어져 내년 봄을 위한 거름이 되듯이, 우리 모두 신께서 우리의 육체 속에 창조해 주어 잠재해있는 리듬감각을 깨우쳐야 할 것이다.

(발표 지면 미상)

05.

씩씩한 소년

현대에 이르러서 나라안보가 단순히 군대의 전투력에만 달려 있다고 생각하는 사람은 아마도 한 사람도 없을 것이다. 옛날 몽고군이 엄청난 파괴력으로 제국을 이루었을 때와 비하면 지금은 다른 세상이 되었다. 이제는 전투장면이 텔레비전으로 중계되고, 과거 패배한 적군에게 자랑스럽게 자행되던 모욕적 행동은 이제는 전 세계적인 여론의 질타를 받는 시대이다. 이제는 군인 한 사람 한 사람의 체력과 용기 뿐 아니라, 고도의 무기를 다루는 지식과 기술, 그리고 누군가 보고 있지 않더라도 발휘되는 도덕심이 요구되는 상황이다.

그런데 한국의 젊은이들, 나라안보를 책임지고 있는 우리 젊은이들에게 이러한 체력, 용기, 첨단기술, 도덕심 등이 잘 무장되어 있는가? 도대체 군대는 갈려고 할 까? 5월 27일자 기사에 의하면, 지금 우리 젊은이들 중 한반도에 전쟁이 나더라도 군대에 자원하지 않겠다는 경우가 1995년도의 19.5%에서 오늘날은 45.5%로 증가하고 있다.

지금 자라나고 있는 소년들의 모랄은 어떤가? 모랄에는 도덕심 이외에도, 용기, 사기 등의 개념도 포함된다. 지금 나이든 사람들은, 과거 6.25사변 때 용감했던 군인들에 대한 전설을 들으면서 자랐다. 그때는 어렸어도 싸움이 한판 붙을 때는 정정당당하게 싸우는 것이 당연했다. 그리고 코피가 나면 즉각 싸움은 중단되고 승리가 선언되었고 그리고 다시 어울려 놀았다. 그런 싸움을 부모나 선생님에게 일러바치는 행동은 수치스러운 행동으로 간주되었다. 왕따나 집단폭행 같은 비겁한 게임은 드물었다. "씩씩한 어린이", "꿋꿋하게 살아라" 같은 모랄이 모토였다.

요즘은 대부분 어린이들에서는 체육기술은 떨어진 반면, 손끝으로 하는 폭력적 전자게임으로 무자비성만 키워지고 있다. 자신을 숨긴 채 욕설만을 인터넷 게시판에 올리는 비겁한 폭력만이 난무하고 있다. 요즘 어린이들은 수학이나 영어는 곧잘 하지만 타인에 대한 배려는 바라기 어렵다. 오히려 그들은 어른들의 놀이에 빨리 물들고 있다. 조숙해지고 영악해 졌다. 허우대는 커졌으나 속은 덜 영글었다. 이전 보다 키는 커지고 몸무게는 늘어났으나, 달리기, 턱걸이 같은 체력은 퇴보되었다고 한다. 농사짓던 시대의 말로는 "웃자랐다".

지금까지는 대한민국은 그런대로 나라도 지켜왔고, 경제도 발전되고, 산업에서나 과학에서는 이미 세계적인 것이 나타나고 있어, 흐뭇하기도 하고 마음이 놓이기도 하다. 그런데 요즘 여러 사회 현상들에서 감지되기로는 뭔가 불안하다. 나이든 사람의 노파심 때문인지, 나라의 형세가 꼭 임진왜란 때나 이조 말 청일전쟁 때의 상황 비슷한 것이 아닌가 생각된다. 그때처럼 나라는 강대국 사이에서 균형 잡기에 허둥대고 있고, 국론은 분열되어 있고, 백성들은 자신이나 가족 챙기기에만 바쁘다. 나라의 혜택을 받은 사람들이 앞장서서 자식들 군대 안 보내려고 국적을 빼 돌리는 현상이 하나의 예일 것이다.

언젠가 통일은 되겠지만, 그전에 우리는 언제인가 극심한 대결을 견뎌내야 할 각오를 해야 한다. 그 대결은 남북간 긴장 뿐 아니라 주변 나라들 간에도 극도의 긴장된 대결을 초래할 것이다. 필자가 탈북자들에게서 들은 이야기인데, 북한 사람들은 살기 너무 힘들어 전쟁이라도 터졌으며 할 뿐 아니라, 전투하면 자신들이 이긴다고 믿고 있고, 한 판 붙어도 좋다고 말하고 있다는 것이다.

긴장(스트레스)을 이기는 힘은 체력과 용기 그리고 건강한 도덕심에서 나온다. 우리가 미래 세대에 씩씩한 모랄을 학습시키지 못하면, 우리는 임진왜란 때나 이조 말에 겪었던 것과 같은 위기를 스스로 이겨내기 힘들 것이다.

어린이는 사회의 거울이다. 우리나라가 어쩌다 이렇게 되었나를 따져 보고, 앞으로 어떻게 어린이들을 교육시킬 것인가를 심각하게 고민해야 한다. 최고의 교육방법은 모범 내지 솔선수범이다. 어린이는 나라의 위인들 뿐 아니라 눈앞의 어른들을 동일시(同一視)하며 자란다. 지금 어린이를 키우고 있는 젊은 부모님들과 학교 선생님들이 더 장기적 안목의 이해와 용기를 가지시기를 기대한다.

반짝이는 눈, 꼭 다문 입술, 발그레한 뺨, 당당한 가슴의 "씩씩한" 모습의 소년들, 꿋꿋하게 살아갈 것으로 믿어지는 소년들을 보고 싶다.

(국민일보 2005년 6월 9일)

06.

신입생들에게 바란다

처음 대학에 발을 들여 놓은 신입생들, 이제는 어리둥절한 기분이 다소 차분해 졌을 것이다. 이제 자신을 신중히 돌아보고 뜻을 세워야 할 때가 아닌가 싶다. 사춘기, 모든 것이 유예(猶豫)적이었던 시절은 끝났다. 이제 성인이 된다. 이는 새로운 도전이며, 불안하고 위협을 느끼게 한다. 그래서인지 요즘 어른 되기를 대학 졸업 때까지 아니 그 이후까지 연기하는 성인 아닌 성인이 많다. 15세 때 뜻을 세운다는 옛말에 비추어보면 요즘 대학생들은 이미 나이를 너무 먹어버린 셈이다.

두 가지 길이 있다. 자신이 지금까지 경험해 온 것을 뒤돌아보고 평가해 본 후, 그에 근거하여 새로운 자아상을 확립하는 것이다. 예를 들어 과거 소극적이었던 것이 문제였다고 판단되면 앞으로는 보다 적극적인 사람이 되도록 뜻을 세우는 것이다. 둘째는 새로운 상황에서 자신에게 주어진 것을 받아들이는 것이다. 새로운 생활, 새로운 인간관계, 새로운 가치체계, 변화된 사회의식, 이러한 것들을 받아들이는 것이다.

우리의 마음은 한계가 있기 때문에 과거 경험에서 얻은 것 중에서 무엇을 버리고 무엇을 유지하는가 하는 갈등은 동시에 새로운 것을 얼마나 받아들이는가 하는 갈등과 직결된다. 이때 흔히 어찌할 바 모르게 되고 혼란에 빠진다. 고민하고 방황하게 된다. 심지어 위협으로 느껴져 이 새로운 상황에서 도망치고 싶어진다. 성장하기를 거부하기도 한다.

대부분의 사람은 이 시기를 환영하고 잘 극복한다. 신중히 생각하고 주위 여러 사람들의 생각을 참고하면, 조만간에 성숙한 뜻을 세우는데 성공할 수 있기 때문이다.

대학생의 정체성은 청소년까지의 경험에 새로운 도전이 합쳐져서 확대되고 확립된다.

이때 나타날 수 있는 위험을 한 가지 지적하고자 한다. 혼란이 두려운 나머지, 심리적 압박감에 다급한 나머지, 주어진 것을 통채로 받아들이는 위험이 바로 그것이다. 이러한 심리적 과정을 섭취라 한다. 씹지도 않고 삼켜 버리는 것으로 어린아이가 판단 없이 돌맹이를 삼키는 것과 같다. 섭취란 어린아이같이 주체성이 약하고 판단이 없을 때, 과거를 통째로 버렸기 때문에, 새로운 것에 대항할 그 무엇도 없다고 느낄 때 나타난다. 그 결과 확고한 주체성이 확립된 것처럼 느껴지나 그것은 나의 일부가 아닌, 하나의 완고한 덩어리로 남아 있는 수가 많다. 소화되지도 않고 다음을 위해 자리를 비켜 주지도 않는다. 그저 삼켜진 상태로 버티고 있으며, 완강하다. 단순하고 즉각적이고 구체적이다.

반면 동일시라는 성숙한 심리과정은 대상을 따라 닮는 것이다. 즉 씹고 소화하여 그 정수를 나의 일부로 만드는 것이다.

이제 대학생의 신분이 되었듯이 변화는 피할 수 없다. 그렇다고 과거를 통째 버리면 안 된다. 새 것이라 하여 즉각 통째로 삼키는 조급함도 피해야 한다. 잘 살피고 검토하여 소화하여 택하고 나머지는 더 두고 보는 동일시의 과정을 택하는 것이 바람직하다. 이것이 성인으로 성숙해 가는 변화의 방식이라고 보기 때문이다.

(연세춘추 1990년 4월 2일)

07.

또 한해를 맞이하며

지난해도 결코 모든 것이 만족스럽지는 않았다. 도처에 갈등도 끊이지 않았다. 과연 지난해에 무슨 일들이 이루어 졌는지 년 초의 각오에 비추어 볼 때 아쉬움이 많다.

지난 한 해동안 모든 연세인들이 학교에 대한 기대를 간직한 채, 나름대로 학교를 위해 공헌하여 왔다고 하겠으나, 그 결과는, 몇 가지 신선한 충격, 예를 들어 소련 대학과의 교류 같은 사건들이 있긴 했지만, 크게 두드러져 보이지는 않았다.

새해에는 무언가 보다 달라지기를 기대한다. 우리 학교는 워낙 전통이 깊고 현재도 유능한 교수진과 뛰어난 학생들로 구성되어 있어, 관성의 법칙과도 같이 자연스럽게 발전하는 바가 적지 않을 것이다. 그러나 이런 낙관적인 기분을 즐기기에는 뭔가 문제점이 자주 발견된다. 예를 들어 사회각계로부터 연구지원을 얻어 내는데, 과히 성공적이지 못한 것 같고, 또한 최근 개각된 장관 명단에서 연세인을 찾기가 쉽지 않다. 어떤 기업체가 서기 2000년대에 세계 최고수준에 도달하려는 의욕을 나타내고 있음은 듣고 있다. 우리도 그런 의욕을 갖지 못할 이유가 어디 있겠는가? 연구와 교육의 세계는 그런 세속적인 일과는 거리가 멀다는 논리는 이제 아마도 공감을 얻기 어려울 것이다.

새해에는 보단 달라지기를 기대한다. 주변의 상황은 급변하는데, 우리만 너무 타성에 안주하고 있을 수 없는 것이다.

연세인이라는 명예를 누리면서 무사안일에 빠져 있지는 않은지, 새해에는 연세가 전통에 부끄럽지 않게 학문의 요람으로서, 사회의 지도적 역할에 한 단계 높은 발전이 있기 기대한다.

학문의 요람이라 함은 무엇보다 교수의 연구와 교육활동에 힘입는 바 클 것이다. 교수는 자신의 학문의 세계 속에서 어느 누구의 압력도 받지 않는 축복받은 존재이다. 그만큼 책임도 크다. 그러나 지난날의 형편을 볼진대, 이러한 신념을 위해 학생들을 설득하거나, 학교를 도울 수 있는 잠재력을 가진 학교밖에 사람들은 설득하는 일에는 관심과 능력이 부족하였던 것 같다. 이는 행정 책임자에만 맡길 것이 아니라, 각 분야에 영향력을 끼치고 있는 교수 개인 개인의 순발력 있는 노력을 요하는 것이다. 연구실내 창의적 사고도 중요하지만, 시대의 형편이, 공통의 목표를 향해, 모든 연세인들의 구체적 노력을 응집하는 역량도 요구하고 있다.

사회의 지도적 역할이라 함은, 현재 우리 사회의 형편을 볼 때, 대학생의 자기 발전에 힘입는바 크다고 본다. 지도자는 넓게 보고 멀리 볼 수 있는 사람일 것이다. 학생들이 현재의 지도자들에 대해 만족하지 못하고, 장차 자신들이 이 사회에서 지도자적 소임을 맡으려 한다면 마땅히 큰 공부를 하여야 할 것이다. 대학생은 역사를 통해 누적되고 결정(結晶)되어진 학문을 신속히 습득하며 새로운 실험도 시도해 볼 수 있는, 미래에 대비하는 과정, 일종의 유예기간에 있는 존재이다. 이 4년간의 기회를 어찌 낭비 할 수 있겠는가.

어차피 묵은해는 흘러갔고, 또 다시 새해를 맞았다. 새해라는 시간을 정하고 새로이 출발할 수 있다는 것은 인간 지혜의 혜택이다. 새해에는 모든 연세인이 공동의 선을 위해 노력함으로, 연말에 또 다른 아쉬움을 남기지 않도록 지혜를 발휘하자.

(연세춘추 1991년 1월 7일 사설)

08.

기독교, 한국사회의 희망

한 때 아프가니스탄 선교봉사를 갔던 기독교인들의 납치문제로 온 나라에 논쟁이 있었다. 납치에 풀려난 이들의 공항 기자회견에서 보듯이 그들 뿐 아니라 그들을 파송했던 샘물교회 그리고 한국의 전체 기독교회가 면목을 잃은 상태에 있었다. 한국의 기독교 평신도의 한 사람으로 필자는, 그럼에도 불구하고, 우리 기독교인들의 모랄이 흔들리지 않기를 바라며, 비신자들의 비판은 겸허히 받아들이며, 독자들이 한국기독교에 대한 시각에 이해심을 더하기를 바라는 의미에서 이 글을 기고한다. 그리고 이글은 필자의 개인적 경험에 기초한 것으로 어디까지나 일개 평신도로서 쓰는 것임을 이해해 주기 바란다.

한국 기독교는, 중국에서 선교사로부터 스스로 기독교를 받아드리고 성경을 번역하여 북쪽으로부터 들어 온 몇몇 조선인들과, 바다로부터 들어온 외국 선교사들에 의해 세워졌다. 최초의 선교사는 1885년 광혜원(제중원, 세브란스의 전신)이라는 표면적으로는 왕립병원이지만 실질적으로는 선교병원을 세운 선교사 닥터 알렌이다. 이후 한국에 온 외국 의료선교사들은 전국 각지에서 풍토병으로 목숨을 잃어가면서 환자를 돌보고, 학교를 세우고, 계급을 타파하고, 기독교를 전파하고, 그리고 한국의 독립운동을 도왔다. 예를 들어. 연세의대 의학역사학과 겸임교수로서 필자가 잘 아는 바, 필자가 일하는 제중원의 후신인 세브란스병원 정신과 과장이셨던 호주 선교사 닥터 맥라렌도 일제에 저항하다 감옥생활을 한 뒤 결국 본국으로 추방되었다. 한국 사회는 기독교라는 종교 말고도 인간적으로도 선교사들에게 큰 신세를 졌다고 생각한다.

일제 때 한국 프로테스탄트 교회는 삼일운동을 위시한 크고 작은 독립운동과 한글 성경과 찬송가를 통한 한글의 보존, 학교의 설립 등 민족을 위해 많은 일을 하였다. 그리하여 삼일운동 이후 제암리교회 방화학살사건을 위시한 수많은 민족 탄압은, 주로 교회에 향해졌다. 일제 말에는 신사참배에 저항하는 많은 기독교인들이 투옥되고 순교함으로 절망적인 저항을 보여주었다.

일본제국이 미국에 패배함으로 갑자기 한국에 해방이 왔다. 신사참배에 반대한 결과 일제에 의해 주기철 목사 등과 같이 평양감옥에 갇혀 있던 소수 기독교 지도자들이 해방 후 풀려나왔을 때, 일제 청산과정에서 당연히 일제에 협력한 교회지도자와 갈등을 빚었다. 그것은 열정적인, 달리 말하면 고집 세고 융통성 부족한 경상도 출신 목사들에 의해 시작되었고, 그 분열된 교단이 부산에 근거한 장로교 고려신학교 교단이다 (줄여서 고려파 또는 고신파라고 부른다). 고신파는 이후 한국 교회에서 보수주의, 또는 근본주의자들이라고 비판 받아 왔다. 주기철 목사도 그러하지만, 전통적으로 이념문제에 있어서는 경상도 출신들이 철저하고 고집이 센 편이다. 필자의 아버지도 일제 때 예수를 믿음으로 집안으로부터 핍박을 당했고, 예수를 믿음으로 일찍 경상도 산골짜기에서 신학공부를 위해 일본으로 유학가는 개화를 하셨고, 또 예수를 믿는다는 그 이유로 감옥생활을 했고, 그래서 해방 후 고신파 운동에 동참하셨다. 그래서 우리들은 어려서부터 "고신파"적 신앙생활에 매우 익숙하게 되었다. 그리고 그것은 지금에 이르러 나를 위해 좋았다고 믿는다. 이번 피랍사태에 관련된 샘물교회가 이 교단의 교회라는 것은 우연이 아니라고 본다.

한국은 종교적으로 열정이 강하면서도 종파적으로는 매우 관대한 세계적으로 독특한 문화를 가지고 있다. 개신교보다 100여년전 카돌릭교회가 전래되었을 때도 대단한 호응을 보였던 것과 같이, 개신교가 전해진 얼마 후 1907년 평양에서 시작된 회개운동과 새벽기도 운동은 세계적인 모범이었다. 일제의 핍박과 공산주의자들의 핍박을 거치면서 한국의 개신교는 내공을 길러왔으며, 드디어 군사독재에 대한 항거를 통해 저력을 나타내었고, 경제발전과 더불어 폭발적으로 교세가 확장되었다. 다른 분야와는 달리, 한국 개신교 교회는 이미 세계적 명성의 교회와 설교자들을 배출하였다. 15,000명에 달하는 한국 출신 선교사들은 세계의 오지 안 가 있는 곳이 없을 정도로 나가 있다. 내가 나가는 교회의 한 연세대 출신 청년은 파푸아 뉴기니의 오지에 들어가 20년에 결쳐 한 종족을 기독교로 개종시키고, 그들의 말에 대해 글자를 만들어 주고 성경을 그 말로 번역 출판하였다. 선교사들이 세운 세브란스병원의 의사와 간호사들도, "우리가 받은 대로 주자"라는 정신으로 해외선교에 나서고 있다. 이런 예는 무수히 많다. 한국의 해외 선교사들은 국가의 거대한 자산이다.

예수님께서는 오른 손이 한 것을 왼손이 모르게 하라고 하셨지만, 이 시점에 와서 알려드리고 싶은 것은, 수많은 한국 교회들이 지금도 선교지 뿐 아니라 국내에서도 학교와 병원을 운영하고, 지역사회에 구제사업을 하고 있다. 필자도 교회가 세운 고등학교를 졸업했고, 개신교 선교사들이 세운 연세대학을 나왔다. 필자가 나가는 교회도 작지만, 예산의 상당부분을 지역사회 구제사업에 쓰고 있다. 북한 동포 돕기는 단연 개신교 교회가 앞서고 있다. 개신교와 카돌릭 교회의 신도는 전체 인구의 삼분지 일에 달하고, 기독교계에 속한 사회 지도자들은 또한 얼마나 많으며, 교회가 가지고 있는 유무형의 자산은 또한 얼마나 많은가. 지금 한국 기독교는 특별한 역사적 전통과 거대한 사회 문화적 자원을 소유하고 있다.

이제 한국교회는 상당히 공격적이라는 말을 듣고 있다. 필자는 이 말을 열정적이라는 말로 이해한다. 한국 사람은 만사에 열정적이다. 지금 교회를 날카롭게 비판하는 분들도 같은 한국인이며, 그들도 나름대로 열정이 넘쳐 난다. 다이나믹 코리아라는 말이 자랑스럽고 이 역동성 역시 우리의 자산이라면, 한국 기독교인들도 당연히 다이나믹하지 않을 수 없을 것이다. 한국 기독교인들도 어쩔 수 없는 한국인이다.

이번 사태는 여러 모로 시사하는 바가 많다. 개신교 교회에 대해서는 반성과 변화라는 하나의 새로운 도전이 주어졌다. 원래 프로테스탄트나 개신교라는 말은 저항하고 개혁한다는 뜻이 아닌가. 한국 사회도 이러한 거대한 기독교 자원을 어떻게 잘 가꾸어 보다 더 창조적으로 일하게 할 것인가 하는 숙제를 깨닫게 되었다.

한국인은 온갖 모진 역사적 경험을 통해 매우 지혜로운 민족이 되었다. 이번 일은 우리에게 더욱 넓고 깊게 생각하고 토론하게 만듦으로 더욱 더 지혜롭게 될 기회를 줄 것으로 믿는다. 필자는 일개 평신도이지만, 다른 많은 한국 기독교인들과 더불어, 하나님께서 한국을 축복하신다고 믿으며, 한국과 한국 기독교에 현재 세상을 향한 어떤 합당한 소명을 주셨다는 것과 그러므로 결국 “모든 것이 합동하여 유익을 이룬다”는 성경말씀을 믿는다.

(미발표)

Chapter 3 **봉사**

01.
새 시대의 바람직한 의료인 상

새 시대

새 시대란 새로이 전개되는 시대라는 뜻일 것이며, 그 시대와 대비되나 꼭 현 시대라는 뜻은 아닐 것이다. 반면 새 시대는 바람직한 이상적인 시대, 우리의 희망이 실현되리라는 기대가 담긴 미래의 시대라는 뜻이 담겨 있다고 본다. 새 시대와 대비되는 구시대란 어떤 것인가? 아마도 구시대는 멀리는 이조시대의 유교적, 전제군주적, 봉건적 시대로부터 일제 식민지 지배와 친일파로 얼룩진 암흑시대 그리고 광복 후 혼란시대, 그 후 공화국시대의 독재, 권위주의, 군사문화, 정보정치 그리고 경제부흥과정 등으로 특징 지워질 것이다.

현 시대는 어떠한가? 우리나라는 현재 급속한 경제성장과 민주화로 특징 지워진다고 하겠다. 그리하여 사회는 풍요한 듯이 보이나 빈부격차가 심하고, 한편 올림픽, 자동차의 홍수, 부동산 투기와 소위 "졸부"의 출현, 증가되는 범죄, 공해, 해외여행, 과소비 그리고 통일열기 등으로 가히 용광로 같다고 할 것이다. 한편, 국제적으로는 동구 공산주의가 무너지고 미소의 양극체제도 붕괴되면서 다시 탈이념의 화해의 분위기로 돌아서고 있다.

그러면 이상적이고 희망적인 새 시대, 마땅히 도래되어야할 새로운 사회의 모습은 어떠한 것일까? 그것은 정치적으로는 민주, 자유, 인권 등이 보장되고 사회적으로는 서구화, 다양화, 산업화, 정보사회화, 사회보장제도등이 그 특징이 될 것이며, 경제적으로는 자본주의, 자유경쟁, 생산성과 효율성의 강조, 사기업(私企業) 등이 특징적일 것이다. 문화적으로는 고급문화의 대중화, 여가선용의 발달, 대중매체의 향유, 문화교류의 증대 등이 강조될 것이다. 가정적으로는 핵가족화, 부부 맞벌이, 높은 이혼율, 독신생활 선호사상, 인구의 노령화 등이 특징이 될 것이다. 그리고 개인적으로는 주체성의 강조, 개인(이기)주의, 다양한 문화의 수용능력, Image Making 등이 주요 관심사가 될 것이다.

우리나라에서는 이러한 시대적 특징에 추가로 고려되어야 할 사항은 일부 지식인과 학생층의 비판이 당분간 큰 영향을 미칠 가능성이 있다는 것이다. 그들의 지금까지의 비판은 정당한 점이 많았고 실제로 사회변혁에 큰 영향을 미쳐왔다. 그 중 장래에도 그러할만한 부분은 인권문제, 공해문제, 부의 분배문제, 그리고 전통문화의 재평가와 도입 등이 될 것이다.

그리고 이러한 과정에 관련하여 감정적으로 "내가 어때서", "무시당하지 않겠다", "또는 인간답게 살아보자" 하는 감정이 우리사회에 계속 팽배할 것으로 생각된다. 이와 같은 점들이 '새 시대' 라는 말을 생각할 때 같이 고려해야 할 사항들로 본다. 이와 관련하여 새 시대의 병원이나 의료인에 대한 모습은 어떤 것일까?

새 시대의 병원

과거 병원은 종교적 분위기에서 발달되었다. 서구에서는 병원은 수도원에서 태동했던 것이다. 여기에 병원이 갖는 독특한 분위기 즉, 고통 받는 사람에 대해 사랑을 베푸는 전통적 분위기가 형성되었다. 그것은 신(神)의 이름으로 시작되었으나, 결국은 사람이 사람을 도와야 한다는 휴머니즘의 신념으로 되었다.

병의 치료는 인도주의적이고, 가족적이며, 개인적인 돌봄이 기초로 되어있다. 따라서 이상적으로 의료인은 성직자 같은 기대를 받는다(예: 백의의 천사). 근대에 이르면서 병원은 커지고 조직적으로 되었으며 업무도 분담되어 갔다. 즉, 대형화, 분화(전문화), 조직화 되었다. 그리하여 가족적이고 개인적인 종교적 분위기가 쇠퇴되었다.

현대에 이르러 경제적인 부의 증가에 따라 병원은 거대 기업처럼 되었다. 진료서비스는 규격화되면서 빈부격차처럼 고급과 저급 등 등급이 생겨났다. 또한 현대과학의 발달로 첨단기계, 정보시스템이 도입되며 병원은 기계화, 정보화, 능률화, 그리고 비인간화 되었다. 당연히 의료비도 치솟았다. 다른 기업과 같이 경영이 문제가 되고 생산성, 효율성이 중요시되고 선전(Image Making)도 중요 요소가 되고 있다.

이것은 모두 투자(돈)가 필요한 부분이다. 현대에 이르러 병원과 관련하여 유감스럽다고 볼 수 있는 일은 과거의 의료가 가졌던 영광스러운 위치를 내놓게 된 사실인 것이다. 얼마 전만 해도 병원이나 의사 또는 의료인은 사회적으로 높이 인정받았다. 과거 수직적, 권위주의적 사회에서는 인간생명을 다루는 기술은 최고로 중요했고, 또한 최고의 과학이었고, 최고의 돈 벌이었다. 의료인은 최고의 전문직이며, 사회의 지도적 인사였다. 지금은 그러한 전문적인 것에 대한 특혜는 감소되었고 다른 다양해진 전문직들 중의 하나로 하향평준화 되었다. 의료업은 이제 첨단공학, 교육계, 법조계, 정치계, 경제계, 종교계등과 명예를 겨루게 되었으며 갈등을 갖게 되었다. 이 경쟁에서 이기기 위해 의료계도 무리한 대종관계 활동도 불사하게 되었다. 예를 들면 건강이 공부(또는 돈, 권력)보다 중요하다는 선전과 더불어 종합검진센터 등등 의료상품을 확대판매 하려한다.

현 시대는 이와 같이 병원이나 의료계가 다른 전문분야와 자본주의적 경쟁을 하지 않을 수 없는 형편이다. 그러면 "새 시대", 바람직한, 도래하기 기대되는 희망적 새 시대에 있어 병원의 모습은 어떠한 것일까? 사람들(사회)이 기대하는 이상적 병원은 어떤 것일까? 그것은 우선 두말할 필요 없이 우수한 환자치료기능, 그리고 그러한 치료기술의 발전을 위한 연구와 교육 기능을 갖춘 병원일 것이다. 이러한 목적을 달성하기 위해서는 경제적인 막대한 투자가 필요할 것이다. 그리고 그 상당한 부분이 첨단기술의 구매가 될 것이다. 그리고 장기간에 걸친 체계적인 우수한 인력배출이 보장되어야 할 것이다.

또 한 가지 새 시대의 병원에 요구되는 것은 아마도 기계적 첨단성과 고도의 치료기술에만 중점을 두지 말고 병원을 보다 "인간화"하자는 것일 것이다. 즉, 병원의 분위기가 보다 인간적이고 정서적이라야 된다는 것이다. 인간은 기계부속품이 조립된 것처럼 보지 말고 몸과 마음과 감정을 갖춘 인격체로 보고 총체적인 접근을 해야 한다는 것이다. "인간답게 살자"는 새 시대의 요구가 병원에도 반영되어야 한다는 것이다.

이러한 새 시대의 기대되는 바에 비해 현재 우리 병원의 모습을 살펴보자. 우리 병원의 시설과 장비가 첨단적인가? 치료기술이 최고인가? 연구와 교육의 수준이 얼마나 높은가? 그리고 병원 분위기가 인간적인가? 정서적인가? 친절한가? 우리 병원의 현재 모습은 신촌거리의 모습과 같지 않은가? 낡은 것도 있고 새 건물도 있으나 작은 건물들이 다닥다닥 붙어있고, 인파가 들끓고, 좁고, 시끄럽고, 지저분하고, 구석구석 음식냄새, 공해냄새, 먼지 냄새가 뒤섞인 혼탁한 공기, 그리고 뭔가 정(떨어진)이 없는 이기적이고 평화롭지 못한 분위기 등의 우선 연상된다. 유행되는 말로 "세브란스를 걱정하는 모임"을 만든다면 걱정거리가 산더미 같은 형편이라 아니할 수 없다.

새 시대의 사람

의료인도 사람이기 때문에 우선 사람에 대해 일반적인 이야기를 한 후 의료인 이야기를 하고자 한다.

구시대의 사람은 어떠한가? 여러 가지로 묘사될 수 있다. 자연에 압도되었던 원시인, 신앙과 예언자에 의해 인도되었던 시대, 낭만주의자 그리고 민족주의(국수주의)와 카리스마 독재자에 지배되었던 시대 등이 있었다. 현시대는 그야말로 앞서 말한 다양한 사회정치 문화에 따라 다양한 모습의 사람들이 세상에 공존하고 있다.

우리나라에서도 지금은 이조 시대적 인물과 일제 시대적 인물, 이정권 시대 인물, 4.18세대, 박정권 시대 인물, 재야 학생들, 새로운 풍요한 과소비 시대의 도대체 고생이라는 것을 모르는 당돌한 인물, 등등이 혼재하고 있다. 기독교인, 불교인 그리고 아직도 무당과 굿을 찾는 고대인들이 공존하고 있다.

의료인도 한국인이기 때문에 이런 모습 중에서 구시대적인 것은 버리고 새시대적인 인격을 정립하여야 한다는 점에서 다른 모든 한국인과 같다. 이런 모든 다양한 모습 속에서 일관되는 공통적 한국인의 모습, 심성은 어떤 것인가? 이를 이해해 봄으로 우리사회에 있어 새시대적 인간상이 어떠한 것인가를 유추해 볼 수 있을 것이다.

한국인의 특성

일제 시대의 선각자들(이광수, 최현배, 김두헌 등)은 한국인이 예절바르고 인심이 후하고 정이 많으며 쾌활하다고 긍정적으로 말하였다. 그리고 또한 일하는데 조직적이며, 평화낙천주의며, 인류 구제사상이 있고, 소박하고 실제적이며, 인도적, 예술적이라고 하였다. 민속적으로는, 내 것에의 신앙, 가족중심주의, 유연성, 인내, 협동심, 보은성 등이 본래의 한국인에게 있었으나, 서구문화가 도입되면서 유연성을 잃고 자비를 베푸는 마음이 적어졌다고 한다(임동권).

사회적으로는 강인한 자주의식, 평화애호, 문약(文弱) "우리"의식, 좌우평형보다 상하수직서열, 이중구조, 형식과 체면중시, 정체와 편협, 보수성, 혈연-지연에의 집착등 다소 부정적인 면이 있다고도 한다(김대환). 특히 자의식이 결핍되고 조화, 순응을 중요시 했던 것만큼 양심이 약하고 체면, 외부의 눈을 많이 의식하게 되었으며 내용보다 형식을, 본질보다 현상을 더 중시하게 되었다고 한다. (예 를들어 인물평가에 직책이나 자동차 크기를 기준으로 삼는 경향) 어떤 학자(이종훈)는 착한 국민성, 현세보은적, 인생관, 서물성(庶物性)과 지식욕, 멋과 익살을 들고 있다. 심리학자들(윤태림 등)은 한국인이 화를 잘 내고 구강성(口腔性), 낙천적, 자신감, 성급, 각박성, 억압, 가학-피학성이 있다고 하며, 전통유교가 미친 부정적 영향 즉, 외압에의 순종, 창의성 부족, 폐쇄적 태도, 파벌조성, 피해의식, 책임전가, 흑백하고, 지위에의 집착 등을 강조하였다. 비슷하게(최재석) 가족주의(가문중시), 감루 지향주의, 상하 서열의식, 친소(親疎) 구분의식, 집단(이기)주의 때문에 개인의 자립이 불충분하게 되었고 공사(公私)혼돈, 이성과 감정혼동, 책임감 결여가 도래되었다고 한다.

기타 외국학자의 견해로서 권위주의, 인물중심, 계급성(관존민비), 도전과 대결회피, 외관치중(상품의 세부관찰 결여), 팀워크의 결여, 시간계획성의 부족, 발전의식의 결여, 노동자의 보람의식 결여, 공무원의 무능("정부기관은 일의 진전을 방해하는 것 이외에는 할일이 하나도 없는 직원들로 득실거린다"고 혹평당하고 있다). 그리고 현세적 복락추구가 강해 금욕이나 영적자세가 결여되어 있다고 한다(Palmer Skillingstad: "전통사회의 근대화 과정").

또한 한국인은 분석보다 유추를 좋아하고 직관과 추상이 강해 문장에서는 여운을 남겨 상상하도록 하는 경향이 크다. 문화의 계승에 있어서도 이질성을 포용하는 균형의 미를 상실하고 있다고 한다(예 : 고적 보존에 세멘트 사용). 기타 개방적이다, 시끄럽다. 많이 먹는다. 음주가무 좋아한다. 잘 기절하고, 혈서 쓰고, 게으르기도 하고, 잔인하기도 하다는 등등 기술이 있다.

요약하면(이부영) 한국인은 평화애호국민으로, 창조적이고, 진취적이며, 개방적 · 가족적 · 순종적 · 현실적 · 낙천적 · 인간적이고, 소박하고, 인내심이 있고, 유언하고, 예설바르다. 그러나 한편 잔인하고(난폭하고), 거짓말 잘하고, 의존적이고, 공사구별 못하고, 결정적이고, 정밀하지 못하고, 자학-가학적이고, 성급하고, 게으르고, 미적 감각이 결여되었고, 배타적이고, 윤리의식이 약하다는 것이다. 모든 학자들에 있어 한국인이 공사구별을 못하고 자립의식이 약하다는 점에서는 공통적이다.

정신의학적으로 볼 때(이동식 · 이부영), 한국인 성격의 특징은, 인간중심주의, 인생에 대한 현실적이며 총체적 접근에 대한 지혜가 있,고 이유기가 길고(의존심이 심하다), 대가족속의 무조건적 총애(자기 중심주의), 남아 선호사상(남성이 문약하고 여성이 강한 이유), 청소년기의 교육소홀(진취성, 자의식결여, 조숙, 시건방진 노숙) 등이 문제라고 하였다.

필자는 임상경험(홧병 · 한에 대한 연구)에 비추어 다수의 한국인들이 원래 전술한 바와 같이 착한 심성은 가지고 있었으나, 부당하게 억압받은 상태에서 체념하거나 원한에 차있거나 소극적으로 병으로 나타나거나, '무시당하지 않나' 하는 피해의식, 화풀이, 한풀이 등으로 폭발 파괴적으로 나타나는 현상 등에 주목하고 있다.

시대에 따른 변화에 있어(차재호 · 1980년대 보고서) 과거에 비해 현대에 올수록 쇠퇴한 것은 대가족주의, 보수주의, 상하의식, 지방색, 남존여비, 열등감, 충효사상, 자신감, 물질숭배사상, 여성의 자각, 명랑한 인생관(향락주의)이며, 여성의 지위가 올라갔으나 주부는 게을러지고, 인심이 고약해졌고, 사람은 부지런해졌으며, 난관돌파의 의지가 강해졌고, 부유층의 과시욕이 커졌다고 했다. 그러나 필자의 견해로는, 1990년대에 이르면, 또 다시 한번 변해서, 아마도 부지런함이나 난관을 뚫는 의지는 쇠퇴하고 있고, '명랑성 '보다 향락주의가 팽배하고 질서존중의식이 쇠퇴하고, 지방색은 강화되고, 과소비 풍조가 심해지고 있다고 보아야 할 것이다.

의료계에 있어 한국인의 특성은 (이부영) 한의학과의 혼란상태(서양의학과의 서투른 접합), 좋다면 무엇이나 다 해보는 잡식성(雜食性0, 정신기술은 값을 쳐주지 않음(물질주의), 불신, 명성(지위 · 감투)중시, 용한 의사 선호, 즉 각 효과의 중시, 감정의 신체화(身體化) 경향, 사회계약 관계에 대한 의식결여(진찰, 병문안 등 아무 때나 찾아온다), 가족의 간호인화, 무절제한 의료에 대한 충고(모두가 전문가), 전문성을 존중하지 않음(혼자서 각 과 다 보려고 함) 등이 특징이라 한다.

새 시대의 한국인은 전술한 긍정적인 측면을 살리고 부정적인 측면을 개선시켜야 할 것인바, 의료인상은 이러한 분석과 개선점에 근거하여 의료인으로서의 개인완성, 자아실현 · 자기성숙을 이룩하여야 할 것이다. 그리고 전술한 새로운 시대적 요구, 새로운 병원상에 근거한 사회적 요구에 불응하는 의료인이 되어야 할 것이다.

새 시대의 바람직한 의료인 상

전술한 바, 한국인의 일반적 성격특성과 형태의 개선점을 배경으로 하고 의료인으로서의 심성이나 형태에 더 세밀하게 초점을 맞추어 이야기 하고자 한다.

개인적으로 의료인은 무엇보다 자신이 건강해야 한다. 앞서 말한 정신적인 면 뿐 아니라 육체도 건강해야 한다. 의료인이 술이나 담배, 드물지만 습관성 약물에서 헤어나지 못하고 있다면 곤란하다. 의료인은 직업상, 기계, 기술, 인간의 육체, 정신, 질병과 죽음, 조직, 경영, 돈, 학문, 다양한 대인관계, 사회적 책임, 윤리 등 모든 문제에 노출되어 있다. 종합병원은 그야말로 사회의 축소판이다(예: 미국TV드라마 General Hospital). 또한 생과 죽음, 고통, 삶의 환희가 교차하는 매우 역동적(다이나믹)인 장소이다.

따라서 의료인은 다른 어떤 전문가에 비해서도 즉각적으로 대응하기 위한 정신적 긴장상태에 있어야 한다. 동시에 다양한 종류의 사람을 개인적으로 깊이 만나기 때문에 높은 수준의 일반적 교양을 갖추어야 한다고 본다. 즉, 높은 문화수준, 예술적 안목, 유머감각, 다방면의 지식, 그리고 다양한 환자나 가족들의 요구에 적절히 응할 수 있는 수준 높은 융통성이 있어야 한다. 다른 전문직은 성질이 괴팍한 것이 오히려 도움이 된다.(예: 괴팍한 과학자).

교양인 또는 문화인이라면 결국 성숙한 사회적 인격, 구체적으로 상대방에 대한 배려를 잘하는 즉, 대인관계가 좋은 사람이다. 이것은 상대방(남)의 눈치를 잘 본다는 뜻이 아니다. 한편 과거 우리가 남의 지배를 너무 받다보니, 요즘에 와서 "인간답게 살아보자"라는 요구가 크다. 그러나 이것은 단순히 내 마음대로 해보자라는 뜻이 결코 아니며, 또 금전적 처우개선만으로 이룩되는 것도 아니다. 인간답다는 말은 앞서 말한 자기성숙을 지향하는 것이다.

자신이 인간으로서 정당한 대접을 받고자 한다면 남을 그만큼 존중해야 하는 것이다. 이러한 상대방 존중이 성숙한 대인관계를 이루며, 성숙한 대인관계와 성숙한 대화를 통해 자기를 재발견하게 되고 발전이 이루어진다. 자신을 존경하고 자신을 믿을 수 있다면, 너그러워지고 참을 수 있고, 양보할수 있고, 베풀 수 있고, 희생할 수 있다. 이것을 인식하고 실천하는 사람이 바로 교양인이 아닌가 생각한다.

교양과 문화수준의 관점에서 의료인이 가질 마음과 행동은 어떤 것인가? 우선 우리는 현재 말씨, 태도, 제스추어 등에 절제된 아름다움에 있는가? 상대방에 대해 충분히 배려하는가. 친절하다고만 해서 교양 있는 것은 아닐 것이다. 적절한 정도의 친절과 실제적인 도움이 “스마트”한 것이다. (노인에게 웃으면 자세하게 길을 가르쳐주는 것보다도 실은 얼른 데려다 주는 이 실제적 도움이다). 배려하는 마음을 통해 상대방의 반응을 몇 단계 앞서보고 미리 대처하는 것이 진정한 친절이다.

교양과 문화의 수준을 높이기 위해서는 심성의 개발과 더불어 실제적으로 폭넓은 대인관계, 다양한 독서, 예술, 문화를 접할 기회를 가져야 한다.

의료인의 대인관계

의료인은 일반적인 상하관계뿐 아니라 다른 전문직종의 수평관계, 그리고 환자와 그 가족과의 관계라는 특수한 인간관계 상황에 있다. 다른 일반적인 관계는 직업적 관계이므로 일반적인 원칙에 따르면 될 것이다. 그러나 환자나 그 가족과의 관계는 매우 특수하다. 의료인은 그들에게 봉사하는 관계이기도 하지만 지배자, 피지배자 관계의 요소도 있으며, 정신적으로는 지지하는 관계이기도 하고, 교육하는 관계이기도 하며, 대가를 주고받는 경제적인 살벌한 관계이기도 하다. 그들은 의료인을 백의의 천사, 전문가 또는 전능한 신과 같은 존재, 숭고한 인간애를 실천하는 사람으로도 보기도 하지만, 돈을 많이 버는 사람, 과학자, 폐쇄적이며 배타적인 집단이익을 추구하는 세력으로 보기도 하고, 생명과 죽음을 다루는 지식인 집단 또는 목사, 신부 같은 인물로 보기도 한다.

이러한 상황에서 의료인의 마음가짐은 어떠해야 하는가? 우선 환자에 대해 환자의 질병과 고통에 대해 권위자나 전능자는 아니다. 그는 사람이다. 그렇다고 전혀 무력한 사람도 아니다. 우리는 최선을 다하는 사람이다. 인생의 고통에 대해 이해와 동정심을 가진 사람이어야 한다. 고통에 대해 깊이 이해하고 호소를 알아주고 인정해 줄줄 알고 (흔히 우리는 잘 알지도 못하면서 "그정도로 그리 야단이냐?" 하는 투로 행동하기 쉽다) 받아주고 동정하고 위로도 해줄 줄 아는 사람이어야 하겠다.

우리가 일반인과 구별되는 것, 또 다른 직종의 사람과 구별되는 것은 흰 가운을 입는 일일 것이다. 이 가운이 주는 의미를 우리는 잘 생각해야 하겠다. 흰 가운은 우리를 구별하는 주체성의 상징이며, 치료기능과 봉사와 신뢰와 기대를 상징하고 있다. 그리고 한편 권위의식과 위화감의 근원이 되기도 한다. 따라서 가운 입을 때 우리는 마음을 잘 가다듬어야 할 것이다. 우리의 전문성에 대해서는 새로운 지식과 기술에 대해 계속적인 공부가 필요하다. 새 시대에는 의료인들도 보수교육, 평생교육이 절실하다 아니할 수 없다. 그것은 우리 행동의 목표가 효율적인 환자치료에 있기 때문이다. 연구하고 배우는데 있어 의료인은 정직해야하고 부지런해야 하며 창의성이 있어야 할 것이다. 지식과 경험을 효율적으로 축적시켜 가면서 수련을 쌓아가야 한다.

의료는 다른 전문분야에 비해 폐쇄성이 높아 오류(예를 들어 오진 ·

의료과실)가 있어도 그 전문성이라는 무기로 감추거나 정당화 하려는 유혹을 많이 받는다. 이 점에서 우리는 정직해야 하며 이러한 과오를 줄이기 위해 성실하게 노력해야 한다. 그것은 우리의 일이 인간의 생명을 일촉즉발 직접 다루는 것이기 때문이다.

끝으로 의료인은 성직자 같은 마음가짐을 가져야겠다. 너무 비현실적인 생각인지 몰라도 본래 의료는 사제직(司祭職)에서 유래되어 있고, 병원도 역사적으로 수도원에 근거하고 있다. 아닌게 아니라 고통 받는 사람을 도운다거나 생명문제, 죽음문제를 다룬다거나 하는 것은 성직자의 기능과 유사하다. 의료인에 대한 기대가 이러하기 때문에 환자나 그 가족은 의료인의 다소 기대에 어긋난 행동에 대해 예상외로 섭섭해 하고 당황해 하고 심지어 배신감을 느끼고 분개한다. 의료인에 대한 환자의 시비, 폭행이나 고발 사태등 의료분쟁은 여러 가지 이유가 있으나 상당부분 의료인의 형태 때문인 수가 많다.

외국의 연구에서 드러나 있지만 의료분쟁의 원인을 대개 의료기술은 좋아도 환자에 대한 태도가 나쁜 의료인 때문이다. 의료 분쟁때 의사가 물론 가장 중요한 인물이었으나 한통속이라는 뜻에서 환자와 직접 대면하는 모든 다른 직종의 직원들에 있어서도 마찬가지이다. 의사에 대한 불만을 간호사에게 터뜨릴 수도 있고 원무과 직원에 대한 불만을 임상병리사한테 터뜨릴 수가 있다.

신뢰의 분위기를 늘 조성하도록 힘써야 한다. 환자에 대한 이해와 배려, 전문직이지만 정직한 태도, 끝없이 공부하는 마음, 그리고 성직자 같은 마음가짐 등등, 집단으로서 우리가 사회에 존재하는 또는 살아남게 되는 근거가 될 것이다. 그럼으로써 잘되는 병원, 그것이 우리 모두의 공통적인 생활 근거이다.

맺는 말

새 시대는 민주화와 자유경쟁, 그리고 풍요가 그 특징이 될 것이므로 그에 따른 사회적 요구에 잘 적응된 병원형태와 의료인 상이 정립되어야 할 것이다. 병원은 치료기술에 있어 최선의 수준을 유지하기를 기대될 것이다.

동시에 첨단화와 정보화가 발전하는 만큼 [인간화]가 가미된 총체적으로 발전된 병원환경이 요구될 것이다. 이러한 요구에 부응하는 의료인의 모습은 개인적으로 건강한 교양인(教養人)이어야 할 것이며 자기성숙을 위해 노력하는 사람이어야 할 것이며 전문가(실력을 갖춘)이어야 할 것이며 자신의 직능에 대해 이해와 소명감 그리고 자부심을 가져야 할 것이다. 직업인으로서 의료인은 인간의 생명현상과 고통에 대해 이해해야 하며 대인관계, 환자관계에서 겸허하고 신뢰 있고, 배려하는 태도와 전문적이지만 정직한 태도, 끝없이 공부하는 마음, 그리고 가능한 한 성직자 같은 마음가짐이 필요하다고 본다. 타 분야와는 집단이기주의를 지양하고 상호영역을 존중하고 협력해야 하며 의료서비스라는 특수성을 감안하여 즉, 환자치료를 위해서라면 타협이전에 감히 양보, 희생할 수 있는 태세가 되어 있어야 할 것이다. 그 이유는 의료인이 다루는 일이 생명과 즉각적으로 관계되는 일이기 때문이다.

이러한 관점에서 볼 때 우리 현시대 풍조나 한국인이 전통적으로 갖고 있는 성격특성에 개선할 것이 어떤 것인지 자명해진다 하겠다.

(1991년도 직원수양회, 의협신보 1992년 1월16일)

02.

명예와 의무

정신과 주임교수 취임사

100년이 넘는 전통을 가진 명문사학 연세의대에서 교수로 일하게 된 것도 감사한데, 이제 주임교수가 되니 제 자신 평생의 명예로 알고 더욱 감사하게 생각합니다. 1962년에 연세의대에 첫 입학하던 때의 저의 촌스런 모습을 생각하면 감회가 깊습니다. 그동안 저를 가르쳐 주신 김채원 명예교수님과 여러 선생님들께 감사드립니다. 지난날 동안 주임교수를 맡아 수고하시었던 유계준 선생님과 이호영 선생님의 노고와 높으신 공적에 대해 높이 치하드리며 감사하는 바입니다. 특히 전임 유계준 교수께서 광주세브란스 정신병원을 세우신 일은 교실사에 획기적인 일이 아니라 할 수 없습니다.

그러나 명예와 직책에는 의무가 따르는 법, 앞으로 제가 어떤 일을 어떻게 해야 할 것인가 연세 정신과의 학풍이 어떠해야 하는 가 깊이 생각하게 됩니다.

지금 우리 사회 전체에서 개혁, 개방, 경쟁력강화, 국제화(세계화)의 물결이 높습니다. 국가적으로도 그러하고 연세대학교 내에서도 그러합니다. 저희 정신과의 나아갈 방향을 여기서 찾는 것이 당연하다고 생각합니다. 세계 일류가 되는 것이 우리들의 과제라 생각합니다. 지난 2월 교수수양회(의학교육 세미나)에서도 교수 발전 방안이 토론 주제였습니다. 우리의 과제는 교육, 연구, 봉사(진료)입니다. 이 분야에서 우리는 국제적 수준이 되어야 합니다.

교육에는 ① 학생교육(정신과학 및 행동과학 강의, 정신과 실습),② 전공의 교육, ③. 대학원교육(석, 박사학위 논문지도), ④ 보수교육(지역사회 의사회, 전문학회), 그리고 ⑤ 대중교육 등이 포함됩니다. 어느 것이나 소홀히 할 것이 없습니다. 여기에 외래교수님들의 기여가 요청됩니다.

연구에 있어서는 우리 과에서 그 동안 다양한 분야에서 우수한 업적이 많이 나왔다고 자부합니다. 그러나 과연 명실상부한가 제 자신 반성해 봅니다. 연세대학교에서 요구하는 것은 이제 국제적 수준의 논문 또는 "특허"입니다. 이를 위해서는 연구비가 많을수록 좋고, 첨단적 기자재도 필요합니다. 불행히도 우리는 이점에서 불리합니다. 최근 정부, 사회, 학교 등에 연구재원이 과거에 비해 많이 풍부해졌습니다. 그러나 아직 정신의학에 대해서는 이미지가 좋지 않음을 피부로 느끼고 있습니다. 우리는 이 점에서 가혹한 경쟁에 직면해 있습니다. "아이디어" 만이 이 난관을 돌파하게 해 줄 것입니다. 연정회 연구기금도 더 많이 확보되면 좋겠습니다. 궁극적으로 연구를 위해서는 우리 과에 연구실이 설립되고 최소한 자체적으로 박사학위 논문이 생산되는 수준이 되어야 할 것입니다.

봉사(진료) 부분에서 저희 과는 약합니다. 진료의 질적인 면은 수준급이라 자신 할 수 있습니다만, 그 규모(외형)가 적은 것이 문제입니다. 고급 인력이 충분히 그 능력을 발휘하지 못하고 있을 뿐 아니라 일부는 낭비되고 있다고 생각됩니다. 우리와 자매관계인 원주기독병원 정신과에 비하면 생산성이 상대적으로 부족합니다. 그러나 노력하면 된다는 사실을 최근 영동세브란스 병원 정신과에서 이룩한 실적에서 확인할 수 있습니다. 이제 우리들에게 광주정신병원이 생김으로 더 큰 기회가 주어 졌읍니다. 우리가 애를 쓰면 그만큼 누릴 수 있을 것입니다. 앞으로 100주년 기념 새 세브란스병원이 건립되었을 때 우리 몫을 확보할 수 있어야 할 것입니다. 가깝게는 소아정신과 진료 서비스를 확대하고 뇌파검사실을 운영하고, 임상심리학 분야도 대학병원 수준을 유지할 수 있어야 하겠고, 서울 역전 세브란스 빌딩 내에 설치되는 종합건진센터에도 참여할 수 있어야 할 것입니다.

사회봉사면에도 할 일이 많습니다. 신경정신의학회에서 리더쉽을 유지해야 할 것이며, 정부 관련 일, 사회단체 일, 순수 봉사 활동도 소홀히 할 수 없습니다. 그러나 修身齊家治國平天下의 원칙에서 교실원 각자는 교육, 연구, 진료에서 어느 정도 충분한 수준에 오른 연후에 과외 활동에 나아가야 그 활동이 충실할 것입니다.

우리 과의 자원은 충분합니다. 오랜 전통의 기독교 정신, 우수한 인력, 많은 수의 침상 수 확보, 종합대학으로서 타 분야의 가능한 지원(예를 들어 심리학, 사회사업학, 예방의학(강화지역사회의학), 신경학, 그리고 여러 기초학교실들), 각계각층에 포진된 왜래 교수님들과 선후배 동문 등등이 우리의 자원입니다. 이 자원이 충분히 활용되고 결집된다면 좋은 일을 많이 할 수 있을 것입니다. 집단으로서 생존할 수 있다면 그 구성원은 자연히 혜택을 볼 것입니다.

문제는 사기(moral)입니다. 이 모든 목표를 이루어 나가는데 교실원과 동문 여러 선생님들이 기여가 필요합니다. 많이 도와주십시오. 감사합니다.

(연정회 소식 1994년 3월 1일)

02.

희망과 봉사

대한신경정신의학회 이사장 취임사

인사의 말씀

존경하는 역대 회장님들, 이충경 회장님, 신석철 차기 회장님 그리고 회원 여러분, 1999년도 정기총회 석상에서 우리학회가 1,500여명의 회원을 거느린 큰 단체로 큰 발전을 했음을 자랑스럽게 생각하며, 제가 신임 이사장으로 취임하게 됨을 진심으로 영광스럽게 생각합니다. 한편 무거운 책임감을 또한 느낍니다.

우선 이 자리를 빌어 전임 이충경 회장님의 크신 업적에 큰 치하를 드리고 싶습니다. 이회장님은 지난 회기 동안의 많은 업적은 남기셨는데, 그 중에도 오랜 공직경험을 살려 학회의 행정적 장치를 개선하셨고 특히 김성희 교수의 제자로서 정신의학 내에 인도주의적 기풍을 강화하신 것을 지적하고자 합니다. 특히 이러한 인도주의적 기풍은 의약분업대책에 있어 큰 역학을 하였음을 저는 알고 있습니다. 저는 이런 이회장님께서 잘 닦아 놓으신 길을 따라 최선을 다하고자 합니다.

미래정신의학의 전망과 도전

마침 저의 임기가 2000년을 전후하여 있어, 요즘 많이 이야기하고 있는 미래의 전망과 도전에 대해 언급할 수 있게 되어 몇 가지 생각을 정리하여 보았습니다.

미래사회가 어떻게 변화할지 예측하기 쉽지 않습니다. 대체로 가까운 장래에는 인구판도의 변호(노인증가), 새로운 사회계급의 편성(빈부격차), 가치관의 근본적 변화, 환경보호중시, 새로운 종교적 윤리적 요구(영성) 등이 미래사회의 특징이 되리라는 예측이 있습니다(송복, 1999). 과거의 의학 특히 20세기의 의학(생물학)은 눈부신 발전을 보였으며, 특히 유전자 연구가 돋보였습니다. 그러나 21세기의 의학(생물학)은 이제 마음(mind)에 집중될 것으로 예측됩니다(Kandel 1999). 정신의학은 이러한 의학(생물학)과 정신의 의학(심리학)을 통합적으로 연구하고, 실제 임상에 응용하여 환자를 도와주는 특수한 입장에 있으며, 따라서 어느 분야보다도 가장 유리한 입장에 있습니다.

정신과 의사는 이러한 도전에 응하여 신경과학의 발전을 자기 것을 할 뿐 아니라 정신치료의 기술도 같이 발전시켜야 하는 특수한 입장에 있게 되었습니다. 이것이 또한 정신의학이 다른 의학이나 심리학 같은 사회과학과 다른 독특한 장점입니다. 이러한 신체적 치료(약물치료)와 정신치료를 같이 시행할 수 있는 전문가의 치료를 요하는 경우가 장차 증가할 것입니다.

앞서 말한 일반적인 전망이외 우리나라 특유의 사회문화적 상황에 있어 우리에게 대한 도전들이 있습니다. 첫째 신경학, 가정의학, 일차진료의 기타 각종 상담전문가, 한방(대체)의학 등에서 정신의학의 영역을 잠식해 올 것입니다. 이에 대한 응전은 정신의학의 정체성과 전문성을 유지 발전시키는 것입니다. 실력과 단결로 이에 대처해야 합니다.

둘째, 사회변화에 따른 빈곤층, 소수계층, 장애 계층이 증가하여 이들에 대한 정신건강 서비스 요구가 증가할 것입니다. 이에 대해서는 봉사정신과 윤리의식으로 대응해야 할 것입니다.

셋째, 정신의학의 발전에 따라 과거와 다른 새로운 정신장애에 대한 낙인(stigma)문제, 즉 정신병은 뇌병이다. 유전병 같은 편견들이 나오고 환자들은 또 다른 의에의 장애자 취급을 받게 될 것입니다. 이에 대해 우리는 정신의학의 장점인 Humanity 정신으로 대응해야 할 것입니다.

끝으로 우리사회가 지속적으로 의료에 대해 제도적, 경제적 압박을 가해올 것입니다. 이에 대해 우리는 효율적 진료와 경영마인드 증진으로 대응해야 할 것입니다.

본 회기의 활동목표

위에서 말한 미래의 전망과 도전에 대한 생각을 근거로 이번 회기 동안의 학회의 표어를 "희망과 봉사"로 하고자 합니다.

희망

"희망"이란 말은 새로운 세기를 맞은 이 시점에 매우 적절한 말입니다. 따라서 온 세상 도처에서 희망에 대한 말이 무수히 말해지고 있습니다. 희망은 분명 보다 나은 세상, 보다 건강한 세상에 대한 희망일 것입니다. 앞으로 미래세계는 신체적 건강문제는 어느 정도 극복될 것이기 때문에 정신건강 문제가 우리가 싸워야할 최종적 전선이 될 것입니다. 이러한 도전이 바로 우리의 희망입니다. 정신과 의사는 보다 나은 세상에 대한 희망을 가지고 미래의 건강한 사회건설에 공헌해야 합니다.

미래세계는 다양성, 새로운 사회계급의 편성, 정보통신기술의 개발, 신소재와 신약 개발 등 외형적 변화 이외에도 새로운 행동방식과 가치관 등 정신 내면적 변화도 엄청날 것입니다(송복 1999). 따라서 과거 진료실에 앉아서 환자가 찾아오기를 기다리는 고전적 방법의 의료는 희망이 없을 것입니다.

우리가 여기서 말하는 미래란 여기 앉아 계신 가장 젊은 회원이 한참 활동할 2020-2040년경이 될 것입니다. 이 미래세계는 어느 정도 추측이 가능합니다. 이 가까운 미래에 정신건강문제는 어떠한 양상을 띄게 될지 흥미롭습니다. 우리는 ICD-10이나 DSM-IV에 망라된 정신장애들 뿐 아니라, 소위 정신신체환자와 신체장애가 있는 정신장애 환자를 치료할 수 있어야 합니다. 또한 간질이나 치매 같은 신경정신과적 장애를 정신과 의사가 더 잘 치료할 수 있다는 것을 보여주어야 합니다. 특히 새로운 약물의 출현과 telemedicine, telepsychiatry, cyber space technique, internet 등은 우리에서 큰 도전이 될 것입니다. 그에 대한 연구가 필요하고 그 결과에 따라 정신의학교육과 전공의 수련 방침이 지금 정해져야 합니다.

특히 발전된 첨단 신경과학 이론과 전통적인 정신치료 기술을 어떻게 상호 조화시킬 것인가 하는 것이 최대 관심사가 된다고 봅니다. 이러한 일들이 이루어지는 것이 우리의 희망입니다.

특히 후학을 가르치고 있는 선배 정신과 의사는 후학들에게 희망을 줄 수 있도록 연구와 임상에서 모범을 보여야 할 것입니다. 우리를 따르는 후배가 없다면 정신의학의 미래도 없을 것이기 때문입니다.

봉사

"봉사"에 대해서 말하자면 이는 개인 환자에 대한 성실한 진료도 물론 봉사이지만, 보다 나은 세상을 위해 사회전체에 대한 봉사가 더욱 필요합니다. 이제는 앉아서 찾아오는 환자에만 관심을 가질 수 없습니다. 찾아오지 못하는 장애환자나 가난한, 소외된 계층의 환자에게 봉사의 손길을 뻗쳐야 합니다. 탈북자나 북한 주민의 정신건강문제도 중요한 우리의 관심사입니다.

물론 우리나라의 의료계 현실이 보건에 대한 국가 재정이 취약한 상태에서 법과제도는 무분별한 반면, 사회복지나 수준 높은 의료에 대한 대중의 기대치는 한껏 높혀져 있기 때문에 민간의료는 압박은 받고 있으며, 의사들의 고통이 크기는 합니다. 그러나 의사들은 단결하여 이러한 시련을 이겨나가야 합니다.

의료도 인제 경영의 개념을 본격적으로 도입하여야 합니다. 우리의 미래사회에서는 보건의료가 유망한 핵심사업 중의 하나라고 합니다(여행, 관광, 및 운송, 개인서비스업과 더불어). 이러한 낙관적 전망과 더불어 의료개혁을 폭풍이 불어올 것입니다. 동시에 소비자 주권시대가 될 것이라고 합니다. 그럼에도 불구하고 현실적으로는 소위 managed care, DRG, HMO-PPO 제도, 의료비지불방식, 정보통신기술의 이용이 우리를 압박할 것입니다. 따라서 우리의사들은 과거같이 부를 누리기 어려울 것입니다.

미래사회의 의료수요에 대해서도 대비해야 합니다. 한 조사에 의하면 노인병, 암과 순환기계장애, 외상, 그리고 약물남용 등에 대한 의료서비스 요구가 증가할 것이라 합니다. 정신과 의사는 이러한 요구에 준비되어 있어야 합니다.

지역사회의 책임 있는 정신건강문제 전문가로서 주민을 찾아가는 봉사를 할 수 있어야 합니다. 정신과 의사는 인간행동을 연구하는 전문가로서 지역사회의 opinion leader로서 여러 사회현상에 대해 설명하고 조언하고 개입해야 합니다. 정신 차리지 못하고 있는 사회에 대해 정신 차린 자로서 발언을 하는 정신과 의사가 되어야 합니다. 우리는 지금까지 너무 침묵하지 않았나 싶습니다.

이렇게 되기 위해서는 우리는 먼저 무엇보다도 윤리적인 자질을 더욱 연마해야 될 것입니다. 새로운 세기에는 폭 넓고, 적극적인 봉사의 뜻을 펴 나가야 하겠습니다.

국내의 점증하고 있는 소위 국제화, 세계화를 위해 우리들은 국제감각을 익혀야 합니다.

맺는말

지금 우리를 둘러싸고 있는 상황은 새로운 세기를 향하는 희망과 더불어 깊은 염려를 또한 하게하고 있습니다. 눈앞에 닥치고 있는 의약분업문제는 그렇지 않아도 가뜩이나 열악한 진료환경 문제에 압박감을 더하고 있습니다. 그럼에도 불구하고 우리는 우리의 본연의 임무인 환자를 돕는 일을 소홀히 할 수 없습니다. 우리는 현실적 어려움과 제한을 극복하면서 더 높은 지식과 더 나은 기술을 쌓아 나가야 합니다.

제가 일전에 학교교내 식당에서 무심히 "요즘 너무 바빠 정신이 없다"고 말했더니 누군가 정신과 의사가 정신이 없으면 누가 환자를 고치겠느냐고 농담을 해서 모두 웃은 적이 있습니다. 맞습니다. 정신과 의사가 정신이 없으면 안 되겠지요. 우리가 처한 상황이 열악하고 우리를 둘러싼 정치 경제 사회적 상황이 그야말로 정신없는 상태라 하더라도 우리 정신과의 사는 정신을 차리고 많은 사람들이 우리가 가기를 바라는 우리의 길을 가야할 것입니다. 정신과 의사는 정신과 환자를 도와주는 바로 그 방법을 더욱 세련, 확대시켜 인간정신의 문제를 다루는 전문가로서 사회의 지도적 역할을 담당해야 합니다.

우리는 그 자격을 갖추어야 합니다. 우리는 첨단 과학적 방법을 사용하여 뇌와 신체를 연구하여, 동시에 정신내면의 세계를 탐구하며, 사회문화적 통찰력을 갖추고 있는 그야말로 인간의 본질에 다가갈 수 있는 특이한 전문가입니다. 이러한 생물정신사회적 모델에 따라 통합적으로 치료할 수 있는 능력은 정신과 의사 교유의 장점입니다. 정신과 의사는 문제의식에 민감하며, 한편 누구보다도 문화예술을 사랑하는 의사입니다. 우리는 미래사회의 정신건강문제 전문가로서의 정체성을 정립해야 합니다.

이와 같은 중요한 임무를 생각할 때 희망과 함께 책임감을 무겁게 느낍니다. 구체적으로 현재의 문제점을 밝히고 우리의 역량을 점검하고, 미래에 대한 비전과 전략을 세우고, 실행계획을 세우고, 그리고 이를 하나하나 실천해야 합니다. 이는 바로 의료개혁이라는 개념이며, 이를 위해 구태의연한 방법에서 탈피하는 발상의 전환(파라다임의 변화)을 꾀해야 합니다. 오로지 여러분의 이해와 협력으로 이러한 일을 성취할 수 있을 것입니다. 회원 여러분께서는 저와 이사들을 도와주시기 바랍니다. 정신과 의사가 사회에서 리더십을 발휘하고 국민정신건강을 위한 영향력을 행사할 수 있으려면 능력과 시간과 경제적 지원이 통합적으로 집중되어야 할 것입니다.

학회와 회원 여러분의 무궁한 발전을 빌며 이만 취임사를 가름하고자 합니다.

감사합니다.

04.

땀방울에 즐거움이 배일 때

남을 위해서가 아니라 자신을 위한다는 데서 보람을 느껴야 한다.

솔직히 말해서 일을 좋아한다는 사람은 많지 않을 것이다. 즐거운 기대에 부풀어서 출근하고 뿌듯한 기쁨을 안고 귀가하게 되는 횟수는, 억지로 나갔다가 짜증을 안고 지쳐 귀가하는 횟수보다 아무리 보아도 결코 많지 않을 것이기 때문이다.

그러나 우리는 내키지 않아도 어쨌든 일을 하기 위하여 집을 나서야 한다. 생계를 위한 노동은 싫다고 그만 둘 수는 없다. 그러므로 노동의 의미를 잘 인식하고 실제로 그 안에서 기쁨을 발견해야 한다. 그렇지 못하면 권태가 누적되고 까닭모를 분노와 우울과 절망감에 인생 자체를 그르치게 된다.

또한 노동 자체에서는 보람을 느낀다 하더라도 문제가 생기는 경우도 있다. 예를 들어, 젊은 나이에 과부가 되어 혼자 힘으로 일하면서 세 명의 자녀를 대학까지 마치고 결혼시켜 내보내고 나니 그제야 몸이 아프기 시작하면서 허탈감과 고독, 우울에 고통 받게 된 부인이 있다.

이 경우 그 분은 자녀를 키우는 그 지극한 보람으로 일을 했으나 결국 문제가 생긴 것은, 자신을 돌보는 배려에 소홀했기 때문임이 분명하다. 자신을 돌보는 게 문제라면 그것은 무엇을 뜻하는가? 그것은 노동을 통해, 노동이 결국 남을 위해서가 아니라 자신을 위한다는 데서 보람을 느껴야 한다는 것이다.

우리는 이러한 예를, 옛날의 인간생활에서는 노동이 하나의 놀이와 같았다는 데서 그 원형을 찾아 볼 수 있다. 옛날 사람이 사냥을 나갔다 할 때 그 일은 식량을 위한 노동이기도 하지만 그것은 스포츠같이 긴박감과 탄성, 그리고 몸놀림과 지혜의 구사, 협동을 통해 얻는 놀라운 기쁨, 재미의 노동이었다. 그 다음에 축제가 있다. 그래서 연장자들을 따라 나선 소년들은 경탄과 존경으로 축제 때의 칭찬을 받기 위해 기술을 배우려고 애썼을 것이다. 그 공부는 대학입시 준비 공부보다 훨씬 능률이 높았으리라.

그러나 문명이 발달하면서, 뙤약볕에서 농사를 짓거나 소음과 탁한 공기의 공장에서 기계를 만지고 빌딩의 숲 속에서 서류를 꾸미는 일이 노동이 되면서부터 긴박감과 흥미진진한 기쁨을 불러일으키는 일은 사실 없어지고 말았다.

많은 사회 초년생들은 처음 사회에서 일할 때 흥미도 갖고 새로운 경험에 탄성을 올리기도 한다. 그러나 일이 점점 천편일률적으로 반복되면서 재미를 잃게 된다. 문명의 발전에 따라 현대 사회에서는 생산성을 높였으나 그것은 노동의 즐거움을 잃는 댓가를 치루었다.

나 자신도 의사 초년생인 인턴일 때, 일하는 것이 즐겁고 병원에서 여러 환자를 돌보는 일을 통해 온통 인생을 배우는 것 같아 가슴 뿌듯했었다. 여간해서 지각하지 않았고, 누구보다도 늦게까지 일하면서 부지런을 떨었다. 그러나 역시 의사일도 조만간 틀에 박힌 일이 되기는 세상의 다른 만사와 마찬가지였다. 다행히 나이가 들어가면서 앞에 든 예와 같이 단순히 맹목적으로 일한다고 좋은 것은 아니구나 하는 것을 배웠다고 할까.

그래서 나 자신을 위해 노동에 대해 다음과 같은 결론을 얻었다.

첫째, 일을 열심히 하는 것은 책임을 다 한다는 만족감을 준다. 사람은 누구나 자기가 해야 할 몫이 있다. 나 개인적으로는 내가 맡은 일이 하나님이 내게 맡긴 탈렌트라 믿고 있지만 달리 사회적 사명이라든가, 가족의 생계라든가, 주어진 현실 또는 타고난 운명이라고 불러도 좋다. 어쨌든 그 몫을 다하지 않으면 부끄러운 인간이 되고 만다는, 한 인간으로서의 몫, 곧 사명의식을 가지게 될 때 땀방울에 즐거움이 배이게 되는 것이다.

둘째, 일을 하면서 소기의 성과 이상을 올리고자 노력하였을 때 기분이 좋았으며 자존심이 올라갔다. 일이 인간 내재(內在)의 탐구하는 본능을 만족시켜 주는 것이다. 탐구본능은 어린아이가 시키지 않아도 호기심을 가지고 서랍을 뒤지고 모래성을 쌓기도 하는 그런 본능이다. 어른도 이 탐구본능에 따라 움직이며 그 만족은 다른 본능인 식욕과 성욕의 만족만큼 기쁨을 준다. 이들 욕심이 없는 것은 병의 원인도 되고 결과도 되는데 이는 인생의 즐거움을 송두리째 놓치는 결과를 낳는다.

셋째, 노동 뒤에 따르는 축제를 소중하게 치른다. 현대인인 우리의 축제는 무엇인가. 근무 후 친구들과의 축구시합일 수도 있고 가벼운 한 잔일 수도 있고 식구들과의 즐거운 식탁일 수도 있다. 휴가 때의 여행도, 주말의 등산이나 낚시질도, 그리고 새 집으로 이사하고 한턱 내는 것도 축제이다. 이것 모두가 자신의 즐거움이다. 나는 일하면서 흔히 속으로 노래를 부르는데 이로서 일하는 전체 분위기가 밝아짐을 느끼기 때문이다. 그런 효과가 나는 것은 아마도 노래 부르기가 축제의 중요행사이기 때문이라고 여기고 있다.

넷째, 일하면서 자연히 생기는 재미를 열심히 받아들인다. 그중에서 가장 뜻있는 것은 훌륭한 팀웍을 이루는 동료들과의 생활이다. 동료 중에는 유머감각이 뛰어난 사람도 있고, 낭만주의자, 예술을 사랑하는 사람, 이성과 지성의 능률덩어리, 조직을 잘 하는 사람, 그리고 선후배들이 있다. 그들과 같이 일하면서 얼마나 다양하고 풍부한 인생을 경험하는가. 이것은 컴퓨터의 기억장치처럼 인생을 보다 넓고 깊게 하여줄 것이라고 믿고 있다.

(샘터 1992)

05.

"성폭력 피해자를 도웁시다"

여러분 안녕하십니까?

저희 학회가 "희망과 봉사" 라는 모토를 가지고 노력해 온지 어언 2년이 다되어 가고 있습니다. 그간 저희들은 사회봉사의 차원에서 "정신장애에 대한 편견해소를 위한 캠페인", "우울증선별의 날", "우울증에 대한 학교강연회", "약물남용에 대한 학교 강연회", "약물남용 전시회", "노숙자무료상담" 등 학회차원의 사회봉사 활동을 해 왔으며, 그 결과 많은 성과를 거두었다고 생각됩니다. 그리고 개인 차원에서도 알게 모르게 사회봉사활동을 하시는 분들도 많은 것을 잘 알고 있습니다.

이즈음 저는 이사장으로 여러분께 또 한번의 사회봉사를 제안하고자 합니다. 우리 사회의 여러 문제 중 성폭력 문제가 날로 심각해지고 있습니다. 그리고 그 후유증으로 신체적인 것 뿐 아니라 정신적, 사회적인 고통이 또한 심각함을 여러분께서는 잘 알고 계십니다.

정신과 의사이신 여러분께서 성폭력 피해자들이 정신적 사회적 후유증을 극복하고 재기할 수 있도록 도와주시지 않겠습니까? 이는 신체적 건강 뿐 아니라 정신적, 및 사회적 문제를 종합적으로 잘 이해하고 있는 우리 정신과 의사들이 가장 잘 할 수 있고 또 마땅히 해야 할 일입니다. 정부나 사회가 우리가 하는 봉사를 주목할 것입니다.

앞으로 학회차원에서 무슨 일을 할 것인가를 논의하겠지만 여러분께서는 관심을 가지시고 기회가 주어졌을 때 이 봉사에 동참해주시기 간곡히 부탁드립니다.

(신경정신의학보 이사장 편지)

06.

단결된 팀웍

최근 의료계의 어려움을 생각하면 단결이 얼마나 중요한 문제인가를 깨닫게 해준다. 주변의 상황은 급변하고 있는데 의료계는 그에 적절히 대응하는 데 있어 힘이 분산되어 있는 것 같다.

우리 학회도 이러한 도전에 직면해 있기는 마찬가지이다. 의약분업 사태와 의료법 개정문제는 물론 우리와 직접 관계되는 정신보건법 문제와 의료보험 문제 등 우리가 대응해야 할 문제는 심각하기도 하고 복잡하기도 하다.

우리 학회는 다른 학회와 달리 회원의 추구하는 바가 한가지로 일치하지 않고, 매우 다양한 것이 큰 문제이다. 개원의, 봉직의 문제는 물론 그에다가 대형정신병원 문제와 요양원 문제가 있다.

학회 안에서도 개원의 협의회가 있고 작년에 전공의 협의회가 생겼으며 최근 정신과 전문병원의사 협의회가 결성되었다. 그리고 이미 수많은 산하 학술단체가 제각기 활동하고 있다. 그리고 우리 주변에 정신보건 전문요원 3개 조직이 우리와 같은 영역에서 일하고 있고 한방신경정신과라는 새로운 조직이 대두되고 있다. 이러한 상황에서 정신의학 전통적 정체성을 유지하기가 쉽지 않다.

이러한 시점에서 우리가 자칫 그나마 크지도 않는 힘을 분산시키게 되지 않을까 우려된다. 지금까지 우리 정신과 의사들은 학회를 중심으로 단결하여 잘 대응해 왔다고 생각한다. 앞으로 닥칠 시련을 생각하면 더욱 더 단결해야 한다는 것은 자명한 일이다.

단결을 위해서는 전체회원이 회원으로서의 기본적 의무를 지키는 것에 더하여 회원간에 광범위한 동의가 우선 필요하다. 이를 위해서는 여러 정보를 종합하고 다양한 가능성을 염두에 둔 신중한 판단과 그리고 무엇보다도 대화가 요구된다. 회원간의 대화, 단체간의 대화, 중앙과 지방간의 대화, 직역간의 대화가 절실하다. 이러한 동의에 기초하여 산하 조직이 역할을 분담하고 전체적으로 팀을 이루어 투쟁해야 한다고 믿는다. 한 실례로 정신보건법 대책위원회가 그러한 직역간 팀워크을 잘 보여주고 있다. 그런 연후에 학회가 대표성을 가지고 단결된 힘을 바탕으로 다른 단체나 정신보건정책에 관여하는 조직과 대화에 나서야 할 것이다.

회원 여러분의 깊은 이해가 있으시기 바라마지 않는다.

(신경정신의학보 이사장 편지)

07.

정신건강 관련 봉사자들과의 연대

우리 사회에는 의사 이외에도 사람의 건강이나 안녕, 행복에 관심을 가지고 있는 사람들이 많다. 특히 정신적 건강에 대해서는 종교인, 사상가, 교사, 정치인 등은 말할 것도 없고 언론인, 법조인, 기업가, 예술가, 연예인들도 관심을 갖는 것은 당연하다. 물론, 간호사, 심리학자, 사회사업가들은 직접 정신건강 관련 직업에 종사하고 있다.

그 중에서도 정신과 의사들은 환자들의 문제에 직접 책임을 가지고 모든 관련 전문지식을 동원하여 도와주고 있다. 정신과 의사는 한 개인 환자의 신체적, 정신적, 사회적 문제를 깊이 파악하고 진단하여 각각에 가장 적절하다고 판단되는 치료를 시행하거나 또는 관련 전문가들에게 의뢰한다. 그리하여 정신과 의사는 관련 전문가들과 팀을 이루어 일한다.

정신과 의사는 이 팀의 리더로써 치료가 잘 이루어지게 하기 위해 팀의 협조를 잘 얻을 수 있어야 하는 중요한 책임을 갖는다. 이에 정신과 의사의 리더쉽이 성공적 치료의 전제 조건이 된다.

정신과 의사는 환자의 성공적 치료를 위해 정신건강 전문가들과의 협력만을 생각해서는 아직도 충분치 않다. 앞서 말한 대로 이 사회에는 인간의 건강과 행복을 생각하는 많은 사람들이 있다. 법조인, 언론인, 종교인, 예술가 등등. 정신과 의사는 이들과도 연대할 수 있어야 한다. 앞서 열거한 여러 사람들에게 정신건강에 대한 중요성과 정신과 의사의 역할을 이해시키고, 공동능력에 얼마나 많은 사람들을 참여시키는가 하는 것은 우리 정신과의사의 각성과 역량에 달려 있다.

그 모든 사람들에게 사회의 정신건강을 위해 공동 노력할 수 있도록 설득해야 할 의무가 우리 정신과의사에게 있다. 이를 위해 학회 차원의 노력도 있어야 하나, 또한 회원 개인 개인의 노력이 학회 차원의 노력과 잘 통합되어야 최대의 성과를 거둘 수 있을 것이다.

(신경정신의학보, 이사장 편지)

08.

몽골에서의 7일

그것은 정말 색다른 경험이었다. 울란바토르 공항에 내렸을 때 보인 우리 일행들의 첫 반응은 맑고 높은 하늘과 깨끗한 공기 그리고 광활한 초원의 광경으로부터 오는 탄성이었다. 이후 국립의대 농장이나 국립공원 방문 때 다시 본 그 광활한 초원의 풍경 그리고 먼지를 일으키며 질풍같이 달리는 말 등 새삼 그 감탄은 이어졌다. 다음에 받은 강한 인상은, 어느 정도 예상은 했던 터이나 몽골인들의 얼굴 모습이 우리들과 너무 닮았다는 것이다. 거리에서나 국립의대 교수들과의 세미나, 그리고 마을 진료봉사 때 만난 사람들 한 사람 한 사람은 우리나라의 내가 아는 누구와 꼭 닮았다는 느낌이었다.

아이들이 웃는 모습, 아픈 데를 이야기하는 할아버지, 가사 일이나 자녀문제로 '스트레스' 받은 아주머니, 모두가 우리와 비슷하고 그래서 친밀감을 금방 느낄 수 있었다. 몽골이 한때 공산주의 국가였고, 지금도 전체 분위기가 경색되어 있고, 또 아직 가난한 것은 사실이나, 나는 생전 처음 가 본 나라임에도 불구하고 곧 친숙하고 편안한 마음을 가질 수 있었다.

물론 우리를 맞아준 연세친선병원의 전의철원장님이나 서원석교수와 우리학교에 다녀갔던 몽골의대 교수 몇 분들의 따뜻한 환영도 그런 친밀감을 더해줬다. 그래도 첫 날 저녁부터 전통양식의 겔(몽골식 이동식 천막주택)로 된 식당에서의 환영연과 이후 계속 이어진 대학농장에서의 양고기 바비큐파티, 무작정 마유주(馬乳酒)를 권하는 인정어린 태도 등 그들의 환대만큼 우리들의 마음을 푸근하게 해 준 것도 없다.

광활한 자연과 푸근함 – 전혀 색다른 경험
의료통한 기독선교가 가장 큰 성과 '뿌듯'

전에도 오셨던 분들의 말에서도 알 수 있었듯이 이번 방문시 몽골의대 교수들의 세미나 준비가 상당히 치밀했고 배우고자 하는 열의는 대단했다. 오히려 우리 쪽에서 다소 안이하지 않았나 생각될 정도였다. 그리고 징기스칸의 후예답게 그들이 민족적 자존심을 유지하고자 하는 노력도 또한 높이 평가할 수 있었다.

봉사하겠다는 우리들의 자세가, 무척 조심하자고 다짐했음에도 불구하고, 혹시나 오만스럽게 비쳐지지 않았을까 걱정된다. 그들은 한국방문 교류가 더욱 확대되기를 매우 바라고 있었는데 섣부른 약속은 삼갔지만, 내심 그렇게 되기를 진심으로 원했다.

몽골에서 기독교를 전파하고자 하는 노력이 여러 나라로부터 온 선교사들에 의해 다방면(의료, 농업, 교회개척 등)에서 펼쳐지고 있었는데, 그중에서도 우리나라 선교사들의 활동이 가장 규모도 크고 활발하여 성과도 크다는 것을 알고 매우 기쁘고 감사했다. 또한 우리 연세친선병원이 그 중에서도 훌륭한 시설과 높은 기술, 그리고 기독교 사랑의 봉사정신으로 선교사역을 조용한 가운데서도 내실 있게 전개하고 있음을 보고 크게 감명을 받았다. 연세친선병원이 계속 선교사역을 감당하기 위해서는 계속 좋은 의료기술과 신앙으로 무장된 의료선교사가 파견되어야 겠다는데 모두들 의견이 일치되었다.

몽골은 오랫동안 공산주의의 추위 속에서 웅크리고 있다가 여름 날씨 같이 갑자기 개방을 하고 있는데, 예상과 같이 모든 국민들의 생활양식이 혼란스러워지고, 그리고 무엇보다도 정신적으로 그리고 영적으로 공허해지고 있는 것으로 보였다. 그들은 분명 도움이 필요하다는 것, 그리고 같은 얼굴 모습을 가진 우리가 가장 잘 도와줄 수 있다고 확신을 가지게 되었다.

그래서 우리 의료원의 의료를 통한 기독교 선교는 가장 적절하고 큰 성과가 기대되는 사업이라고 믿게 되었다. 우리가 100여 년 전에 은혜를 입었듯이 이제는 우리가 보답해야 한다.

끝으로 전의철원장님 사모님께서 그 어려운 형편에도 불구하고 자상한 손길로 우리를 대접해 주신 녹두죽 맛을 빌어 한마디 더 보탠다.

몽골에서 일하는 우리 모든 선생님들의 사모님들의 희생과 봉사도 우리가 잊어서는 안 될 것이다. 그들 모두에게 하나님의 은총이 같이 하시기를 기도한다.

(연세의료원 소식 1995년 8월 14일)

09.

꿩 잡는게 매

얼마 전 정신과에서 우리나라 전래의 무속에 대한 연구로 유명한 경희대 서정범교수를 모시고 '무속을 통해 본 한국인의 심성' 에 대해 강연회를 가졌다. 서교수는 우리의 무속에 스며있는 한국 사람들의 질병관 그리고 인생의 고통에 대한 구원의 희망과 그 치유효과에 대해 말씀하기를 원하는 듯 했으나, 현대과학을 공부하는 의사들 앞이라 말을 신중히 하려고 하셨다. 그러나 필자가 '꿩 잡는 게 매' 라는 말이 있듯이 무엇이든 원하시는 대로 말씀하시라고 했더니, 그렇다면 좋다면서 당신의 여러 가지 의견을 솔직히 말씀하셨다.

무속 또는 샤머니즘은 옛날 사람들이 나름대로 세상을 해석하고 인생에 도움이 될 것으로 추리한 하나의 문제해결 방법이라 볼 수 있다. 이런 원시적인 무속이 현대과학이 발달했다는 지금의 한국사회에서 우리가 모르는 사이에 유행을 타고 번지고 있다. 우리의사들이나 과학하는 사람들이 어떻게 했길래, 질병과 고통 중에 있는 다수의 사람들이 우리를 믿지 못하고 새삼 '무식한' 원시인들의 방법에 의지하려고 하는가. 우리가 과학의 이름으로 행세는 하고 있으나 진정으로 사람에게 필요한 도움을 주고 있는가 하는 것을 반성하게 된다.

"꿩 잡는 게 매"라는 속담이 이 경우 적절한 비유이다. 매가 아무리 날쌔고, 부리가 날카롭고, 눈이 매섭고, 위풍당당해도, 꿩을 사냥하지 못한다면 그 매는 더 이상 매가 아니다. 마찬가지로 병원을 멋지게 지어 놓고, 온갖 첨단장비를 갖추고, 매년 수십 편의 논물을 써내는 교수님들이 계시더라도, 또는 의사선생들이 높은 지위에 있고 매스컴도 많이 타고 위풍당당 할 뿐 아니라 만면에 미소를 띄고 친절하게 환자를 돌본다고 해도, 병을 고치지 못하거나 환자의 몸과 마음의 고통을 덜어주지 못한다면 그것은 의사도 아니고 병원도 아니다. 꿩을 잡을 수 있어야 비로소 매니까.

의사가 병을 고칠 수만 있다면, 의사가 너무 바빠 시간을 많이 못 내어도, 외모가 그리 멋지지 않아도, 잘 웃지도 않고 무뚝뚝하고 다소 권위적이라도, 환자는 크게 상관하지 않을 것이다.

환자는 병을 고치기 원하며 의사도 이 일에 최우선을 두어야 한다. 이러한 의미에서 연구도 임상연구가 최종적인 연구이며, 의대생 교육도 여기에 초점이 맞추어져야 한다. 그리고 병원의 모든 의료서비스도 의사의 치료능력발휘를 보장하는 방향으로 조직되어야 한다. 꿩을 잡아야 매니까.

(연세의료원소식 1996년 3월 25일)

01.

의학적 방법, 사회적 방법

학문에 방법론(方法論)이 있듯이, 무슨 일이든 방법이 중요하다. 정치가에는 정치적 방법이, 군인에게는 전술과 전략이, 목회자에게는 기독교적 방법이 있다. 물론 의사에게는 의학적 방법이 있다. 의학적 방법은 병을 고치는 방법으로, 인류 역사상 히포크라테스와 데카르트를 거치며 가장 오랜 기간에 걸쳐 발달해 왔다. 현대 사회의 문제를 해결하는 데도 이 방법을 응용할 수 있을 것이다.

의사는 우선 정확한 진단을 위해 과거 병력, 가족력, 개인 과거력 조사 등 여러 '역사'를 짚는다. 마찬가지로 현재 한 · 일간 갈등을 해결하기 위해서는 과거부터 현재까지의 역사적 과정을 연구해야 함은 자명하다. 또한 어떤 병에서 세균이 원인이라면 염증은 병리현상이고, 열이 나는 것은 증상이다. 이 경우 치료를 위해 세균에 대해서는 항생제를, 염증에는 소염제를, 발열에는 해열제를 처방한다. 사회문제에 비추어 보면 자살은 증상이고, 그 병리는 우울현상이며, 그 원인은 분노라고 할 수 있다. 따라서 자살을 근본적으로 막으려면 사회는 사람들의 분노를 치유해야 한다. 경과와 예후는 병이 어떻게 진행되어 나갈 것인가에 대한 연구인데 비유하자면 노사갈등을 해결하려 할 때 장기적 전망까지도 보아야 한다는 것을 시사한다.

사회적 문제 해결에 치료라는 방법을 대입해 볼 수 있다. 치료에는 소위 뿌리를 뽑는 근본적 치료도 있고, 수술을 포기하고 덮어 버리는 봉합 수준도 있다. 그리고 병은 제대로 수술했다고 해도 부작용이나 합병증으로 환자가 죽어 버리면 안 된다. 마찬가지로 부동산 정책이 집값을 안정시키기보다 오히려 집값을 올리면 안 될 것이다. 또한 예방의학에 비추어 보면 서둘러 남북통일을 모색하기보다 통일 후 제기될 여러 문제들을 사전에 막는 것이 필요하다.

의학적 방법의 요체는 '증거에 기초한 의료' 라는 말로 대변된다. 즉 어떤 병이 시간이 지나면서 저절로 나은 것이 아니라, 어떤 약을 먹어서 나았다는 증거가 있어야, 향후 그 약을 쓸 수 있다. 그 대표적 증명방법이 '이중맹 검증' 이다. 이는 무작위적으로 선별된 똑같은 조건의 두 집단에 대해 한 쪽에는 연구하고자 하는 약을, 다른 집단에는 똑같이 생긴 가짜 약(플라시보)을 주어 환자 자신이 무슨 약을 먹는지 모르는 상태에서 역시 아무것도 모르는 제3자가 효과를 평가하게 하여 실제 약과 가짜 약 사이에 치료 효과가 다르다는 것을 통계학적으로 증명하는 것이다. 이 방법을 사회적 문제해결에 그대로 적용하자면 시범사업을 통해 효과를 검증해 보는 것이다. 최소한 실패라는 것이 입증된 정책을 다시 사용하는 것은 곤란하다.

또 중요한 것은 연구방법에 대한 윤리적 검증이다. 예를 들어 연구에 참여하는 사람에게 모든 연구 내용과 위험성과 잠재적인 사회적 이익에 대한 정보를 알려주고 허락을 받아야한다. 병원윤리위원회는 이 과정을 거친 연구계획서만을 승인한다.

또 하나의 특징은 모든 의학적 연구는 첫 환자의 발견에서 시작된다는 것이다. 개인이 모여 사회를 이루듯 개인의 문제는 사회현상에 반영되며 사회의 문제는 그 구성원인 개인에게 영향을 준다. 즉 한 사람에 대한 깊이 있는 연구가 사회전체를 이해하는 데 많은 도움이 될 수 있다는 것이다.

그러나 의사는 항상 성공적이지는 못하다. 특히 응급 시나 에이즈 같이 새로운 질환이 발견될 때 당황하기 쉽다. 이 경우에는 최대한 지식을 동원하고 경험을 바탕으로 최선의 방법을 동원해 일단 생명을 구하여야 한다. 이런 데서 사회가 위기에 빠졌을 때 바람직한 지도자의 역할을 그려볼 수 있다.

요컨대 의학적 방법론이 사회적 방법론과 크게 다르지 않다. 모든 문제 해결을 위한 방법이란 결국 진리와 최선을 위한 것이기 때문이다. 요즈음 우리 사회가 병들었다고 말들을 많이 한다. 나라 안팎에 많은 문제가 나타나고 있다. 마치 당뇨병환자가 위암수술을 받는 중에 혈압이 급상승하는 상태와 같이 동시 다발로 여기저기 문제가 터지고 있다. 유능한 의사가 여러 분야의 전문 의료진과 팀을 이루어 침착하게 환자의 생명을 살리는 것과 같이 사회 지도자들도 팀워크를 이루어 우리 사회의 문제를 효율적으로 해결해 나가기를 기대한다.

(국민일보 2005년 7월 8일)

02.

히스토리 테이킹(History Taking)

의사가 정확한 진단과 치료를 위해 맨 먼저 하는 일이 히스토리 테이킹(病歷조사)이다. 병력조사는 병력이라는 말이 들어있어 그렇지 결국 개인의 역사에 대한 조사이다. 개인질병의 역사든, 국가의 역사든, 역사 연구는 , 과거의 되어온 일을 잘 알아내어 앞으로 어떻게 해야 할 것인가를 알아내고자 하는 것 아닐까?

마찬가지로 지금 우리 의료원이 앞으로 잘 되려면, 지난 역사를 검토하여, 어디가 잘 되었는지 또는 어디가 잘못 되었는지 그 연유를 밝혀, 잘된 것이 있으면 이를 더욱 발전시키고, 잘못된 것이 있으면 같은 역사가 되풀이 되지 않도록 해야 한다. 온고지신(溫故知新), 즉 지난 일의 되어진 연유를 곰곰이 생각함으로 새로운 것을 알게 되는 것이다. 과거의 경험으로부터 배울 수 없다면, 미래의 발전은 기대하기 어렵다.

창립120주년 기념행사를 앞두고 있는 지금, 우리 의료원 식구들은 '과거' 에 대해서는 자긍심을 충분히 느끼지만, 현재와 특히 '장래' 에 대해는 걱정을 많이 한다. 우리는 과연 과거에 그랬듯이 앞으로도 한국의 지도력 대학병원으로 남아있을 수 있을런지, 우리의 희망처럼 과연 세계적인 기관으로 발돋움할 수 있을런지.

과거의 사소한 생활습관이 지금의 동맥경화증을 일으키고 나중에 회복불능의 뇌졸중에 이르고 마는 경우와 비슷하게, 현재 우리가 걱정하는 문제점이 있다면 이것이 발전되어 결국 우리를 낙후하게 만들 것이다. 건강이나 질병에 있어, 개인의 역사나 사회조직의 역사가 다를 바 없다고 보는 것이 소위 일반체계이론 또는 의학의 생물-정신-사회적 이론이다. 요즘 여기에 영적(靈的) 요소도 포함시키자는 의견도 있다.

그런 점에서 우리 의료원은 현재 건강한가? 우리도 모르는 사이에 과거의 관행으로 쌓여온 동맥경화증에 걸려있지 않은가? 이대로 두다가는 뇌졸중에 걸리지 않을까? 우리 의료원은 구조적으로 건강하며, 정신적으로 건강하며, 사회적으로도 건강하며, 영적(靈的)으로도 건강한가? 이것을 알기 위해서 우리는 우선적으로 병력조사를 해 보아야 한다.

세브란스 120년의 역사에서, 높은 사기와 열정으로 발전에 발전을 거듭한 시절도 있었고, 내 · 외의 압력에 힘들어 한 적도 있었다. 120년의 영광스러운 과거를 찬양하기 위해서만 역사를 연구하는 것은, 마치 우리의 있을지도 모르는 환부를 그대로 덮어두어 나중에 큰 병으로 발전하게 하는 우(愚)를 범하게 하는 것이다. 우리 의사들이 매일 하는 히스토리 테이킹의 원리를 의료원에도 적용하여 의료원을 건강하게 유지해야 한다. 의료원은 기관 자체 뿐 아니라, 이미 우리 개개인의 신체적, 정신적, 사회적 그리고 영적 삶의 일부이기도 하기 때문이다.

의료원 역사연구에 모든 의료원 가족들이 관심을 가져 주기 바라는 마음 간절하다.

(연세의료원소식 2005년 4월 11일)

03.

개개인의 건강한 자아형성을

현대인의 병든 자아는 유행에 민감한 반응을 보인다. 그러면서도 한편으로는 '이것이 전부가 아닌데' 하는 회의를 하기도 한다.

사실 '성공적' 이라는 말에는 양면성을 띄고 있어서 선뜻 '성공적 인간관계' 라는 말에 당혹감을 느낀다. 인간적 성공과 하나님 편에서 보는 성공에 차이점이 있을 것이라는 생각 때문이다.

그리고 이것은 현대 산업사회에서 관심을 끄는 용어들 중의 하나인데 과연 어떻게 하는 것이 성공적인 인간관계인가?

여러 사람과 긴밀한 관계를 맺어 서로 도우고 밀어주어 같이 출세하고, 같이 돈을 벌고, 서로 칭송하는 인간관계, 이것이 바로 성공적 관계일 것이다. 아마도 사회에 첫발을 내딛는 젊은이들에게 선배들이 들려주는 첫 충고가 바로 이 '인간관계' 에 관한 것일 것이다. 출세와 존경, 그리고 인정받음은 바로 이 성공적 인간관계의 증거들이다.

그렇다면 예수님께서 보이신 고독한 모습, 뭇 사람들에게 모욕당하심, 끝내는 죽임까지 당하심은 인간관계의 실패일까? 예수님께서 구원의 도리와 사랑을 전파하시기 위해 헤롯왕이나 대제사장들과 미소를 띄우며 담합하는 모습은 상상조차 할 수 없다.

결국 이 말은 모든 사람과 원만한 관계를 맺을 수도 없고 그래서도 안된다는 말이다. 관계를 맺지 않는 것이 때로는 성공적일 수가 있다.

인생에 있어서 '사람' 자체보다 사람들 사이의 '관계맺음'을 중시한다는 관점은 참으로 옳다. '나'를 살리느냐, '관계'를 살리느냐 하는 문제를 매우 미묘한 역학을 이룬다. 희생, 명분, 강요, 비굴, 양보, 체면 등의 이중적인 말들이 여기에서 파생된다. 왜 이중적이란 말을 쓰느냐 하면 흔히, 비굴이 양보로 가장되고, 명분이 희생을 강요하는 데에 사용되기 때문이다. 그래서 속임수가 성공하고, 고귀한 침묵은 끝내 잊혀져 버려 실패로 끝나고 만다.

'나'를 또는 '자아'를 내세운다는 말에도 여러 뜻이 있어서 매우 조심스럽다. 왜냐하면 어떤 분들은 희생을 높이 평가하고, 어떤 분들은 자기를 내세워야 한다고 말한다. 결국 범인(凡人)들은 갈피를 잡지 못한다. 그런 점에서 자아가 뚜렷해야 한다는 말 속에도 함정이 있다.

소위 성공적인 관계를 맺어 서로 잘되기를 기대하는 관계를 '공생관계'(共生關係)라 부르고자 한다. 그래도 공생 관계는 상호 이익보고자 하는 바가 공평하다. 주는 것만큼 받기 때문에 공정한 점도 있다. 그러나 한쪽이 강하게 보이고 다른 한쪽이 보다 열등한 상태에서는 기생관계(寄生關係)가 형성된다. 한쪽은 착취하고, 다른 한쪽은 비굴한 노예가 된다. 노예와 주인은 모두 내심 '나는 이 정도면 성공했다'고 자위할지도 모른다. 그러나 그것은 탐욕과 비굴 사이의 야합이라는 인간관계이다. 그들의 자아는 상처받고 있는 것이다.

전혀 관계라는 것을 맺지 않겠다는 태도도 있다. 관계란 주고받음을 전제로 하기 때문에 그는 줄 것도 받을 것도 없다고 생각한다. 단지 현재 갖고 있는 것만이 중요하다고 믿는다. 이 하늘 아래는 결코 새것이 없다는 태도이다. 변화, 교환, 교류, 공유를 부인한다느니, 인연을 끊는다느니, 속세를 떠난다느니 하는 태도도 나올 수 있다. 이는 상당히 미화되거나 영웅시되기도 한다. 타인은 아예 무시되기 때문에 '천상천하 유아독존'의 상태이다.

어쨌든 이런 무아(無我)의 상태를 우리는 일생에 한번쯤은 경험한다. 바로 어머니 뱃속에 있을 때나 신생아 때이다. 따라서 공생관계는 무아상태와 공통적인 데가 있다. 한마디로 말하면 공생관계는 자기를 포기하는 것과 같으며 무아상태라는 것도 역시 자아가 없는 것이다.

현대의 허상(虛像)적인 인간관계의 성공을 보자. 그것은 남을 따라하는 것이다. 유행되는 멋진 옷을 입고, 기타를 배우고, 인기가수의 사진을 나눠 갖고, 유행되는 죠크를 많이 알고, 짐짓 화를 낼 줄도 아는 멋진 화술과 첨단 기기를 사용하고 최신의 사회사상을 익힌다. 모든 것을 이해하며, 어떤 변화에도 타협할 수 있다는 관용을 가진다. 그러나 그러한 성공 위에도 역시 자아의 포기가 있다. 그의 환한 미소는 자아의 빈곤함, 주체성의 결여를 감추기 위한 것이다. 그는 자기를 포기했다는 자책감에 쫓긴다.

마음 깊이 어디엔가 자리잡고 있는 진정한 자기, 세속적 욕망과 체면 때문에 억눌려 있는 진짜 자아가 '이것만은 아닌데?' 하는 의문을 끊임없이 불러일으킨다. 부평초같이 세파에 적응하느라 정신이 없었기 때문에 성공해도 뭔가 잘못한 것 같고 모자란 느낌이다. 이런 '성공적 관계'는 스트레스를 누적시키고 결국은 술, 돈, 가구, 옷, 자동차, 음식 등에 집착한다.

자기를 포기하지 않고서 성공적 인간관계를 갖기는 어렵다. 그러나 예수님은 자기를 포기하고서도 궁극적인 승리를 얻을 수 있음을 직접 보이셨다. 우리의 자아는 무아지경인 태아, 욕심 많고 비굴한 소아, 유행을 따르는 청소년 시절, 그 밖의 여러 단계를 거쳐서 성숙해 간다.

건강한 자아란 이와 같이 현재의 시점에서 볼 것이 아니라 오랜 시간을 두고 지켜보아야 한다. 십자가에 못 박혀 고통당하시던 예수님이 그 고통 속에서도 옆에 있는 죄인의 간구를 들으시고 응답하시지 않았는가. 우리는 성공적 대인관계를 예수님의 행적에서 찾아야 한다.

(신앙계 1985년 11월호)

04.

운동과 대화

30 · 40대 직장인은 가장 활발한 활동을 하는 연령층으로 가정과 사회에서 중요한 위치에 있다. 체력은 떨어지기 시작하는데 역할을 종류도 많아지고 양적으로도 늘어난다.

대개 직장에서 오는 스트레스는 인간관계에서 오는 스트레스이다. 상관이나 부하 또는 동료가 괴팍한 성격을 가지고 있거나, 독재적이거나, '의심증' 등이 있거나 하면 누구나 스트레스를 받기 쉽다.

거대한 조직 안에서 기계적으로 움직이는 자신이 하나의 부속품이나 소모품이 아닌가 하는 두려움도 매우 심각한 스트레스 요인이 된다. 특히 많은 직장인이 승진에 관련해서 큰 스트레스를 받는데 이는 30 · 40대 남성에서 최고에 이른다.

개인이 자극을 어떻게 받아들이는가 하는 감수성도 문제이다. 사람에 따라서 사소한 자극에도 크게 동요되는데 이때 큰 스트레스를 겪게 되는 것이다. 흔히 예민한 성격이라 부르는 성격 특징이 그것이다.

그러나 스트레스가 모두 부정적인 것은 아니다. 예민한 성격도 잘 다스리고 훈련하면 매우 훌륭한 능력을 키울 수 있는 잠재력이 크다. 인간의 성숙에는 어느 정도 고통이 필요하다는 것은 잘 알려진 사실이다. 다만 스트레스가 지나치게 쌓이지 않게 하는 일을 권할 수 있는 것이다. 이때 흔히 권장되는 것이 운동과 대화이다. 운동경기를 구경하는 것보다 실제 운동에 참여하는 것이 더 낫다는 것은 두말할 필요가 없다. 이밖에 여행, 휴식 등이 좋다. 요점은 잡생각 없이 편안하게 쉬라는 것이다.

많은 전문가들은 스트레스 받은 현장에서 해당되는 사람과 직접 솔직히 대화를 하라고 권한다. 그러나 잊지 말아야 할 것은 어떤 사람이 자신의 스트레스를 푼다고 다른 사람에게 뭐라고 하면 이제 그 사람이 스트레스를 받는 결과가 된다는 것이다. 그리고 갖가지 문제가 인생에서 피할 수 없다는 것을 인정하고 현실을 똑바로 보고 그에 따른 자신의 감정반응을 있는 그대로 인식하는 것이 스트레스 해소에 중요하다.

30 · 40대 직장인들뿐 아니라 모든 사람들이 편히 쉬고, 대화하고 그리고 격려 받는 곳은 뭐니해도 가정이다. 서로 사랑하는 가족이야 말로 정신건강의 원천이다.

(한겨레 1996년 10월 30일)

05.

절주에 대하여

‘술 한 잔’ 유혹에 중독상태 이르면
신체 · 정신적 후유증 인생 망쳐

우리나라의 알코올중독자 수가 세계적인 수준이라고 하면 놀랄 것이다. 그러나 국내 주류 판매량과 수입량 규모를 알고, 술에 대해 관대한 우리 문화를 생각하면 그리 놀랄 일도 아니다. 가령 사무실에서 사무적으로 처리할 일을 「술한잔」대접하면서 「인간적」으로 해결하려는 사회관습이 음주를 합리화하는 요인의 하나이다. 지난해 말 송년회 때 「인간적」이라는 족쇄 때문에 술을 많이 마신 사람들은 피곤 무력감등의 후유증을 지금도 기억할 것이다. 「인생이 뭐 그런거지」 하는 자포자기적 변명을 하거나, 광대노릇을 한 것 같아 씁쓸한 느낌이 든 사람도 있었을 것이다. 어느 애주가 부인의 푸념처럼 쓴 술이 뭐가 좋다고 그리 마시는가.

그것은 술이 주는 「다행감」이라는 매력 때문이다. 술은 뇌에 작용하는 신경안정제 또는 히로뽕과 같은 향정신성 물질의 하나이다. 술은

「생각하는 기관」, 즉 뇌를 마비시킴으로써 즐겁고 행복한 「착각」을 제공한다. 이 착각이 계속 술을 마시게 하는 것이다.

그러나 술을 마신 후에는 신체적 정신적 후유증이라는 문제가 배신자처럼 찾아온다. 술은 당장 간 위장 췌장 뇌등에 악영향을 미친다. 술 마신 날 밤에 흔히 겪는 구토 복통 피로감 기억상실증등은 그 즉각적인 후유증이다.

장기적으로 술을 많이 마시면 신체쇠약, 간경화, 뇌손상에 의한 치매 등이 올 수 있다. 정신적으로는 총기가 없어지고, 무책임해지며, 일의 능률이 떨어진다. 성격이 거칠고 난폭해지기도 한다. 일단 술에 중독되면 끊기가 어렵다. 한 번 알코올중독자라는 이름을 얻으면 사회에서도 배척당하게 된다. 「포도주를 약간 마시면 오히려 건강에 좋다」는 따위의 유혹도 있으나 여기에 넘어가선 안된다. 술은 술을 부르고, 결국 인생을 망치게 된다. 또 술은 담배를 부르기 마련이다. 술과 담배는 건강을 해치는 사악한 동반자이다.

따라서 올해에는 단연코 술을 끊거나 줄여 건강과 가정을 지키도록 하자. 쾌락 뒤에는 복수의 여신이 도사리고 있음을 반드시 기억하자. 절제는 반드시 보상을 받는다. 이 말은 의학적으로도 진실이다.

(한국일보 1997년 1월 16일)

06.

'열심히 한 수험생'

이 땅의 젊은이들을 볼 때, 가장 안쓰러운 것을 것 중 하나는, 사춘기 즉 가장 아름다워야 할 청춘시절에 시험공부에 시달린다는 사실이다. 그 이유는 아마도 우리의 문화유산의 하나인 사람은 배워야 한다는 전통적 교육열 때문일 것이다. 그래서 우리는 과거 나라가 어려웠을 때에도 좋은 인재들을 길러내는 일을 게을리 하지 않았고, 지금도 입시열기라는 현상을 중심으로 이어지고 있다.

어쨌든 인생에서 힘든 고비는 때를 따라 닥아 오는 법. 지금까지 열심히 공부해 왔기 때문에, 인제 그 실력을 충분히 발휘해야 할 일만 남았다. 이제 수험생들에게 필요한 것은 불안한 마음을 진정시키고 침착해야 한다는 것이다.

지금이라도 어떻게 하는 것이 그들을 돕는 것일까. 우선 부모나 선생님들, 또는 주변의 어른들이 수험생들에게 다음과 같은 말을 분명히 해주거나, 또한 그러한 가치관이 확고하다는 사실을 태도로서 보여 줄 필요가 있다.

첫째, 인생에는 힘든 고비가 몇 차례 있기 마련이다. 월드컵에서 끔을 이루기 위해서 연습하고 또 연습하여, 예선, 결선 등 숱한 관문을 통과해야 하는 것과 같다. 사람은 누구나 고통을 피하고, 쉽고 편한 것을 원한다. 그러나 그러다 보면 성숙할 기회를 놓친다. 성숙이란 고난을 통해 이루어진다는 것은 인류 공통의 경험이자 지혜이다. 공부나 그 공부의 결과에 대한 시험은, 힘든 것이기는 하지만, 당당히 받아들여야 할 하나의 고비이다.

둘째, 위기를 당했을 때, 눈을 똑바로 뜨고 직시하면 위기를 이겨낼 수 있다. 공포는 그 대상을 파악하게 되면 사라진다. 호랑이에 물려가도 정신을 차리면 살아 날 수 있다는 이치와 같다. 공포나 불안은 그 대상에 대해 모를 때, 회피하려고만 할 때, 악화된다. 연구에 의하면, 무서워서 가슴이 뛰는 것이라기보다, 가슴이 뛰기 때문에 무서워진다는 이론이 널리 받아들여지고 있다. 태도가 침착하면 공포는 느껴지지 않는다.

셋째, 시험에 대한 불안은, 운동시합이나 경연대회 등 모든 평가에서 그러하듯이, 실패에 대한 두려움 때문이다. 특히 많은 학생들이 수능에 실패하면 끝장이라고 생각하는 경향이 있다. 그러나 입시는 끝장의 문제가 결코 아니다. 현재의 입시는, 오르기도 하고 내려가기도 하는 충분히 긴 인생의 과정에서, 중간 평가 중의 하나일 뿐이다. 중간 점검은, 문제점을 수정 보완할 수 있기 때문에, 환영할 필요가 있다.

다음으로 필자가 정신과 의사이니 만큼, 입시를 앞둔 수험생들에게 몇 가지 기술적인 것을 방법을 조언하고자 한다. 자고 깨고 먹는 것을 평소처럼 규칙적으로 유지할 것, 커피, 안정제(수면제)등은 피할 것, 시험장에 미리 가 보고 분위기에 익숙해지도록 할 것, 시험 전날은 충분히 자둘 것, 당일 아침에 식사는 가볍게 할 것, 내내 조용한 마음을 유지할 것, 식구들과도 가볍고 간단한 대화만 할 것, 준비물은 미리 전날 준비하여 당일 아침 부산스럽지 않도록 할 것, 수험장에 미리 일찍 도착해 둘 것, 시험장에서도 친구들과도 대화를 적게 하고 가상문제에 대해 토론하지 말 것, 특히 수험장 주변의 소란스러움에 대해 묵살할 것, 등등이다.

만일 현장에서 불안해 진다면 응급으로 조처할 만한 기술은 다음과 같다. 심호흡을 몇 차례 해 볼 것, 주먹을 얼마간 꽉 쥐었다 풀면서 온몸의 힘을 빼는 행동을 수차례 해 볼 것, 마음속에 좋아하는 산과 호수 같은 평화로운 장면을 그려볼 것, 실패한 경험보다 성공했던 자랑스러웠던 경험을 기억해 볼 것, 문제를 읽고 답하는 구체적 과정을 미리 마음에 상상해 볼 것, 나는 잘 해왔고 앞으로도 잘 할 것이라는 다짐을 해 볼 것 등이다.

우리 젊은이들이 결과가 어떠하든, 이 시험이라는 도전을 침착하게 잘 극복하고, 인생에서 더욱 성숙해 져 가기를 기원한다.

(경향신문 2003년 11월 4일)

07.

쉬지 못하는 것도 병이다

쉬지 못하는 것도 병이다.

정신과에는 'A형 성격' 이란 용어가 있는데, 이런 성격의 사람은 일을 열심히 완벽하게, 심지어는 공격적으로 하려는 사람이다. 당연히 경재사회에서 사업에 성공한 사람에게 많지만, 이들에게는 고혈압과 심장병이 유독 많다. 일중독에 빠지는 것은 곧 인생을 편식(偏食)하는 것과 같다. 편식하면 신체에 병이 생기듯이, 일중독자도 고혈압, 위장병, 우울증, 강박증, 등 스트레스와 관련된 질병이 생기기 쉽다. 즉 스트레스 호르몬의 대표적인 부신피질 호르몬이 심장 박동을 빠르게 하고 말초혈관을 수축해 고혈압이나 심근경색 등의 질병을 일으킨다.

일을 핑계로 식사를 거르는 일이 잦다 보니 자연히 소화기계통 질병이 많이 나타난다. 특히 스트레스 호르몬은 위액의 분비를 촉진해 위염과 위궤양의 발생률을 높인다. 자신의 모든 가치를 일에서만 찾으려 하기 때문에 일이 없어지면 존재 자체를 허무하게 느끼는 등 우울증에 빠지기도 쉽다.

그러므로 일하고 쉬는 것은 당연하다. 밤낮은 공연히 있는 것이 아니다. 인간은 자연에 순응하여 낮에는 깨어 일하고, 밤에는 쉰다. 각성과 이완은 생명 현상이다. 일은 각성을 필요하며 교감신경계가 작동한다. 쉴 때는 각성시 소모된 에너지를 보충해야 하므로 부교감신경계가 작동한다. 이 밤낮의 리듬을 잘 타야 생명이 건강하게 유지된다. 밤에는 자는 잠은 최고의 휴식이다. 잠을 자야 꿈을 꾸고 꿈을 꿔야 님을 보지 않겠는가. '꿈꾸는 휴식' 은 생명 유지에 필수 불가결한 요소이다.

자연에 순응하는 삶이 건강한 삶이다. 건강해야 진정한 창의(創意)가 나오고 일에도 효율성과 생산성이 높아진다. 일중독은 휴식을 거부하기 때문에 조만간 능률이 떨어지고 건강마저 해치게 된다. 그러므로 일에서만 보람과 기쁨을 얻는 사람은 앞으로 건강을 위해 즐기는 방법을 개발해야 한다.

(세계일보 2004년 12월 3일)

Chapter 5 **편견을 넘어서 희망을**

01.
精神疾患과 사회의 책임

정신과 의사로서 흔히 겪는 곤혹은 환자나 가족들이 정신과 진찰실 앞에서 대기하다가 아는 사람을 만날까 두려워 멀리 서 있거나 심지어 치료를 포기해 버리기도 한다는 것을 알게 되는 것이다. 여러 가지 곡절이 있겠지만 여하 정신질환은 사회에서 특이한 취급을 받고 있다. 인간존재를 정신과 육체로 나누듯이 정신이 얼마나 중요한가에 대해서는 충분히 인식하면서도, 정신병이라는 문제가 대두되면 대체로 뭔가 골치 아픈 일로서 회피적이 된다.

역사적으로 볼 때 원시시대나 그리스 같은 고대문명사회에서는 오히려 정신질환은 신탁을 전하는 임무를 가졌다거나 하는 이유로 일부나마 존중받기까지 했고, 치료도 역시 현대적 관점에서는 매우 휴매니스틱 했다. 우리나라에서도 옛날에는 정신질환자가 마을에서 내 쫓기기보다 매우 동정적인 대접을 받았다.

그러나 수위 암흑시대에 이르러 정신병자는 귀신들린 자들이라 하여 저주되고 기피되며 부당한 학대를 받았다. 이러한 불행한 시대에 생겨났던 편견이 아직도 현대에도 남아 있는데 이것은 동서양을 막론하고 우리가 꼭 극복해야 할 문제이다. 왜냐하면 그들도 우리의 모두와 꼭 같이 살고 있는 세계의 일원이며 다른 질병으로 고통 받는 수많은 환자들 중 일부이기 때문이다.

우리나라에서도 전염병, 암, 소아마비 등 신체장애자, 심장병, 결핵, 나병, 성병과 같은 질병에 대해서 의료인은 물론 매스콤, 종교인, 정치인 등 모두 관심과 지원을 표명하는 가운데 유독 정신질환문제만이 아직도 전체적으로 보아 소외당하고 있다.

질병이 퇴치되어야 한다는 것은 그것이 자타에 고통을 주고 결국 죽음에 이르게 한다는데 있다. 정신질환은 어떤가. 병든 정신이나 절망이나 증오와 같은 부정적 감정이 얼마나 자타에 고통을 주고 결국 죽음으로 몰고 가는 비수와 같음을 잘 아는 사람이 드문 형편이다. 위장병, 두통, 고혈압 등 많은 신체질병에 소위 스트레스다 또는 신경성이다 하여 심리적 요인이 중요하다는 것은 내심 인정하고 또 처방에도 신경안정제를 흔히 포함시키면서도, 그 치료에 정신의학적 방법을 실제로 요청하는 경우가 드문 것도 인식부족보다는 문제회피의 경향 때문이라고 본다. 문제를 뒷방에 가두어 놓기만 한다면 더욱 썩어가기만 할뿐이다.

수많은 정신질환 전문가들은 정신질환이 잘못된 인간관계 또는 잘못된 사회의 희생물임을 잘 밝히고 있다. 소위 이기적이고 배짱 좋게 설치는 주변사람들이 억세고 부당하게 휘두르는 감정에 치이고 멍든 결과가 노이로제 (신경증), 성격장애, 그리고 정신병들인 것이다. 부정적 감정은 전염병과 같아 금방 사회전체에 풍미하게 된다. 많은 지식인들이 현대사회인 특징의 격심한 경쟁, 소외, 공격적 행동 등을 크게 우려하는 이유가 여기에 있는 것이다.

한 가지 예로서, 소위 고3병이라는 증후군을 생각해 보자 공부 잘해 출세하라는 압박감과, 능력의 한계에 대한 자각과, 주위의 환락적 분위기에 따라 놀고 싶은 욕구 사이에서 어쩔 줄 모르게 되어 공부도 안 되고 놀지도 못해 멍해질 수밖에 없을 뿐 아니라, 있는 능력도 발휘하지 못하게 된다. 이러한 학생더러 어찌 너만 못난 놈이라고 비난만을 할 수 있겠는가. 그러나 대개의 부모나 교사나 사회는 그 학생만을 구박하여 자신들의 책임을 회피하고자 한다. 사람들이 아무리 정신질환이 그 개인의 불행한 인격의 결함 때문이라고 탓하고 싶어도, 그것은 그가 속한 사회의 산물임에 틀림없다. 그래서 사회의 개개인 모두 치료에 책임을 나누어 가져야 한다.

현재 우리 사회에서는 정신질환자가 사회에 깜짝 놀랠 사건을 저지르면 그때서야 매스콤 등에서 전문가가 무슨 논평을 하고 근본적 대책을 세워야 한다고 떠들썩하지만 곧 슬그머니 모두의 기억에서 사라져 버린다. 그 결과 많은 환자들이 낙인찍히고 사회의 어두운 뒷방 구석으로 내몰려지고 감금되고 아무도 관심 갖지 않는 존재가 된다. 결국일부 사악한 사람들의 비인간적인 손에 떠맡겨지게 된다.

이러한 소문은 더욱 정신질환에 대한 공포와 오해를 낳게 한다. 그래서 환자가 조기 발견과 조기치료 또는 재활치료에 의해 충분히 사회적으로 공헌할 수 있는 일꾼이 될 수 있음에도 불구하고 병을 숨기느라 애쓰다가 더 심한 파국을 초래하고 마는 것을 볼 때 안타깝기 그지없다. 여기에는 물론 지금까지 정신과 의사들의 대사회관계에 있어 직접적으로 무능함에도 원인이 있을 것이고 국민의 일선건강을 맡고 있는 의료계 전반의 이기적인 경향에도 책임이 있다고 본다. 오래된 편견이란 하루아침에 없어지지 않는다는 것은 이해할 수 있다. 그리고 이사회에 정신질환 대책이외에도 할일이 많은 것은 알고 있다.

그러나 일에는 우선순위가 있고 또 누구든 자기가 하는 일이 제일 중요하다고 하겠지만, 정신건강문제야 말로 너무 오랫동안 뒷전에 밀려나 다른 분야에 비해 큰 불균형을 이루고 있어 기회가 있는 대로 이것부터 호소하지 않을 수 없다.

째, 우선 요청되는 것은 정신질환치료에 일부 다른 만성질환에서처럼 의료보험수혜기간이 현행 6개월에서 더 이상 연장되어야 한다.

둘째, 신경정신과학회에서 오래전부터 제안하고 있는 정신보건법이 제정되어야 한다고 믿는다. 경험 있는 일선 정신과 의사들의 의견이 탁상공론보다도 아마도 우리 현실에 더 적합할 것이다. 또한 법안에서 제안된 대로 대책을 담당하는 국가적 차원의 지속적 전달기구가 설립되어야 한다.

셋째, 모든 병원에서 정신과가 설치될 뿐 아니라 그 장식적인 기능을 벗어나 실제로 활발히 기능하도록 지원되어야 한다.

넷째, 대학교교과과정에 정신의학과 행동과학의 강의와 실습이 보다 확대되어야 하며 의사국가고시에서의 비중은 다시 옛날만큼은 커져야 한다.

끝으로 결국은 의과대학, 병원, 그리고 사회전반에서 재정적 투자가 필요한데 이것이 간단하지 않음은 잘 알고 있다.

현재 많은 국공립정신병원이 세워지고 있고 요양소도 점차 양성화되고 있으나, 문제는 이 모든 시설들이 궁극적으로 부끄럽지 않는 병원수준으로 육성되어야 하는데 있다. 문제는 돈인데 아마도 개인들에 맡기기 보다는 공공투자로서 수행되어야할 것이다. 이런 말을 감히 하는 것은 전술한대로, 정신질환은 환자 개인의 잘못으로 생기는 것이 아니고 따라서 그 자신이나 가족만이 책임질 병이 아니라고 믿기 때문이다. 모든 사회가 그 책임을 나누어 가져야 한다. 더욱이 역사적으로 볼 때 비인간적 대우를 해온데 대해 같은 인간으로서 부끄러움을 느끼고 보상해야 한다는 책임감마저 느끼기 때문이다.

(의협신문 1984년 6월 14일)

02.

편견을 넘어서 희망을

정신보건 가족 여러분, 안녕하십니까?

우리 정신과 의사들은 금년도 4월 4일 정신건강의 날 표어를 "편견을 넘어서 희망을, 중독을 벗어나 자유를"이라고 정하고 각종 행사를 하고 있습니다. 세계보건기구(WHO)도 2001년을 정신건강의 해로 정하고 표어를 "소외는 이제 그만, 적극적으로 보살피자"로 정하고 있습니다. 이 모두 정신장애자에 대한 차별과 따돌림을 그만하고 따뜻한 관심과 치료와 돌봄을 제공하고 더불어 사는 사회를 이룩하자는 뜻입니다.

이러한 너무나 당연한 목소리를 새삼 매년 되풀이해서 말하고 매스콤을 통해 발표하는 이유가 무엇입니까? 우리사회에 정신장애에 대한 편견과 오해, 선입견, 낙인찍음 등 불행한 일들이 여전히 비일비재 일어나고 있기 때문입니다. 예를 들어 자살이나 범죄 관련된 사람이 과거 정신과 치료를 받은 적이 있다면, 신문에 유난스럽게 다루어지기 마련입니다. 그런 기사를 볼 때마다 우리 정신과 의사들은 가슴이 철렁합니다. 그 기사를 보고 수많은 환자들과 그 가족들의 마음 아파하는 모습이 눈에 선하기 때문입니다.

암이나 고혈압 같은 병에 걸리면 집을 팔아서라도 사람을 살려야 한다고 하지만, 청소년이 우울증으로 죽고 싶다고 말하면 부모는 마음 잘 먹으라고 야단만 치기 일수입니다. 사람이 죽는다거나 일을 못하게 된다는 점에서는 우울증이 암이나 교통사고 보다 더 무서운 병이라는 사실을 직시해야 합니다. 또한 암과 고혈압, 당뇨병, 사고 등도 결국 정신건강 문제가 원인이라는 것이 최근 과학적 연구결과들이 밝히고 있기도 합니다.

이렇게 정신건강문제가 사회에서 중요함에도 불구하고 이에 대한 사회적 투자가 적은 이유는 편견, 오해 즉 스티그마(烙印) 때문입니다. 이러한 편견에 의해 고통 받는 사람은 정신장애자 뿐만은 아닙니다. 그 가족은 물론, 그들을 돌보는 사람들도 편견에 의해 사기가 꺽기고 있습니다. 정신의학도 의학이나 학문의 세계 안에서 편견의 대상이 되기도 합니다. 예를 들어 종합병원의 정신과는 저 구석에 있기 마련이라던가, 고혈압이나 암 같은 질병에 대해서는 많은 액수의 연구비가 당연하다고 생각하나, 정신장애에 대한 연구비는 그렇지 않다던가 하는 것입니다.

이 사회에 편견문제가 어찌 정신장애에 대한 것뿐이겠습니까? 신체장애자, 빈민, 노숙자, 동성연애자, 등등에 대한 것은 말할 것도 없으며, 외국인, 유색인, 외국인 노동자, 북한사람(탈북자) 등에 대한 편견을 보면 우리 한국 사람들이 상당히 편견이 많은 사람들 같습니다. 널리 여성이나 어린이들에 대한 편견, 그리고 종교, 신념, 출신지역에 따른 편견도 적지 않습니다.

편견이 심한 사회는 결코 건강한 사회가 될 수 없습니다. 정신의학 이론에 의하면, 편견은 자신의 결함을 감추기 위해 이를 남의 탓으로 투사한 결과입니다. 따라서 편견이 심할수록 마음속 깊이에는 열등감,

죄의식, 증오, 공포가 많은 것입니다. 그래서 편견을 가진 사람들은 편가르기 하기 쉽습니다. 그런 집단은 사회 전체에 해독을 뿌립니다. 그리고 그 피해는 선량한 사람들의 몫입니다.

요즘 사회 개혁이 우리 모두의 화두가 되고 있습니다. 사회의 모든 병폐를 개혁하기 위해 거창한 구상을 하기보다, 또는 식탁에서 열렬한 비난하기에 몰두하기 보다, 바로 이웃에 있는 정신장애자에게 따뜻한 시선을 옮기는 "개인의 작은 개혁"부터 시작해 보는 것이 어떨가 희망해 봅니다. 최소한 자신에게 편견이 있음을 인정하고 겸손하고 상대를 배려하는 예의라도 갖추면 좋겠습니다. 조금 더 노력하여 장애자를 적극적으로 돌보는 실행에까지 이르면 더욱 좋을 것입니다.

정신보건을 걱정하는 가족 여러분!

우리 한국사회가 편견을 넘어서 모든 소외된 사람들도 희방을 가지고 더불어 살 수 있는 사회가 되기 위해 다 같이 노력합시다.

(정신보건가족협회 2000년도 기념식 치사)

03.
고통을 이기는 방법

저는 정신과 의사로서 평소 진찰실에서 말못할 고민으로 인해 신체적으로나 정신적으로 고통받는 사람들을 많이 보아오고 있습니다. 그 결과는 흔히 우울증, 불안증, 신체화장애라는 정신건강문제로 나타나고 있습니다.

불행한 것은 그러한 문제가 하나의 정신의학적 장애인데도 그것을 모르고 치료시기를 놓치고 더 심한 상태로 빠져드는 경우가 많다는 것입니다. 이러한 고통은 하나의 정신의학적 장애이며 이는 의학적으로 치료할 수 있다는 것을 잘 아셔야 합니다. 쉽게 말해 고통을 덜고 거기서 벗어날 수 있다는 것입니다. 정신적 고통도 정신의학적 방법으로, 즉 정신치료(상담)이나 약으로 치료할 수 있습니다.

혈우병을 가진 환우는 물론 그 가족들, 특히 어머니들은 혈우병으로 인하여 큰 정신적 고통을 겪고 있는 줄 알고 있습니다. 제가 혈우재단에서 몇 분의 어머니들과 만나 말씀을 들어보고 서로 이야기도 나누어 본적이 있습니다. 많은 어머니들이 겉으로는 태연한 척 아무런 문제도 없는 듯 심지어 웃으면서 열심히 치료받으러 다니고 있으나, 오랜 기간의 투병생활과 정신적 어려움, 경제적 부담, 그리고 여러 가지 죄책감 등으로 고통 받고 있음을 알게 되었습니다. 어머니들은 대개 우울증이나 불안을 당연한 것으로 받아들이고 그냥 참고 견디거나, 자신의 나쁜 성격 탓으로 돌리거나, 운명이나 팔자로 받아들이거나, 자신 탓으로 보고 불필요한 죄책감까지 가지고 더욱 괴로워하고 있었습니다. 저는 안타까운 마음을 금할 수 없었습니다. 누군가 도와줄 사람이 없는가 하고 말입니다.

스스로 이겨내든, 친구나 가족이 도와주든, 전문적 치료를 받든, 정신적 고통을 이기는 방법은 원천적으로 공통적입니다.

우선 고통스러운 상황을 있는 그대로 받아드리는 것입니다. 안그런 척 부인하려는 마음은 엉뚱한 문제를 만들어 낼 수 있습니다. 이런 부인하는 태도는 환우나 주변 사람들로부터 무감각하다, 무신경하다는 오해를 불러일으킬 수도 있고, 스스로 할 수 없는 일을 계획하거나 시도하게 합니다. 심하면 자신은 아무 문제도 없다고 하면서 다른 사람의 도움이나 치료를 기피하고 거부하기도 하게 됩니다.

다음, 고통스러운 느낌을 과장하지 않도록 하는 것입니다. 예민한 사람, 다른 일로 이미 불행하다고 느끼고 있던 사람은 조금 아프거나 조금 슬퍼도 몹시 아프거나 몹시 불행하다고 느낍니다. 어린아이가 넘어져 무릎이 깨졌을 때, 어떤 아이는 울지 않고 혼자 쓱 닦고 그냥 가는데, 어떤 아이는 아프다고 막 울면서 피 좀 보라고 엄마를 찾기도 합니다. 이러한 차이는 고통에 대한 예민한 정신상태 때문입니다. 이 예민한 정신 상태는 타고난 것일 수도 있으나 대개 "과거의 불행한 경험" 때문입니다. "지금의 병" 때문이 아닙니다.

그러므로 문제를 정확히 파악하고 현실적으로 대책을 세워야 합니다. 물론 처음 혈우병이라는 진단을 받게 되면 감정적으로 충격을 받겠지만, 대개 시간이 지나면서 고통은 줄어들게 마련입니다. 이러한 고통의 감소는 자연의 치유능력, 또는 신께서 인간에게 주신 선물입니다. 우리는 이러한 치유능력을 감사하게 받아들여야 합니다.

문제를 정확히 파악하고 현실적 대책을 세운다는 것은 무엇이겠습니까? 이는 의사의 설명을 정확히 이해해야 한다는 것입니다. "아는 것이 힘"이라 했듯이, 지식은 고통을 이기는 아주 훌륭한 무기입니다. 잘 이해가 되지 않으면 의사에게 물어야 합니다. 그리고 병에 대해 여러 가지 방면에서 공부를 할 필요가 있습니다. 요즘은 건강에 대해 공부할 기회가, 책이니, 방송이니, 강연이니, 인터넷이니 하면서 여러 가지 마련되어 있습니다.

지식이 풍부하면 할수록 현실적이고 적절한 대책을 세울 수 있습니다. 현실적이고 적절한 대책을 위해서는 어려 도움이 될만한 사람들과 많이 대화하는 것이 필요합니다. 대화를 통해 지식도 얻고 다양한 방안을 마련할 수 있습니다.

"대화"야 말로 지식과 방법 뿐 아니라 위로도 얻고 자신감과 용기, 그리고 희망도 얻을 수 있는 좋은 방법입니다. 환우와도 가능한 한 많은 대화를 할 필요가 있습니다. 의사와도 대화할수록 도움이 됩니다. 가족과도 대화할수록 가족간 유대와 사랑이 증가합니다. 이웃과 친구들과 대화할수록 지지 받음을 느낄 수 있습니다. 그리고 무엇보다도 같은 처지에 있는 사람들 즉 환우 가족들과 대화할수록 위로와 용기뿐 아니라, 다른 사람들의 귀중한 경험을 얻을 수 있습니다. 이는 아마도 가장 큰 도움이 되는 일일 것입니다.

이러한 대화의 논리는 다른 가족들에게도 적용되는 것입니다. 특히 아버지들은 대화에 노력해야 합니다. 남자들은 대개 무뚝뚝하여 마음에 있어도 표현하지 않는 경우가 많은데 이런 태도는 누구를 위해서도 도움이 되지 않습니다. 아버지와 어머니가 대화를 통해 고통을 나눌 때 세상의 어떤 고통도 이겨낼 수 있습니다.

그리고 세상도 변하여 현대사회는 고통을 공개할 때, 이해의 따뜻한 박수를 보낼 줄 압니다. 살다보면 누구나 한두 가지 질병, 한두 가지 고민이 있게 마련이고 또 대부분 잘 이겨내고 있습니다. 이를 이기는 방법은 받아드림, 정확한 지식에 기초한 적절한 대책, 그리고 대화입니다. 이를 위해서는 투병에 대해 긍정적 태도와 신념을 가져야 하겠습니다.

대개 많은 사람들은 선(善)하여 누군가를 도울 태세가 되어 있습니다. 그들로 하여금 도울 기회를 주면 기꺼이 누군가를 도울 것입니다. 혈우재단이 바로 그런 취지로 설립된 기구가 아니겠습니까?

여러분 힘과 용기를 내시기 바랍니다.

(코헴 2001년 38호)

04.

우리 스스로 서로 돕자

정신과의사로 오래 일하다보니, 정신장애가 왜 생기는지에 대한 막연하나마 하나의 견해를 가지게 되었다. 간단히 말해, 인생에서 혼자라는 생각에서 정신장애가 생긴다는 것이다. 아무도 나에게 관심이 없다, 어려운 일이 있어도 도와줄 사람이 없다, 누군가 날 도와준다고 해도 믿을 수 없다, 등등. 그래서 혼자서 무언가를 해보려고 노력하다가 지치고, 상처받고, 화가 나고, 그러면서 점점 더 사람과 사회로부터 멀어지고, 결국 모든 것을 잃어버린 버린 느낌이 든다. 그 결과 두려움이 생기고, 절망감이 생기고, 갈등과 오해가 생겨난다. 즉 불안장애, 우울증, 정신분열병 등이 생기는 것이다. 그리고 병이 심해지면 죽고 싶어진다.

이 모든 상실과 불안과 절망과 갈등과 오해를 무효화 할 수 있는 것이 바로 사랑이다. 사랑이란 무엇인가? 가장 우리가 쉽게 알 수 있는 사랑은 어머니의 사랑이다. 어머니의 사랑의 핵심은 돌봄과 자기희생이다. 그러므로 아무리 힘든 사람이라 하더라도, 어머니가 베풀어 주는 사랑과 같은 사랑을 베풀어 주면 새로운 힘이 생긴다. 즉 누군가가 돌보아 주고, 그 사랑이 희생적이라면, 불안도 우울증도 정신분열병도 자살도 결코 일어나지 않을 것이다. 또 정신장애가 생겨도 잘 나을 것이다.

그러면 불안하고 우울한 사람, 오해가 많은 사람, 죽고 싶은 마음이 있는 사람에게, 누구가 그런 사랑을 베풀어 줄 수 있을까? 그것은 가족과 친구들이다. 가족은 당연히 도와 줄 것이다. 그러나 가족도 힘이 부칠 때가 있는 것도 사실이다. 물론 의사, 간호사, 복지사, 상담가 등 전문가들이 있으나, 시간이 많지 않고, 비용도 든다.

그 다음 방법은 스스로 돕는 것이다. 스스로 돕는다는 것은 무엇인가? 그것은 같은 어려움에 있는 사람들 끼리 서로 사랑을 베푸는 것이다. 같은 어려움에 처해 있다는 것은 같은 병원에 다니는 사람이라 할 수 있다. 같은 처지에 있으니까, 어떤 어려움을 겪고 있는지 서로 잘 안다. 그러므로 서로 도와주기가 쉽고 또 서로 도울 기회도 많다. 그러니 당연히 서로 도와야 한다. 누군가 나를 도와주기만을 기다리다 원망하기보다, 스스로 돕는 방법을 찾아보는 것이 어떨까? 돕는다는 것은 사랑을 베푸는 것이다.

세브란스 낮 병원에 다니는 환우들은 이와 같이 스스로 돕는 사림이 되었으면 좋겠다. 그냥 병원에 와서 같이 어울리다 헤어지는 것이 아니고, 서로 사랑하는 것이다. 그 사랑은 마음으로만 하는 것이 아니라, 어머니가 하듯 실제로 관심을 가져주고, 서로 이야기를 들어주고, 이해해 주고, 같이 시간을 보내고, 건강을 돌보아 주는 것이다. 그리고 약간은 희생적으로 돕는 것이다. 희생적이란, 내가 약간 손해를 보아도 부탁을 들어준다거나 하는 것이다. 성경에서도 말하듯이 친구가 5리를 가자고 하면 10리도 같이 가주는 그런 사랑을 주는 것이다. 가장 위대한 희생적 사랑은 예수님의 사랑이라 할 수 있다. 예수님처럼 하지는 못해도, 이런 사랑을 누구한테 바라기보다 내가 먼저 해주는 것이다 오래 동안 병으로 고생하다 보면, 환우들은 이 세상에서 아무도 나를 사랑하지 않는다고 생각하기 쉽다. 사실 그럴지도 모른다. 그러나 아무리 그래도 가족들이 날 사랑하는 것은 사실이다. 여기에다 우리가 서로를 돌본다면, 우리가 누리는 사랑은 더욱 커진다. 그렇다면 이 세상에 사랑은 결코 부족하지 않아진다. 베푸는 것이 사랑받는 것이다. 우리 스스로 서로 사랑하고 서로 돕자.

(세브란스 낮 병원 행사)

05.

마음의 주인

누가복음 11장 24-26절

더러운 귀신이 사람에게서 나갔을 때에 물 없는 곳으로 다니며 쉬기를 구하되 얻지 못하고 이에 이르되 내가 나온 내 집으로 돌아가리라 하고 가서 보니 그 집이 청소되고 수리되었거늘 이에 가서 저보다 더 악한 귀신 일곱을 데리고 들어가서 거하니 그 사람의 나중 형편이 전보다 더 심하게 되느니라

본문에 대한 음미

평소 사람의 마음 또는 영혼이 한 귀신에 의해 사로잡혀 있다가 어떤 계기 –투쟁이건, 갈등상태이건, 우연히든, – 로 귀신이 물러나게 되면 그 결과 그의 마음이 깨끗이 청소되고 비어 있게 됩니다. 이때 새로운 주인이 그 마음의 집을 차지하지 않으면 조만간 더 악한 귀신들이 떼거리로 몰려와 지배하게 되고 사태가 악화된다다는 것입니다.

여기서 귀신이란 우리 마음속의 죄(罪) 또는 악(惡)으로 볼 수 있습니다. 우리는 어떤 계기로 죄를 회개하고 악을 물리칠 수 있게 됩니다. 그러나 그 후 우리가 마음을 무주공산(無主空山)으로 비워 놓는다면, 즉 예수님을 우리 마음, 우리 영적 주인으로 영접하여 우리 마음. 우리 영혼의 주인으로 모시지 않으면, 조만간 죄나 악이 더 큰 규모로 우리를 지배하게 된다는 것입니다.

참으로 단순한 비유이지만 성경이 제시하는 통찰력은 놀랍지 않을 수 없다.

일상생활에서의 예

한 집안에서 가장 또는 남편이 술 먹고 폭력을 행사하고 바람을 많이 피우는 사람이라면, 그는 죄 많은 악한 귀신과 같은 존재입니다. 당연히 선량한 부인과 또는 가족 전체와 갈등과 대치, 내지 투쟁상태에 빠지게 될 것입니다. 어떤 계기로, 싸움 끝에 또는 지겨워서 스스로, 또는 방랑벽으로 가장이 집을 떠나게 된다면 온 나머지 가족은 이를 즐거워하며, 청소하고 새로 꾸미는 등등 집안을 깔끔하게 정리할 것이다. 집 떠난 악한 남편이 헤매고 다니다가 구차해져서 기대 반, 또는 어쩔 수 없이 집으로 돌아오게 됩니다. 와 보니 집안이 말끔히 정돈되어 보기에 매우 좋아 보입니다. 그래서 다시 집으로 다시 들어와 가장 노릇을 하고 싶어진다. 이때 악한 가장은 과거 전력 때문에 꿀리는 데가 있으므로 전과 다른 지배전략을 쓰려고 할 것이다. 그래서 대개 더 강하게 가족을 대하거나, 떼거리들의 동조를 얻어 전체가족을 압도하려 할 것이다. 만일 남편이 집안 지배에 성공한다면 그 집안 사정은 전보다 더욱 나빠질 것을 명약관화 합니다.

또 하나의 예로서 알콜중독자가 일단 술을 끊으면 신체건강도 좋아지고 (간기능, 영양상태 등) 정신도 맑아집니다. 그러나 진짜 중독자는 이렇게 건강해 졌다는 핑계로 마음 놓고 또 술을 더 심하게 마셔서 더욱 구제불능의 길로 들어 서게 됩니다.

사회적인 예

저는 작년 본교 단기 의료선교방문단의 일원으로 몽골에 갔었습니다. 저의 눈에는 몽골은 공산. 사회주의 사상이 물러난 후 전화기에 처해있었는데, 몽골인들이나 사회 전체적으로 사상적 정신적 공허, 또는 영적 공허 상태에 빠져있다고 느껴졌습니다. 그래서 기독교선교가 더욱 절실하다고 생각했다. 과거 몽골사회나 사람들을 지배했던 신앙과도 같은 이데올로기가 더 이상 존재하지 않으니, 사람들은 새로운습니다. 이제 새로운 사상이 도입될 터인데, 이때 건전한 진실되고 올바른 정신이 도입되지 않으며, 우리는 이를 기독교 신앙으로 보고 있지만, 몽골사회는 온갖 새로운 악한 풍조가 밀려들어와 과거 공산주의 사회보다 더 나쁜 상태에 빠질 위험이 있습니다. 예를 들어 자본주의적인 이기주의, 황금만능사상, 무자비한 경쟁, 개방에 따른 무질서, 마약남용, 조직폭력 등등이 무차별 도입되어 사회가 큰 혼란에 빠질 것입니다.

유사한 예를 우리는 지금 소련에서도고 있습니다.

그리고 우리가 크게 걱정하는 바는 북한입니다. 유일사상이며 종교에 가까운 김일성 주체사상이 조만간 북한에서 밀려나게 될 터인데, 그 빈집에 진정한 사상, 우리는 이를 기독교신앙으로 생각하지만, 그 자리를 채우지 못하면 북한사회도 꼭 같은 혼란에 빠져 그 나중 형편이 그 전보다 못할 가능성이 있습니다. 언제일지 모르나 그 넓은 김일성 광장이 깨끗이 비어있는 광경과 그 곳에 온갖 잡상인들, 마약중독자들, 폭력배들, 매춘부들이 우글대는 장면을 상상해 보면 그 문제점을 이해할 수 있습니다. 이는 참으로 우리 민족을 위해서는 큰 재난인 것입니다.

우리 남한에서는 일제식민지배라는 귀신이 물러간 후 우리가 정신을 차리지 못한 사이 그 자리를 온갖 잡다한 악들이 그 빈자리를 메꾼 것을 상기할 수 있습니다. 한 독재자가 제거된 후 진정한 민주정부가 들어서지 못했을 때, 그 다음 더 심한 독재자가 집단으로 나타나나다는 교훈을 우리는 갖고 있습니다.

사회 조직내에서도 우리는 이 같은 많은 예를 볼 수 있습니다. 전임의 장이 어떤 불의한 일로 물러나 소위 무주공산이 되면 그 자리를 노리고 더 많은 악의를 가진 사람들이 벌떼처럼 달려드는 것을 볼 수 있습니다.

요즘 '세기말 현상이다'라는 말이 있지만,우리사회에 귀신론(鬼神論)이 새삼 붐을 이루고 있는 것은 결코 우연이 아니며, 따라서 모든 기독교인들이 영적인 빈집과 같은 우리사회의 위기적 세태를 잘 파악하여야 합니다.

개인의 경우

본문의 교훈은 우리가 죄를 반성하거나 회개하는 것만으로는 충분치 않다는 것입니다. 마음을 청소하고 정돈하는 것 까지는 좋으나 계속 비어 놓기만 하면 오히려 더 많은 귀신의 지배를 받을 위험이 있다는 경고입니다. 따라서 반성이나 회개 후에 우리는 새로운 주인을 빨리 모시어 들어야 합니다. 이 새로운 주인은 우리 구주 예수님이다. 예수님께서 우리 마음의 주인이 되지 않으며 우리 마음은 조만간 더 큰 귀신들의 지배를 받을 수 있습니다.

교훈

우리나라가 지금 한창 개혁을 통해 구악을 청산하려고 하고 있으나 그 대신 새로운 가치, 새로운 원칙, 새로운 질서, 새로운 원리, 새로운 참된 신앙을 가지는데 실패한다면 우리사회는 더 심한 혼란 상태로 빠져들 것입니다.

우리 연세의료원도 당면하고 있는 가치관적, 윤리적인, 정신적인 문제들이 많습니다. 기독교정신의 퇴색, 봉사정신의 퇴색, 배금주의, 세속주의, 파벌주의, 출세주의, 무사안일주의 등을 반성해야 합니다. 그리고 끊임없이 문제들을 파악하고 이 파악된 문제들을 제거해 나가야 합니다. 그러나 무엇보다도 중요한 것은 우리 의료원의 정신에 진실된 기독교정신, 예수님의 마음을 주인으로 모시지 않으면 안된다는 것입니다. 문제를 반성하고 제거하되, 비워 놓기만 한다면, 조만간 더 큰 어려움이 닥칠 줄 모릅니다.

결어

예수님을 우리의 주인으로 모신다면 우리는 실제로 어떻게 해야 하는가? ① 하나의 예는 우리가 무슨 행동이나 판단을 해야 할 때 스스로 자문해 보는 것입니다. 예수님이라면 이 경우 어떻게 하실까? 예수님이라면 어떻게 하실까에 대해서는 우리는 여러 가지 경로로 그 해답을 알 수 있습니다. ② 또한 성령은 그 열매를 보아 그 역사하심을 알 수 있다고 하신바, 우리의 판단 행동이 어떤 결과를 가져오는가 하는 것을 보아 우리의 판단과 행동을 더욱 교정해 나갈 수 있습니다.

반성해 보는 것, 욕심을 비우고 마음을 정리하는 것도 쉽지는 않습니다 그러나 그것만으로 부족하다는 것을 성경은 교훈하고 있습니다. 우리는 수동적으로 악을 몰아내는 것 뿐 아니라 적극적으로 능동적으로 예수님을 영접하여 들이고 우리의 마음의 주인이 되게 하여 우리를 지배하고 우리에게 명령하시도록 해야 합니다. 우리가 예수님을 확실히 주인으로 모시지 않으면 우리의 나중 형편이 더욱 나빠지게 될 것임을 성경이 가르치고 있기 때문입니다.

기도 :

사랑의 하나님.

이 아침에 주님께서 주신 귀한 교훈, 우리가 죄를 반성하더라도 주님을 우리 마음의 주인으로 모셔 들이지 않으면 더 큰 죄악에 빠질 위험이 있다는 교훈을 주신 것을 감사합니다. 우리가 평생토록 주님께서 우리 마음의 주인으로 오시어서 우리를 지배하시고 우리의 모든 행동을 통제하고 인도하여 주시기를 예수님의 이름으로 간절히 기도합니다.

(연세의대 학생채플)

PART 3.

희망의 남북통일

01. 南北 교류 醫療분야부터
02. '보통사람들'의 統一준비
03. 統一은 사람부터
04. 탈북자 문제의 핵심
05. 통일의 미래세대-북한의 어린이
06. 한국의 미래세대와 안보
07. 통일한국을 위한 정신과 의사의 공헌
08. 통일과 남한 젊은이

01.

南北 교류 醫療분야부터

금년에도 우여곡절이 많을 것으로 예상되지만, 남북간의 인적, 물적 교류는 점차 확대될 것으로 기대된다. 현실 여건과 제약 등을 고려할 때, 어떤 분야의 교류를 먼저 하는 것이 좋은가?

많은 사람들이 정치, 경제, 군사 그리고 나아가 관광, 학술교류 등을 주로 거론하고 있다. 이산가족의 상봉의 확대나 교수와 학생교류 같은 계획도 이미 추진 또는 시행되고 있다.

상호 갈등요소 가장 적어

그러나 이러한 교류를 이루는데 이념의 차이, 체제의 차이, 문화의 차이를 극복하기가 쉽지 않다는 것이 지금까지의 경험이다. 또한 최근에 불거지고 있는 남남 갈등도 문제이다.

이러한 현실과 경험에 비추어 볼 때 남북의 이해와 통합을 이루는 수단의 하나로 의료부문의 교류를 우선 순위에 넣는 것이 좋지 않을까 하는 생각을 하게 된다. 의료는 사람의 건강과 안녕을 직접 다루므로 인간적 차원, 그리고 인도주의적 차원에서 최우선이 되어야 한다는데 이론의 여지가 없기 때문이다.

먹고사는 문제가 해결된다면, 다음에는 병으로 인한 고통에서 벗어날 수 있는가 하는 것이 중요한 문제가 된다. 건강이란 이제 단순히 질병의 고통에서 자유롭다는 차원이 아니다. 세계보건기구의 정의에 따르면, 건강은 신체적, 정신적 및 사회적 안녕 상태이다. 건강에는 신체적 고통 이외에도 정신적 스트레스, 불안, 우울증 등 정신적 고통에서도 자유롭다는 의미가 포함된다. 우리가 남북교류와 통일사회를 이루자는 것은 다 같이 행복하게 살고자 하는 것이므로, 행복의 기반이 되는 건강문제는 핵심의 하나이다.

지금까지의 대북 정책에 비판적인 생각을 가지고 있었던 사람들도 이렇게 인도적 차원에서 추진되는 의료교류에 대하여는 반대할 이유가 없기 때문에 남남 갈등과 같은 문제도 일으키지 않을 것이다.

그러나 불행히도 많은 사람들이 건강문제는 시급한 일이 아니라고 생각하는 듯 하다. 필자는 남북의료교류에 있어서 국제보건기구가 지적하는 사회적 안녕이나 정신적 건강문제는 나중으로 미루더라도, 최소한 신체적 질병에 대한 지식과 기술의 교류는 반드시 필요하다고 보며 앞으로 남북간에 교류가 더 확대된다면 의료교류가 최우선이 되어야 한다고 생각한다.

듣기로는 북한에서는 서양의학 뿐 아니라, 동의(東醫)라 하여 나름대로의 의학을 발전시켜 왔다고 한다. 특히 민간요법, 즉 요즘 남한에서 관심의 대상이 되고 있는 "대체의학"도 상당히 발전되었다는 것이다. 그리고 이러한 의학의 기초가 되는 연구도 상당하다고 듣고 있다.

따라서 남한의 의학도 북한과의 교류를 통해 배울 수 있는 것이 많지 않을까 생각한다. 전 국민을 대상으로 한 북한식 의료의 국가보장제도의 경험과 남한과는 다른 북한의 의학교육제도가 참고가 될 것으로 생각한다.

현실적으로도 간염, 결핵, 휴전선 일대에서 번지고 있는 유행성 출혈열, 말라리아 등 남한과 북한이 모두 갖고 있는 문제의 질병들에 대해 효율적으로 공동 대처하는 일이 중요하다. 질병의 전파에는 인위적인 국경이나 휴전선은 별 장애가 되지 않기 때문이다.

疾病 공동대처 최우선 돼야

남북 간 점진적인 교류의 확대가 예상되는 이 시점에, 필자는 의사로서, 그리고 통일을 연구하는 사람의 하나로서 남북간의 의료교류야 말로, 이념, 제제, 분화 등 모든 차이를 뛰어넘는, 가장 적절하고 시의에 맞는 교류 방안이라고 생각한다. 그리고 건강이 사람의 기본권리이자 행복에 중요하다는 사실과 그리고 질병은 기다려 주지 않는다는 사실을 생각하면, 이러한 교류와 협력은 빠를수록 좋다고 믿는다.

(조선일보 2001년 1월 11일)

02.

'보통사람들'의 統一준비

요즘 북한이 개방되는 징후들이 많이 나타나고 있다. 더 두고 보아야 한다는 신중론도 있으나 오랜 노력의 결실이라고 볼 수 있어 기쁜 마음이다. 이제 당국자나 지도층 인사들의 접촉과 교류가 더욱 빈번해질 것이지만, 일반 '보통사람들'의 접촉이 확대되는 것도 피할 수 없을 것이다. 문제는 이런 남북의 보통 사람들의 만남이 우호적일 것인가 하는 것이다.

對北 선입견부터 버려야

정치인이나 지도층 인사들의 만남은 지금까지 그랬듯이 얼마든지 사전에 조정하고 외교적 언행을 신중히 잘 구사해 갈등의 소지를 충분히 줄일 수 있다. 예술인들은 순수한 정서를 잘 표현해 냄으로써 한 민족으로서의 사랑과 열정을 상대방에게 잘 전달할 수 있었다. 그러나 이러한 외교적 기술이나 예술적 표현에 익숙하지 못한 보통사람들은 대화의 능력에 한계가 있다. 그런 사람들의 대화가 얼마나 흔히 파괴적으로 흐르기 쉬운가 하는 것은 우리가 일상생활을 통해 잘 경험하고 있다.

남한 사람들이 어떤 사람들인가? 지난 50년간 가난과 독재치하에서 경제를 건설한 것도 대단한 일이지만, 한편 성급함이라든가 졸부라는 이미지가 있음을 우리는 잘 안다. 많은 외국인들이 외교적으로 한국인들의 장점에 대해 칭송하고 있으나, 우리는 과연 그렇게 훌륭한가? 할리우드 영화에서 한국인이 어떻게 그려지고 있는가에 대해 한국인들은 흥분하지만, 우리 자신이 우리를 진심으로 존경할 수 있는 선한 이웃으로서의 성품을 갖고 있는가? 통일과 관련해 필자는 지난 10여 년간 이런 남한사람들의 인간적 능력을, 남한 사회에서 탈북자들이 어떤 고충을 겪고 있는가를 연구함으로써 추정할 수 있다. 멀리 볼 것도 없이 망국적이라고 우리 스스로 평가하는 지역감정은 또 어떠한가? 결론은 남한의 보통사람들은 막연한 낙관적 기대감뿐, 인간적으로 현실적 통일에 충분히 준비돼 있지 못하다는 것이다.

북한 사람은 어떨까? 과연 그들은 우리에게 선한 이웃이 될 수 있을까? 막연히 동포로서 좋은 감정을 갖고 있으나, 정작 이웃으로서의 북한 사람은 어떨까? 또 그들은 남한 사람들을 어떻게 이해하고 있을까? 그런 점에서 우리는 과거 냉전시대에 각인됐던 선입견을 빼면 그들을 너무 모른다.

통일은 비유컨대 결혼과 같다고 본다. 연애할 때는 미사여구(美辭麗句)로 상대방의 마음을 사로잡으려고 한다. 하지만 막상 결혼해 생활로 들어서면 각각의 본색이 드러나기 쉽다. 사랑의 미사여구는 사라지고 현실생활의 언행이 대신하게 된다. 연애 때는 별 것 아닌 것이 이제는 이혼사유가 되기도 한다. 우습게도 지역감정이 결혼에 영향을 미친다는 것은 엄연한 우리의 현실이다. 잘 모르고 결혼하거나 속아서 결혼하면 평생 고생이고, 병이 되기 쉽다. 그런 점에서 지금까지 정부나 지도자들은 보통사람들에게 북한의 진정한 모습을 알려주었는가? 지금 TV

에 비치는 북한의 모습은 진실한가?

물론 결혼부터 해놓고, 살면서 서로를 알아갈 수도 있다. 그러나 우리는 통일 후 뜻밖에 남북 주민간에 인간적 불화가 생겨날 수 있다는 점에 대비해야 한다. 그것은 오해와 준비부족 때문일 것이다.

남북교류가 확대될 것으로 기대되는 마당에, 우리는 보통사람들의 이해수준과 대화능력을 걱정하지 않을 수 없다.

진솔한 '對話' 위해 기술연마

많은 사람들이 직업상, 사업 · 교류 · 관광 · 종교적 목적 등으로 북한의 보통사람들을 만나고자 할 것이다. 그들이 북한의 진실을 바로 이해하고 우호적으로 대화할 수 있도록 하는 교육이 필요하다. 대화의 기술도 기술이다. 기술은 배우고 연마해야 개선된다.

최고의 대화기술은 진실한 이해와 받아들임에 기초한다. 이러한 이해와 용납에는 물론 우리 자신에 대한 것도 포함된다. 이제 남북 간에는 진정한 이해와 대화와 만남과 용납을 위해 체면보다 상호간 진솔함을 생각해야 할 때가 됐다. 지도자들의 세련된 외교술과 열정과 체면 세워주기는 초기에는 필요하다.

그러나 장기적으로는 보통사람들이 서로 이해하고 현재 모습 그대로 서로 용납하는 것이 중요하다. 민심이 천심이라는 말을 우리는 기억해야 한다. 보통사람 한사람 한사람이 상호 진정한 인간적 모습을 이해하고 대화를 이어가는 기술을 배워야 한다. 이것이 남한의 보통사람들이 통일을 위해 준비해야 할 현실적 과제로 다가왔다.

(조선일보 2002년 9월 28일)

03.

統一은 사람부터

남북한 통일과정에서 국가 통일보다 더욱 중요한 것은 사람의 통일이다. 사람의 통일은 국가통일에 앞서 준비돼야 하고, 또 그 이후에도 상당 기간 지속돼야 할 과제다. 50년 넘게 분단된 남북한의 보통사람들이 서로 잘 어울려 산다는 것은 생각보다 쉬운 일이 아닐 것이다.

루마니아인들 '자유 부적응'

북한 주민들은 분명 우리와 같은 민족이고 같은 언어를 사용하지만, 사고방식 가치관 행동양식 등은 이미 판이하게 달라져 있음을 우리는 곳곳에서 확인하고 있다.

최근 통일연구를 위해 루마니아를 방문하고 많은걸 보고 느낄 수 있었다. 이 나라는 과거 동구권 중에서도 통제와 억압이 가장 심했고, 그 때문에 개혁의 과정도 매우 과격했다. 북한 김일성 통치 방식을 일부 도입하기도 했던 차우셰스쿠는 동구권 지도자중 유일하게 혁명과정에서 처형당했을 정도다.

과거 공산독재 체제의 폐해가 컸던 탓인지 이 나라는 개혁 후 10년이 지난 지금도 진정한 민주주의와 시장경제 체제를 제대로 정착시키지 못한 채 고통스런 학습의 과정을 밟고 있었다. 이 나라 지식인들은 사회발전을 가로막는 가장 큰 장애물로 아직도 과거의 굴레에서 벗어나지 못한 사람들의 사고방식을 꼽았다. 공산주의 시절의 어둡고 긴 그림자를 완전히 떨쳐내지 못한 채 많은 사람들은 그날그날을 수동적으로 살아가고 있다는 것이다. 자유와 시장경제가 주는 충격에 혼란스러워하면서 새로운 체제에 적응하지 못하고 있는 것이다. 아직도 상점의 점원은 옛날 버릇대로 거스름돈을 손님에게 휙 던지고 손님은 말없이 흩어진 돈을 주섬주섬 주워가기 일쑤다. 그래서 최근 문을 연 미국식 맥도날드햄버거 가게의 점원이 보여주는 친절은 그들에겐 하나의 충격이었다.

그들에게는 자발성, 자기주장, 개인주의는 여전히 익숙지 못하다. 경쟁이 너무 힘들어서인지 주어진 자유를 부담스러워할 뿐 아니라, 오히려 통제 속에서나마 완전고용 사회였던 시절에 향수를 느끼는 경우도 적지 않다는 것이다. 노동자들은 해고를 두려워하여 공기업이 민영화되는 것을 한사코 반대하고, 그래서 파업도 잦다.

대부분의 사람들은 여전히, 또는 더욱 가난한 상태에 있지만 일부 영악한 사람들은 기득권을 이용하고 밀수 등의 불법행위까지 저지르면서 벼락부자가 되기도 했다. 젊은이들도 온통 돈버는 일에만 관심이 쏠린다. 갑자기 얻어진 정치적 자유도 아직은 미성숙 상태라고 이 나라 학자들은 지적했다. 자유롭게 말할 수 있는 자유가 아무 말이나 해도 되는 방종으로 흐르기도 한다는 것이다. 계층간 집단간, 그리고 지역간 갈등 간 긴장이 높고 정치현장에는 '마녀사냥' 과도 같은 상호 비방이 심하다. 사회주의적 질서가 붕괴된 후 새로운 규범이 정착되지 않은 채

무질서와 부패와 범죄가 증가하고 있는 형국이다. 지식인들은 천박한 자본주의에 대해 깊은 우려를 하고 있었다.

루마니아가 겪고 있는 고통스런 변혁의 과정은 아무리 정치체제가 변하더라도 보통 사람들의 의식과 사고방식이 바뀌지 않으면 사회발전은 기대하기 어렵다는 사실을 실증하고 있다. 거기에는 또 긴 연습과 훈련의 과정이 필요함을 보여주기도 한다.

탈북자 통해 미래 볼 수 있어

이 나라의 형편을 보면서 우리의 통일 상황을 상상해보지 않을 수 없다. 우리는 과연 남북이 통일사회에서 서로 어울려 잘 살 수 있을까? 북한식 생활방식, 사고방식, 그리고 가치관에 젖어 있는 북한사람들과 자본주의와 자유경쟁체제에 잘 적응하고 있는 남한사람들이 같은 이웃으로 살게 될 때, 갈등 없이 서로 어울려 잘 살수 있을까?

지금부터 통일 이후(以後)를 생각하는 연구와 준비가 충분하지 않다면, 우리도 혼란을 피하기는 어려울 것이다. 다행히 우리에게는 국내에 들어와 있는 많은 탈북자들이 있고, 이들을 통해 북한주민들이 체제변혁과정에서 겪게 될 어려움을 미리 알아낼 수 있으며, 조화로운 '사람의 통일' 방식을 찾을 수 있을 것이다. 이러한 노력을 통해 우리는 남북화해 과정을 보다 순조롭게 이끌 수 있고, 나아가 혼란을 최소화한 성숙한 통일국가의 탄생을 볼 수 있을 것이다.

(조선일보 2001년 12월 12일)

04.

탈북자 문제의 핵심

중국 내에서 유랑하고 있는 탈북자의 삶이나 인권문제는 이제 세계적 관심사가 되고 있다. 필자의 연구에 의하면, 이미 남한사회에 들어와 있는 탈북자들도 적응에 어려움을 겪고 있다. 그들의 적응문제는, 당장 그들을 어떻게 도와줄 것인가 하는 차원에서도 중요하지만, 미래의 통일사회를 대비하는 실험적 상황이기 때문에 중요하다. 즉 통일 후 북한과 남한 사람들 간에 일어날 수 있는 정신적, 사회적, 문화적, 갈등을 미리 예측하고 대응할 수 있기 때문이다.

독일의 경우 이러한 측면에 대한 준비 없이 통일이 갑작스럽게 이뤄진 결과, 10여년이 지난 지금까지 동서독 사람들 간의 갈등이 지속되고 있고 정신적 거리감은 최근 오히려 더욱 커지고 있다고 한다. 그와 관련된 키워드는 실업, '이등국민', 동독청소년들의 신나치화 경향, 그리고 특히 노년층의 과거에 대한 향수 등이다. 동독인들은 서독인들에 대해 잘 살지만 개인주의적이고 탐욕적이고 이해심이 없다고 비난하며, 서독인들은 동독인들에 대해 의존적이고, 잘할 줄 아는 것은 없으면서 불평과 요구만 많다고 비난한다.

탈북자에 대한 무관심

우리나라가 통일이 되면, 그러한 갈등이 독일의 경우보다 더 심각하게 나타날 것 같다. 원래 있던 지역감정에다, 60여년의 긴 세월 동안 분단, 전쟁, 적대적 대치, 악의적 선전, 교류의 단절이 지속됐기 때문이다. 남북 사람들은 같은 단일 민족이지만 서로 많이 다르게 됐다. '공산주의적 인간' 과 '자본주의적 인간' 이랄까.

남한 사람들은 살기 바빠서인지 놀기 바빠서인지, 이웃에 대해 관심이 없듯이, 탈북자에 대해서나 북한 동포에 대해 별 관심이 없다. 남한 사람들은 탈북자들이 소박, 검소하고 예의 바르다는 것에 대해, 의리를 중시하고 인간적 정이 많고, 공동체의식이 강하다는 것에 대해, 탈북자들이 낯선 사회에서 살면서 느끼는 불안과 긴장에 대해, 탈북 과정에서 겪었던 공포와 고생의 후유증에 대해, 외로움과 두고 온 가족에 대한 죄책감에 대해, 능력에 의한 차별에 의한 불이익에 대해, 남한 사회에서 돈벌 수 있는 기능이나 기술이 없다는 것에 대해, '악하고' 경쟁적인 남한 사회에 무방비 상태에 놓여 있다는 것에 대해, 잘 이해하지 못한다. 남한 사람들은, 북한이라는 보기에 이상한 지역에 대한 호기심 정도만 만족시키면, 더 이상 북한이나 탈북자, 심지어 통일문제까지도 별 관심이 없는 것 같다. 탈북자들로서는 야속한 일이 아닐 수 없다.

'사람의 통일' 을 만들자

우리는 탈북자에 대해 다음과 같은 태도를 가져야 한다. 고단한 삶에 대한 위로, 폭력에 의한 상처의 치유, 사회주의적 사고방식에 대한 이해, 인간적 접근, 잦은 대화와 접촉, 선한 이웃 또는 친구로서의 실질적인 도움, 남한 사회와 민주주의, 그리고 자본주의에 대한 교육 등이 그들에게 필요하다.

이러한 접근 태도는 통일의 과정에 그대로 적용할 수 있다. 우리는 북한, 북한 사람 및 북한의 문화에 대해, 감정이입(感情移入)적으로 이해하고 받아들여야 한다. 탈북자의 삶에 대한 연구에서 얻을 수 있는 교훈은 정치적 통일 내지 국토의 통일보다 '사람의 통일'이 보다 궁극적이며 최종적인 통일이라는 것이다.

(연세춘추 2002년 5월 27일)

05.

통일의 미래세대-북한의 어린이

북한의 어린이를 생각하면 가슴이 아프다. 여윈 얼굴에 큰 눈망울 그리고 슬픈 표정. 그 아이들에 대해 안쓰른 생각이 드는 것은, 필자로서는 단순히 동정심이나 사랑의 내지 인도적 차원이 아니다. 그것은 민족의 장래에 대해 걱정이 되기 때문이다. 의학을 공부하는 학도로서 필자는 어린시절, 즉 소위 성장의 결정적 시기(critical period)에 영양을 공급받지 못하면, 이후 두뇌의 발달에 지장을 준다는 것을 잘 알고 있기 때문이다.

인간의 뇌는, 출생 시부터 거의 성인과 유사한 기능을 수행하는 다른 신체 기관들과는 달리, 출생 시부터 완전한 기능을 수행할 수 없고 이후 성장하면서 계속적인 영양 공급과 환경과의 상호작용을 통해 구조적 기능적 성숙을 해 나간다. 두뇌는 정신의 중추이다. 두뇌발달에 지장이 있다는 것은 지능과 인격발달에도 지장을 미친다는 것을 의미하기 때문이다. 어린 시절의 영양결핍은 직접 뇌를 손상시켜, 인지 및 지능 저하를 초래한다. 그리고 현재의 영양결핍은 아동의 의욕과 운동발달, 성장속도 등의 전반적인 건강을 방해하여, 아이가 환경을 활발하게 탐색하고 상호작용을 통해 배우는 기회를 박탈하여 또 다시 인지능력이 저하된다는 것이다. 이런 상황은 가난과 관련된 사회적 요인들로 인해 더욱 심화된다. 이러한 발달이 제대로 되지 않은 아이들에게 이후 사회 생활에서 정신적 고통이 가중되고 나중 정신장애가 발생할 가능성이 커진다.

이러한 사실은 동물실험이나 임상연구를 통해 이미 잘 밝혀져 있다. 그 근거의 예로서 두뇌회로를 연결하는 것이 신경전달물질인데, 이 물질은 음식에서 섭취된 단백질이 분해되었을 때 생성되는 아미노산에서 합성되는 것이다. 따라서 영양부족이면 두뇌회로의 형성에 지장이 생기는 것은 당연하다. 그 외에도 탄수화물 지방, 무기질, 비타민 등이 두뇌발달에 결정적 역할을 한다. 특히 이러한 지속적인 기아상태에서 초래된 뇌의 구조적 변화는 일시적이 아니라 영구적인 기능 저하를 일으킨다.

따라서 역사에도 이를 입증하는 사실이 많이 있다. 이차대전 시 독일군의 포위로 식량공급을 받지 못한 지역에서 태어난 어린이들이, 성장한 후 어떠한 사람이 되었는가에 대한 연구가 있다. 수개월간 어린이와 산모들이 기아상태에 있었는데, 20년 후 조사결과 당시의 어린이들이 어른이 되었을 때 정신장애의 발병률이 다른 지역에 비해 월등 높았다는 것이다.

임상 연구는 초기 어린시절 심한 영양실조를 겪었던 아이들이 이후 지능과 인지기능 및 학업성취 능력이 정상 아이들과 어떻게 다른지에 관한 것이다. 대체로 연구결과는 전반적인 지능지수가 떨어진다는 것이다. 특히 추론 능력과, 공간-지각능력에서 영향을 받는다는 것이 대체로 일치된 소견이다. Galler 등 연구자들은 바르바도스에서 생후 만 1세 동안 중등도 및 중증 단백질 영양실조를 경험했던 아이들이 5~11

세가 되었을 때의 학습과제 수행능력을 관찰한 바 있다. 이 아이들은 9가지의 학습과제 중 8가지 영역-언어능력, 수학, 읽기, 미술 등-에서 영양결핍이 없었던 어린이들에 비해 유의하게 낮은 성적을 보였다. 행동차원에 있어서도 그들은 놀이상황에서 장난감을 갖고 탐색하기보다는, 주로 엄마와 함께 있으려고만 하였고, 집중력이 떨어지고 훨씬 산만하며 동료 및 선생님들과 관계형성이 잘 되지 않는다고 하였고, 정서적인 불안정성(감정조절의 어려움, 감정폭발)을 보였고, 학습에 대한 동기가 감소되어 있었다. 기아아동들의 무감동과 의욕저하가 이를 반영한다고 하였다.

그런 지역에서는 어머니도 기아상태에 있게 된다. 이러한 상황에서는 어머니들도 기아에 의해 유발된 직접적인 생물학적 영향과 자녀에게 영양을 공급할 수 없다는 무력감 때문에 우울증에 빠지기 쉽다. 우울증에 빠진 어머니들이 자신의 자녀들에게 적절한 자극을 주거나 긍정적인 감정을 잘 표현하지 못하고 부정적인 감정 및 무감정적으로 반응을 보여, 적절한 양육을 제공하지 못하게 된다. 그 결과 아이가 사물이나 사람에게 관심을 가지는 과정을 방해하게 된다.

이러한 아이들은 키가 왜소해 지기 쉽고 그리하여 또래아이들에게 무시당하고 따돌림 당하기 쉬워 대인 관계를 피하고 위축되며, 매우 불안하고 공격적인 감정상태를 보이게 된다. 이런 상태로 성장한 아이들에서 청소년 또는 성인기에 정신장애가 발생할 가능성이 높아진다는 것은 잘 알려진 사실이다. 이런 아이들이 남북대화나 통일이후 남한 청소년들과 만나게 될 때 어떤 정서적 갈등을 겪을 것이라는 것을 짐작할 수 있다.

현재 북한의 영양상태는 개선되고 있다고 하지만 여전히 부족할 것이라고 생각된다. 한참 심각할 때의 이야기이지만, 1998년 9~10월 북한 정부의 협조로 세계식량계획(WFP), 유엔아동기금(UNICEF), 유럽연합(EU) 등은 합동으로 생후 6개월에서 7세 사이의 북한 어린이에 대한 영양실태를 조사하였다. 이 조사 결과 경증 및 중증의 허약증(moderate and severe) 혹은 극심한 영양실조(acute malnutrition, wasted, 체중/키)를 겪고 있는 숫자는 전체 어린이의 15.6%에 달하였으며, 이 중 3%는 부종상태를 보이고 있었다고 한다. 중등도 및 고도 발육지체(만성 영양실조 상태, stunted, 키/나이)가 약 62.3%에서, 극심한 체중 미달이 약 60.6%에 달하였다. 특히 12~35개월 사이의 나이에서 최고치의 영양 결핍상태(급성 영양실조 상태)의 유병률을 나타내고 있었다. 이는 아동들 전체가 위기 상황에 직면해 있음을 시사한다.

영양공급이 시급한 이유는 조기 영양공급이 두뇌발달과 인격발달을 회복, 개선시킬 수 있기 때문이다. 즉 초기에 영양결핍이 되었더라도 뇌가 계속 성장하는 결정적 시기인 만 2~3세 동안 영양공급이 적절히 이루어진다면 뇌의 성장은 정상에 가깝게 되어 심각한 인지 및 정신발달 문제는 초래되지 않는다는 것이다.

1969년도부터 1977년도에 걸쳐 실시된 과테말라 연구는 과테말라 농촌에 사는 임신여성과 영아 및 7세 이하의 아동에게 단백질 및 고도의 칼로리가 포함된 영양식을 공급한 후 8년에 걸쳐 추적관찰 한 결과, 이들이 단백질이 포함되지 않은 음식을 공급받은 대조군에 비해 지적 기능이 크게 향상되는 결과를 보였다. 비슷한 연구 결과가 대만, 멕시코, 그리고 뉴욕의 빈민가에서 보고 되었다.

또한 우리의 관심을 끄는 것은 어린 시절 미국으로 입양되었던 한국 고아들을 대상으로 한 연구이다. 이 연구는 1958년부터 1967년 사이에 한국의 홀트 아동복지에서 맡았던 908명의 아이들에 대한 기록을 토대로 대상이 선정되어, 한국에 있을 당시 영양결핍을 겪었던 아이들이 미국으로 입양되어 양육된 후 기존의 영양상태에 따라 어떤 결과를 보이는 지에 대해 알아보았다. '영양결핍상태' '중등도의 영양상태' 의 어린이 몸무게가 나머지 정상 어린이에 비해 작았고, 지능지수(IQ)와 학교수행에 대한 점수에서 낮았다.

이 모든 연구들이 의미하는 바는 초기에 심각한 영양결핍상태를 경험했더라도 이후 오랜 기간동안 충분한 영양공급과 좋은 환경을 제공받는다면 적절하게 발달할 수 있다는 것이다. 그러나 결정적 시기(critical period)가 지난 후에도 위험상태에 지속적인 노출이 되면 장기간에 걸쳐 발달적 문제가 초래될 수 있다.

성인과 어린아이 모두가 만성적인 영양실조 상태인 북한의 경우, 이미 영양결핍으로 인해 발달의 저해가 초래된 성인들보다도 시급한 것은 산모와 3세미만의 영아들에 대한 영양공급이다. 향후 회복된 영아들이 성인이 되어 정상적인 신체상태와 정신상태를 갖게 하는 것이야말로 그 자녀들의 영양실조를 예방할 수 있는 즉 악순환을 막을 수 있는 최선의 방법이기도 하다.

영양상태는 안보문제이다. 신체기능 뿐 아니라 인지기능을 비롯한 정서적, 행동적 문제를 안고 자라는 아동들은 결국 미래사회의 주역으로서 그 역할을 충분히 해내지 못할 것이다.

우리는 통일을 앞두고 있는 이 시점에서, 북한 어린이들의 심각한 영양실조 상태를 단지 도덕적 차원에서만 바라보며 안타까워 할 것이 아니라, 향후 통일이 된 후 이들이 국력의 자원으로서 어떤 역할을 할 수 있을까라는 차원에서 진지하게 고민해야 한다. 기아상태가 지속되어 신체적 또는 정신적인 후유증이 초래되면, 국민들의 교육수준이 저하되고 신체적 뿐 아니라 지적기능과 정서적 기능까지도 저하되어, 한 나라의 사회적, 경제적 발달의 초석이 되는 인력자원의 결핍을 초래할 수 있다. 이는 결국 국가의 생산성과 경쟁력 저하를 가져와 사회경제적 발전을 방해하게 된다. 이는 바로 나라의 안보문제인 것이다.

기아상태에 있는 아이들과 그 가족들에 대한 개입은 개인한테 필요한 일일 뿐만 아니라 효과적인 교육, 기술과 생산성의 향상, 경제적인 경쟁력, 삶의 질 모두에 이익을 줄 것이다

다가오는 21세기에서는 국가 경쟁력이 더욱 치열한 문제가 될 것이다. 이를 위해 우리는 통일국가의 경쟁력의 기반을 미리부터 다져야 한다. 이것이 우리가 북한의 심각한 식량난 해결에 적극적으로 참여해야 하는 이유이다.

(통일연구 2002년)

06.

한국의 미래세대와 안보

필자는 의사로서, 우리나라 국가 안보에 대해는 누군가 책임지고 잘 하고 있으려니 생각해 왔다. 우리 의사는 환자만 잘 보면 되고, 나라 안보는 정치가나 군인, 국정원 사람들 그리고 외교가들이 책임지면 된다고 생각한 것이다.

지금까지는 대한민국은 그런대로 나라도 지켜왔고, 경제도 발전되고, 산업에서나 과학에서는 이미 세계적인 것이 나타나고 있어, 흐뭇하기도 하고 마음이 놓이기도 하다.

그런데 요즘 여러 사회 현상들에서 감지되기로는 뭔가 불안하다. 나이든 교수이자 의사로서 기득권자라서 그런지, 일부 신문들의 선동적 논조에 휘둘려서 그런지, 나라의 형세가 꼭 임진왜란 때나 이조 말 청일전쟁 때의 상황 비슷한 것이 아닌가 생각된다. 그때처럼 국론은 분열되어 있고, 지도자들은 코앞의 일에만 바쁘고, 백성들은 자신이나 가족 챙기기에만 바쁘다. 나라의 혜택을 받은 사람들이 앞장서서 자식들 군대 안 보내려고 국적을 빼 돌리는 현상이 하나의 예일 것이다.

현대에 이르러서 나라안보가 단순히 군대의 전투력에만 달려 있다고 생각하는 사람은 아마도 한 사람도 없을 것이다. 옛날 몽고군이 엄청난 파괴력으로 제국을 이루었을 때하고는 다른 세상이 되었다. 이제는 군대의 전투장면이 텔레비전으로 중계되고, 과거 패배한 적군에게 자랑스럽게 자행되던 모욕적 행동은 이제는 전 세계적인 여론의 질타를 받는 시대이다. 이제는 군인 한사람 한사람의 체력과 용기 뿐 아니라, 고도의 무기를 다루는 지식과 기술, 그리고 누군가 보고 있지 않더라도 발휘되는 도덕심이 요구되는 상황이다.

그런데 한국의 젊은이들, 나라안보를 책임지고 있는 우리 젊은 군인들에게 이러한 자질이 잘 구비되어 있는가? 군대에 가기를 기다리고 있는 젊은이들에게 체력, 용기, 전투기술, 도덕심 등이 잘 무장되어 있는가? 지금 자라나고 있는 어린이들은 또 어떤가? 기사에 의하면 요즘 어린이들은 이전 보다 키는 커지고 몸무게는 늘어났으나, 달리기, 턱걸이 같은 체력은 퇴보되었다고 한다. 몇 사람의 선수가 세계 체육대회에서 금메달을 땄다고 우리나라 젊은이 모두에서 체력이 향상된 것으로 착각하면 안 된다. 요즘 어린이들은 수학이나 영어는 곧잘 하지만 예의범절은 바라기 어렵다. 반면, 어른들의 놀이에 빨리 물들고 있다. 조숙해지고 영악해 졌다. 허우대는 커졌으나 속은 덜 영글었다. 농사짓던 시대의 말로는 "웃자랐다".

요즘 어린이들의 모랄(도덕심, 용기, 사기 등으로 번역할 수 있을 것이다)은 어떤가? 나이든 사람들은, 과거 어릴 때 6.25사변 때 용감했던 군인들에 대한 전설을 들으면서 자랐다. 그때는 어렸어도 한판 붙을 때는 정정당당하게 싸우는 것이 당연했다. 그리고 코피가 나면 즉각 싸움은 중단되고 승리가 선언되었고 그리고 다시 어울려 놀았다. 일러바치는 행동은 수치스러운 행동으로 간주되었다. 왕따니 집단폭행 같은 비겁한 게임은 적어도 어린이들의 세계에는 드물었다. 그때는 운동경기를 관전하기보다 운동은 놀이로 늘 하는 것이었다. 운동을 대학가는 수단으로 부모가 극성을 부리는 일은 없었다. 요즘은 대부분 어린이들에서는 체육기술은 떨어진 반면, 손끝으로 하는 폭력적 전자게임으로 무자비성만 키워지고 있다. 자신을 숨긴 채 욕설만을 인터넷 게시판에 올리는 비겁한 폭력만이 난무하고 있다.

언젠가 통일은 되겠지만, 그전에 우리는 언제인가 극단적 대결을 이겨내야 할 각오를 해야 한다고 생각한다. 그 대결은 남북간 긴장 뿐 아니라 중국, 일본, 미국 등 우리 주변 나라들 간에도 극도의 긴장된 대결을 초래할 것이다. 필자가 탈북자들에게서 들은 이야기인데, 북한 사람들은 살기 너무 힘들어 전쟁이라도 터졌으며 할 뿐 아니라, 전투하면 자신들이 이긴다고 믿고 있고, 한 판 붙어도 좋다고 말하고 있다는 것이다.

긴장(스트레스)을 이기는 힘은 체력과 용기 그리고 건강한 모랄에서 나온다. 우리가 미래 세대에 체력, 용기, 도덕심(모랄)을 학습시키지 못하면, 우리 안보는 임진왜란 때나 이조 말에 겪었던 것과 같은 위기를 스스로 이겨내기 힘들 것이다. 그래서 걱정된다. 어린이는 사회의 거울이다. 문제 어린이 뒤에는 문제 부모가 있다는 말과 같다. 우리나라가 어쩌다 이렇게 되었나를 따져 보고 앞으로 어떻게 할 것인가를 심각하게 고민해야 한다.

최고의 교육방법은 모범 내지 솔선수범이다. 지금 어린이를 키우고 있는 젊은 부모님들과 학교 선생님들이 더 장기적 안목의 이해와 용기를 가지시기를 기대한다.

(국민일보 2001년 6월 17일)

07.

통일한국을 위한 정신과 의사의 공헌

통일의 궁극적 목적

20세기가 끝나가는 이즈음 우리 나라의 민족적 최대 과제는 남북통일이라 말할 수 있다. 그런데 이 통일을 위해서는 민족의 염원과 열정이라는 전제조건도 있어야 하며, 복잡한 정치, 사회, 경제적 통일과정도 풀어나가야 하지만, 동시에 이러한 모든 과정을 수행해 나가는 주체가 궁극적으로는 남북한의 일반주민, 즉 '사람'이라는 사실을 간과해서는 안 될 것이다. 통일에 있어서 사회적인 관점도 그 만큼 중요하다. 또한 통일 후 상황 전개과정에 있어서도 정치, 사회, 경제적 측면의 통합이 우선적이겠으나, 역시 남북한 사람 개개인의 상호 적응문제가 최종적인 문제가 될 것이다.

통일이 남북한 사람들에게, 단기적으로는 상화 적응상의 갈등을 야기하지 말아야 하며, 장기적으로는 삶의 질을 향상시키고 만족과 행복을 가져다주도록 하여야 한다. 통일을 했기 때문에 사람들이 오히려 불편해 하거나, 마음이 상하거나 한(恨)이 더 쌓이거나, 흔히 예상되는 바로 새로운 불평등 구조가 생기고 그래서 장기적으로 사람들이 더 불행하게 되고 더 불행해진다면 통일은 무의미한 것이 될 것이다.

통일에 대한 정신의학적 연구는 통일한국사회에 크게 공헌할 수 있는 좋은 기회가 될 것이다.

정신의학적 방법

의학이란 본래 실용적 내지 실증적 학문으로서 그 목적은 사람의 건강을 회복시키는 것이다. 임상의학은 때로 병의 전후 사정을 완전히 몰라도 현재의 문제점에 대해 경험적으로 유용하다고 인정되는 무언가를 시행해서 조금이라도 사람의 고통을 덜고, 건강이 회복되도록 노력하게 한다. 또한 의학은 주변 환경을 바꾸기보다 우선 그 개인의 당장의 고통을 해결하고 도와주는 방법에 그 활동이 집중되어 있기 때문에 한계가 있다. 그러나 사회의 구성원인 개인의 문제를 도와주는 방법에 의해 사회 전체를 도울 수 있다는 장점이 있다. 소의(小醫)는 사람을 고치지만 대의(大醫)는 나라를 고친다는 말이 있듯이, 의학적 방법도 사회의 문제를 해결하는 데 있어서 중요한 기여를 할 수 있는 것이다.

정신의학은 임상의학의 하나로서 정신장애를 치료하고 정신건강을 회복시키는데 그 목적과 유용성이 있다. 정신의학도 의학의 일반적인 방식을 따르는 바, 그 연구 분야를 사회적인 시각에서 확대 해석해 보면 다음과 같으며, 이를 남북문제, 통일 전후의 한국사회에 적용하여 연구해 볼 수 있다.

역　학 : 어떤 문제가 어떤 집단에 얼마나 심한 정도로 존재하는가?

원인론 : 문제의 배경, 소인 및 유발 인자. 즉 원인은 무엇인가?

증상론 : 문제가 실제적으로는 무엇인데 겉으로는 어떤 모습으로 나타나는가? 시간에 따라 어떻게 그 양상이 변화하며, 그 최종적으로 나타나는 현상은 무엇인가?

진단학 : 문제의 핵심은 무엇이며, 이를 무엇으로 이름 붙일 수 있는가? 또한

그 파생되는 주변문제와 유사한 다른 문제들과 어떻게 구별하는가?

치료학 : 문제는 어떻게 해결하는가? 해결을 위해 희생해야 하는 것은 무엇인가? 해결과정 때문에 나타나는 원치 않는 부작용과 합병증은 무엇인가?

예방학 : 문제가 미래에 나타나지 않도록 미리 조처하는 방법은 무엇인가?

임상 정신의학은 인간에 대한 ① 생물학적 이론, ② 정신분석 이론, 행동이론, 인지이론 등의 심리학적 이론, ③ 사회학적 이론들 중 어떤 한 이론에만 집착하지 않으며, 오히려 모든 이론을 통합하여 그 필요한 것을 이용한다.

통일에 대한 정신의학적 관점

통일이라는 사건을 정신의학적 관점에서 보면 이는 소위 '문화충격'(culture shock)이라는 개념에 해당된다. 남북통일도 남북한 주민 모두에게 하나의 문화충격이 될 것이다. 그리고 그 충격정도에 따라 다수 사람들이 좌절, 피해의식, 반항, 흥분, 범죄 등과 같은 적응문제를 나타낼 것이며, 일부에서는 우울증이나 불안증, 또는 정신병이 발생할 수 있을 것이다.

남북통일, 더구나 그것이 만일 갑자기 닥치는 통일이라면, 이는 흔히 말하는 문화충격 이상의 충격을 줄 것으로 예측하고 있다. 그것은 북한이 세계적으로 유래가 없는 독재국가로서 폐쇄적이며, 교조주의적이며, 전체주의적 내지 집단주의적 사회인 동시에 정권창출 과정에서부터 지금까지 일관되기 폭력 논리에 의해 지배되는 사회를 장기간 유지해 왔기 때문이다. 북한사람들이 통일에 의해 남한의 자유민주주의, 개방사회, 자본주의의 다양하며 경쟁적이며 역동적인 생활방식, 개인주의 그리고 부정부패의 온갖 사회상, 나아가 복잡하고 다양한 전 세계의 상황을 새로 접하게 되고, 그러한 사회에 자신들이 반드시 적응해야만 된다고 느낄 때의 그 당혹감, 그리고 그 문화적 충격은 매우 클 것으로 예상된다. 그러나 이러한 충격은 북한사람뿐 아니라 남한사람들에게서도 정도의 차이는 있으나 낯선 북한사람이나 북한사회 문화에 대해 꼭 같이 나타날 수 있다는 가능성에 유의해야 할 것이다.

통일 후에 나타날 사태가 이와 같이 예측된다면 우리는 사회정신의학적 관점에서 미리 이에 대해 대비할 필요가 있다. 그러나 이러한 문제에 대한 구체적 연구는 아직 충분하지 않은 상태이다. 북한은 극히 폐쇄적이고 통제돼 있는 사회여서 북한에 대한 정보와 자료를 구하는 것에 한계가 많기 때문이다.

한편 남한사회나 남한사람들에 대한 연구는 충분한가 하는 문제에 이르면, 이 역시 충분하다고 자신할 수가 없다. 더구나 지금까지 남한사람들, 특히 젊은 사람들이, 북한문제나 통일에 대해 어떤 교육을 받았고 어떤 생각을 갖고 있는가를 생각하면 통일에 앞서 두려움이 느껴진다.

(신경정신의학보 1997년 2월 28일)

08.

통일과 남한 젊은이

[성경말씀 : 마태복음 5장 23-24절]

그러므로 예물을 제단에 드리려다가 거기서 네 형제에게 원망들을 만한 일이 있는 것이 생각나거든 예물을 제단 앞에 두고 먼저 가서 형제와 화목하고 그 후에 와서 예물을 드리라

"신"과의 관계

인생의 궁극적 목적은 아마도 "신과의 화해"와 형제와의 화목일 것입니다. 여기서 형제란 실제 형제 가족 뿐 아니라, 모든 이웃들입니다. 그리고 화해란 이들 간의 화해 뿐 아니라, 집단 간, 지역 간, 계층 간, 국가 간 그리고 특히 우리에게는 남북 간 화해입니다.

여러분과 북한과의 관계

요즘 여러분들을 포함한 남한의 젊은이들은 통일에 대해 무관심한 점이 많습니다. 북한 젊은이들은 대조적으로 통일에 대해 열정적입니다. 그 이유는 아마도 남한에 개인, 민주주의, 감성적(안락함, 재미 추구), 다양성 등이 주 트렌드를 이루고, 북한에서는 집단, 사회주의, 사상적(원칙, 이념실현 추구), 민족주의 등이 강하게 강조되기 때문일 것입니다.

그러나 북한 사람은 우리와 형제된 자들입니다. 한 민족일 뿐 아니라 우리 이웃에 살고 있다. 무엇보다도 우리는 다 같은 인간입니다. 그런데 지금 북한 사람들은 지금 어려운 상태에 빠져 있습니다. 각종 부족 상태, 결핍상태에 빠져 있습니다. 식량과 에너지가 부족합니다. 그리고 자유도 제한받고 있습니다. 사람들 간 뿐 아니라, 국제적으로도 고립, 따돌림을 받고 있습니다. 사람들의 정서도 결핍적입니다. 단순, 무지, 순박합니다. 단조롭고 황폐한 일상생활을 영위하고 있습니다.

북한 사람들의 부족 상태에 대한 반응은 사실 알기 어렵습니다. 그들은 판에 밖인대로 반응하는 것처럼 보입니다. 아마도 분노가 있을 터인데, 통제되고 억압되어 있습니다. 이러한 강력한 통제 때문에 다른 모든 생명의 활력이 없어 보입니다.

그러나 북한사회에서 격렬한 분노, 공격적 정서를 보는 것은 어렵지 않습니다. 공개적으로 집단적으로, 분노표현이 나타나기 때문입니다. 즉 사회의 공공의 적으로 간주되면 가차 없는 공격, 욕설, 처벌이 가해집니다. 남한 괴뢰 정권이나 미제국주의는 가장 격렬하고 난폭한 용어로 그리고 격렬한 몸짓으로 비난됩니다. 이러한 행동은 정신분석적으로 부정(denial), 반동형성(reaction formation), 수동공격성(passive aggression)의 표현이며, 그 배후에는 내심 열등의식, 피해의식, 그리고 불안이 자리 잡고 있다고 생각됩니다.

그러나 이에 대한 남한 사람들의 반응은 전과 달라졌습니다. 우선 무심 합니다: 나와는 상관없다. 조소 합니다: 웃긴다. 냉담 합니다: 그러라지 뭐. 분노 합니다: 우리한테 이럴 수 있나. 동정 합니다: 불쌍하다, 도와주자. 그리고 이해할 수 도 있습니다: 그럴 수 있겠다 등등.

이러한 남한 사람들의 반응에 대한 북한 사람들의 반응은 잘 알 수 없으나, 탈북자들의 말과 행동에서 그 내용을 엿볼 수 있다. 탈북자들은 남한 사람들의 냉정함에 대해 의아해 하고 분노마저 느낀다고 합니다.

남북간의 만남

현재 휴전선이 가로 막고 있어 남북간에 교류가 거의 없습니다. 현재 휴전선은 전투도 막아주고 있지만, 정신적 갈등도 막아주고 있습니다.

그러나 교류가 시작되면, 남북간 사람들 간의 감정적 충돌이 불가피합니다. 문화충격(culture shock)이 오고, 그리고 그 후유증으로, 증오의 표출, 승리 또는 패배감, 우월감 또는 열등감, 그리고 새로운 증오의 발생과 더불어 새로운 감정적 분단이 생겨날 수 있습니다. 즉 경제적 분단, 지역감정, 이념적 분단 등등. 그리고 끝없는 소모가 지속될 것 같습니다.

이해하기

그러므로 궁극적 통일을 위해 상호 이해가 필요합니다. 이해를 통해 화목을 이루기 QNs 아니라, 남북이 win-win하는 작전을 세울 수 있을 것입니다. 이해를 위해서는 대화와 교류 그리고 감정이입(empathy)의 과정이 필요합니다. 감정이입이란 감정을 있는 그대로 이해하는 것으로 무의식(자신도 미처 모르는 감정)까지 이해하는 것입니다.

예를 들어 북한 병사의 왜소한 체격은, 과거 출생 때의 산모와 어린이들의 영양 부족 때문인데, 그들은 그런 약점을 고도의 전투훈련과 증오심으로 보완하고 있다는 사실 등을 이해하는 것입니다. 따라서 한반도에 전쟁을 피하고 평화와 화목을 이루려면, "부족"(결핍상태)을 보충하여 균형을 이루도록 해야 합니다. 그래야만, 통일 후 국가 경쟁력이 제고될 것입니다. 왜냐하면 성장시의 영양실조는 체력뿐 아니라 지능과 인격에도 장애를 일으키기 때문입니다. 그러나 그들의 마음을 좀 더 깊이 이해한다면, 북한에 식량을 돕는 방법은 신중해야 할 것입니다. 상대방 입장에서 생각하면서 북한의 사회구조를 이해하고 (예: 북한의 수령체제를 이해하고), 오른 손이 한일을 왼손이 모르게 해야 할 것입니다.

하나의 민족으로서 우리가 해야 할 일

개인에게는 개인의 구원이 중요합니다. 그러나 우리는 민족이 있습니다. 우리는 민족도 구원해야 합니다. 민족이 다 같이 번영해야 합니다. 우리는 한 민족, 한 형제, 이웃이기 때문입니다. 우리는 예수님으로부터 형제, 이웃을 사랑하라고 가르쳤습니다. 우리 모두 같은 인간으로 그리스도 안에서 휴매니즘을 발휘해야 합니다.

서두에 말씀드린 대로 구원은 하나님과의 화해입니다. 하나님께서는 '형제들에게 원망들을 일이 있으면 먼저 화목하고, 그 후에 예물을 드려라 '고 하셨습니다.

여러분에게 강조하고 싶은 것은, 여러분이 잘되기 바란다면, 먼저 형제와 화목해야 합니다. 여러분 곁에 있는 가족, 친구, 이웃과 화해해야 합니다. 교수와 학생 사이, 여러분과 나 사이, 그리고 우리와 북한의 동포 사이에 화해가 있어야 합니다.

북한 사람들과 화해하기 위해, 여러분은 그들에 대해 알고, 관심 갖고, 공부하고, 이해 하고, 대화하고, 그리고 도와야 합니다.

(연세대 채플 2002)

PART 4.

연구와 교육

01.
변혁의 21세기 醫藥界 과제와 전망 - 정신보건 증진

우리가 흔히 겪는 스트레스, 사회적응문제, 음주와 흡연, 불안, 우울, 대인공포 등은 개인의 정신건강 장애이다. 한편 학교폭력, 범죄, 교통사고, 과음풍조, 성급한, 향락문화, 인터넷 중독, 심지어 부정부패, 선거과열 등 사회문제도 궁극적으로 정신건강상의 문제로 볼 수 있다.

창간 29주년 기획특집 1

이러한 정신건강문제가 현재 우리사회에 직. 간접으로 끼치는 영향은 실로 막대하다. 전 세계적으로 최근 건강과 질병의 중요성을 평가하는 방법으로 '장애 때문에 제대로 생활을 하지 못하는 햇수가 얼마나 되는가' 하는 개념이 사용되고 있다. 이를 'disability adjusted life years(DALY's)라고 하며, 이는 결국 삶에 부담을 주는 정도를 반영한다. 이러한 방법으로 1996년 Dr. Lopez와 Dr. Murray가 전 세계에서 특정 질환에 있어 15–44세 사이의 사람들의 DALY/s를 계산했을 때 다음과 같은 10가지 질환이 가장 심각한 병으로 나타났다. 즉:

△우울증이 전체 장애 4억 2,000만년 중 4,200만년으로 가장 심각하고, 다음으로 △결핵 △도로교통사고 △알코올사용(음주) △자해 △양극성장애 △전쟁 △폭력 △정신분열병 △ 결핍성 빈혈 등이었다. 이 중 정신건강 문제가 4개로서 전체의 19%를 차지한다.

게다가 자해, 폭력, 교통사고(주의집중장애, 충동성 등 심리적 문제로 사고가 많이 일어난다)까지 포함하면 정신건강문제가 전체의 28%에 이른다.

다시 말하면 정신건강문제가 암이나 심장병, 고혈압, 당뇨병 등보다, 심지어 전쟁보다 인류에게 더 많은 손해나 부담을 끼친다는 것이다.

정신건강문제 심각성 인식전환 필요
인류위협 10大 질환 중 28% 차지
심장, 당뇨 심지어 전쟁보다 삶에 부담

이와 같이 정신건강문제는 보통사람들이 소홀히 생각하고 있으나 우리가 모르는 사이에 심각한 생명의 단축과 생산성의 감소, 생활의 불편 그리고 결국 삶의 질의 저하를 초래하고 있다. 예를 들어 고혈압으로 1개월 휴직하는 것과 우울증으로 1개월 휴직하는 것은 똑같은 손해인데도 불구하고 고혈압은 심각한 문제로 보나 우울증은 소홀히 생각하고 전문가의 도움을 얻기를 꺼려한다. 이는 잘못된 생각이다. 우울증으로 사람이 자살한다고 할 때 그 죽음은 암으로 죽는 것과 꼭 같은 죽음인 것이다.

그러면 정신건강상태란 어떤 상태인가. 여기서는 간단히 세계보건기구(WHO)의 정의를 제시하고자 한다.

정신건강이란 개인, 집단 및 환경이 *주관적인 좋은 상태(well-being 만족감, 행복) △정신적 기능(인지기능, 감정기능, 대인관계)의 적절한 발달과 사용 △사회정의에 합당한 개인적, 집단적 목표의 성취, 그리고 △기본적 평등상태를 이루고 보존을 증진시키는 상법으로 상호 작용할 수 있는 능력이다.

즉, 정신건강이란 높은 삶의 질, 정신기능의 성숙ㄹ, 정의와 평등에 기초한 목표의 성취를 이룰 수 있는 능력이란 것이다. 사람들은 이러한 정신건강의 중요성을 잘 모르기도 하고, 어느정도 알아도 이를 외면하려는 경향이 크다. 더욱 불행한 것은 사회적 편견과 오해 때문에 정신장애를 일부러 감추기도 한다는 것이다. 대한신경정신의학회는 지난 4월 4일 '정신건강의 날' 에 정신건강증진에 대한 국민의 주의를 환기하기 위해 보건복지부의 후원을 받아 다음과 같은 국민정신건강수칙 10가지를 제정 발표하였다.

△ 정적으로 세상을 본다. △감사하는 마음으로 산다. △반갑게 마음이 담긴 인사를 한다. △하루 세끼 맛있게 천천히 먹는다. △상대방 입장에서 생각한다. △누구라도 칭찬한다. △약속시간에 여유 있게 가서 기다린다. △일부러라도 웃는 표정을 짓는다. △원칙대로 정직하게 산다. △때로는 손해 볼 줄도 안다.

"정신건강 문제는 의료계 뿐 아니라 국가사회 차원서 대처 바람직"

국가전체의 건강과 생산성을 생각한다면 결핵과 같이 의료계 뿐 아니라, 국가사회적 차원에서 대처해야 할 중요한 사항이다.

(의학신보 2000년 5월 22일)

02.

정신의학은 의학이다

정신의학은 엄연히 의학의 한 분야이고 정신과 의사는 "의사"이다. 정신과 의사가 흔히 듣는 진담반 농담반의 말은, 정신과는 말로 치료하는 과이다, 정신병은 과연 낫는가, 정신과의사도 의사인가, 등등이다. 일반 의사입장에서 보면, 정신과 의사는 가운만 입었을 뿐이지 청진기도 갖고 있지 않고, 신체진찰도 잘 안하고, 검사도 별로 하지 않으니, 의사 같지 않아 보일 법도 하다.

정신의학이 의학 같지 않아 보이는 것은 무의식이나 방어기제니 하는 말에서 보듯이 20세기 중반에 크게 유행한 정신분석학 때문일 가능성이 크다. 그러나 정신분석학도 신경정신과 의사인 프로이드의 위대한 발견에서 비롯되었다는 것을 알아야 한다. 그는 히스테리 같은 심인성(psychogenic)이기는 하나 신경성(nervous) 장애처럼 보이는 현상을 심인성신경증(psychoneurosis)이라 불렀다. 이 말은 나중에 줄여져서 신경증(노이로제)이라 줄여져서 불리웠고 이 용어가 오해의 씨앗이 되었다.

위대한 생리학자 Helmholtz의 제자였던 프로이드는, 당시로서는 정신현상에 관련된 뇌의 기전이 별로 연구되어 있지 않았으나, 미래에는 언제인가 정신현상이 뇌의 기능임이 밝혀질 것이라고 예언하였다. 즉 미래에는 심인성 장애도 뇌의 기전으로 해석할 수 있을 것이라는 것이다.

이와 같이 정신의학은 의학이며 신경과학이며 동시에 정신에 관한 학문이다. 우리 학회의 명칭이 "신경정신의학"이라는 것은 당연하다. 신경을 빼고는 정신을 말할 수 없기 때문이다. 이 점이 인간에 관한 연구에서 다른 심리학이나 내과, 외과, 신경과 같은 신체의학과 다른 특이한 점이다. 그리고 임상의학이라는 점에서 정신의학은 고답적 형이상학이 아니라, 치료에 대한 구체적 기술이 축석되어 있는 현실적으로 도움이 되는 학문이다.

사람의 건강은 정신건강을 빼고는 말할 수 없다. 정신과 육체는 일체로서 인간을 구성하는 양대 요소이다. 정신은 육체에 영향을 주고 육체는 정신에 영향을 준다. 따라서 정신의학은 인간과 건강에 대한 연구에 있어 타에 추종을 불허하는 독특한 우위에 서 있다. 최근 신경과학, 정신약리학, 정신장애의 분자유전학적 연구, 뇌영상학, 신경심리학 등의 발전은 눈부신바 있다. 이러한 과학적 발전은 신경정신의학에 그대로 응용되고 있다. 각 병원의 정신과 명칭을 과거처럼 신경정신과로 도로 바꾸어야 할 형편이다.

그러나 이러한 중요성에도 불구하고 신경정신의학은 일반사회뿐 아니라 의학 내에서도 정당한 인정을 못 받고 있다. 정신장애에 대한 뿌리 깊은 사회적 편견, 종교의 영향, 민간요법이나 한방의 영향, 심지어 다른 전문의학 분야의 의사들의 편견으로 어려움을 겪고 있다. 한탄스럽게도 "노이로제"나 스트레스는 심각하게 생각하지 않고 또 누구나 쉽게 치료할 수 있다고 생각하는 것 같다. 소위 "말로 하는 치료"(정신치료, 가족치료 등)를 위해 정신과 의사는 수년의 수련을 받고 시험까지 치고 자격을 얻는데도 불구하고 그 의료보험 숫가는 턱도 없이 낮다. 당연히 경제적으로도 어려움이 크다.

그러나 정신과 의사들은 자기가 좋아서 정신의학을 택한 사람들이다. 그들은 희망을 가지고 묵묵히 정신장애에 의한 고통 뿐 아니라 편견에 의해서도 고통 받고 있는 수많은 정신장애 환자를 돌보며, 심오한 인간의 정신세계를 탐구해 나갈 것이다.

바라기는 동료의사나 환자들 그리고 사회가, 신경정신의학은 엄연히 의학이며, 신경과학인 동시에 정신과학임을 이해해 주는 것이다.

(신경정신의학보 이사장 편지. 2001)

03.

腦 연구의 지원

최근 우리나라가 많이 발전했다고 한다. 무역이나 관관 등 경제적인 면에서는 자랑할 만도 하다. 그러나 기초학문에 대해서는 많은 사람들이 걱정하고 있다. 선진국에서 빌어다 쓰는 임상의학적기술에는 한계가 있기 때문이다.

최근 필자는 일본 교토에서 열린 국제신경정신약리학회(CINP)에 다녀왔다. 이 학회를 보고 쑥스럽긴 하지만 다소 흥분된 기분으로 소감을 한마디 하지 않을 수 없다.

선진국의 젊은 학자들이 발표하는 무수한 논문들, 국적, 연령, 명성, 직장(대학 산업체), 지위 등에 상관없이 열심히 토론하고 메모하는 모습들, 새로운 아이디어가 또 다른 새로운 아이디어를 자극하는 현장, 수십 개의 회의장에서 수천 명이 듣고 보고 말하게 하는 거대한 조직적 흐름, 이러한 모습에 필자는 솔직히 전율마저 느꼈다.

우리는 과연 언제 이 지구촌에서 하나의 구실을 할 것인가?

우리나라에서도 현재 신경과 및 정신과 환자가 증가하고 있다. 그러나 진단기구나 치료약물은 모두 수입품이다. CT · MRI 등은 물론 항불안제, 수면제, 항우울제, 정신병약물, 기능개선제, 기억증진제, 심지어 마약(각성제)까지 모두 선진국 제품이다. 우리는 얼마나 비싼 대가를 치루는가?

선진국에서도 이들을 쉽게 만든 것이 아니다. 연구에 얼마나 인적, 경제적 투자를 했겠는가? 학회의 현장에서 목격하는 그러한 연구를 함으로서, 정신질환의 신경학적 메카니즘을 알게 되고, 정신현상의 비밀을 엿볼 수 있고, 그래서 새로운 지식을 창출하는 것이다.

뇌연구는 의학과 생물학의 마지막 프론터어이다. 현대의학은 암과 에이즈를 조만간 정복할 것이다. 그러나 정신질환은 언제 정복될까.

뇌의 해부학, 신경생화학, 유전학, 분자생물학, 신경정신약리학, 신경심리학, 컴퓨터영상화기술, 이러한 신경과학(neuroscience)은 정신질환과 정신현상에 대한 기초학문이다. 인간의 궁극적 행복이 육체적 질병뿐 아니라 정신적 고통까지 극복하는데 있다면, 뇌연구는 미래의 세계에서는 최대의 투자를 해야 하는 분야인 것이다.

올해 미국의 부시대통령은 90년대의 10년간을 [뇌의 10년(decade of brain)]이라고 선언했다고 한다. 이 말은 선진국에서는 지금이 뇌연구에 새로운 박차를 가하기에 적절한 시대임을 인식하고 있다는 의미이다. 이러한 세계적 상황에서 개발도상국적인 혼란의 와중에 있는 우리는 과연 어떻게 해야 할 것인가.

(의협신보 1990년 10월 8일)

04.

신경정신의학의 재인식

정신의학은 의학이며 신경(뇌)과학이며 동시에 정신에 관한 학문이다. 우리 학회의 명칭이 "신경정신의학"이라는 것은 당연하다. 신경을 빼고는 정신을 말할 수 없기 때문이다. 이 점이 신경정신의학이 다른 심리학이나 내과, 외과, 신경과 같은 신체의학과 다른 독특한 점이다. 인간의 신경(신체)과 정신을 통합하여 건강과 병에 대해 연구한다는 점에서 신경정신의학은 타의 추종을 불허하는 독특한 우위에 서 있다.

그러나 한편 우리도 신경과학에 대한 인식을 새로이 해야한다. 우리가 정신분열병이나, 우울증, 불안증 등에 몰두해 있는 사이, "신경"정신과적 장애(예를 들어 치매, 측두엽간질, 기질성 정신장애 등)나 정신신체장애(예를 들어 스트레스, 두통, 고혈압, 성기능장애 등)들은 언제인가부터 다른 과에서 전문인 것처럼 선전되고 있다. 이처럼 우리의 정체성과 수월성과 영역이 도전받고 있다. 이러한 세태변화에 대해 우리 자신도 일부 책임이 있지 않나 각성해 보아야 한다.

신경정신의학에 대한 인식을 새로이 해야한다는 점에서 다음과 같은 사항을 회원 여러분께 제안하고자 한다.

1. 신경(뇌)과학과 신경정신과적 장애에 대한 회원 보수교육 강화
2. 의과대학 학생 정신과강의에 신경정신의학 강의 강화
3. 전공의 수련과정에 신경정신의학 부분 강화 및 전문의 시험에 이를 반영
4. 대학 정신과에서 신경과학 내지 신경정신의학 연구 강화

최근 신경과학, 정신약리학, 정신장애의 분자유전학적 연구, 뇌영상학, 신경심리학 등의 발전은 눈부신바 있다. 이러한 과학적 발전은 우리 정신의학의 연구와 임상에 그대로 응용되어야 한다. 이는 "증거에 의거한 의료"라는 개념에도 잘 부합하고 날로 강화되고 있는 보험제도에 대응할 논리에도 잘 부합한다.

학회에서는 이러한 관점을 중시하고 지난번 "의학교육세미나"에서 이미 심도있게 토론한 바 있다. 앞으로 이를 위한 특별연구위원회 구성도 생각 중에 있다. 문제는 이러한 생각들이 일부 위원들 사이의 토론으로만 그치고 만다는데 있다. 각 대학 정신과 교수님들, 특히 주임교수님들 뿐 아니라, 일반 개원의들께서도 이러한 심각성을 인식해 주시고 교육, 연구, 임상에서 과감히 시행할 수 있어야 한다고 믿는 바이다.

(신경정신의학회보 이사장 편지 2001)

05.

문화와 정신병리

-서울시의 경우-

문화

문화란 De Josselin de Jong에 의하면 "자의식을 가진 인간 공동체의 비유전적 삶의 표현과 그 산물의 체계"이며, E. Tylor에 의하면 "지식, 신앙, 예술, 법률, 도덕, 관습, 그리고 공동체의 일원으로서의 인간이 획득한 능력과 습관"을 의미한다. 따라서 문화는 ① 인간의 의식적인 행위와 그 결과 (무의식적 행동과 그 결과는 문화가 아님.) 이며, ② 문화는 공동체의 것이다 (손봉호, 2005).

문화는 문명과 유사하게 사용되는데, "문화" (culture)는 "자연" (nature)과 대조되며, "문명"(civilization)은 "야만"(primitive)과 대조된다. 농업(agriculture), 자동차생산이 전형적인 문화 활동이라면, 예의, 교통질서는 문명인 것이다. 서부 유럽인이나 중국인들이 주변국 사람들을 야만인 혹은 오랑캐라고 부른 것은 그들 자신은 짐승과 다르게 고상하고 품격 있는 삶, "인간다운 삶"을 살고 있다고 믿었기 때문이다. 그런 의미에서 공자는 예악(禮樂)의 덕목에 대해 강조하였던 것이다.

문화라고 부를 수 있는 요건: 우선 문화는 ① 생존에 필요한 생물적 "기본수요"(즉 영양과 적절한 온도, 그리고 건강)를 충족시킬 수 있어야 한다. 이는 기본 인권을 보호하는 것이다. 역사적으로도 인류는 "거룩함"을 제외하고는 생존과 어느 정도의 경제적, 사회적 여유가 있어야 비로소 예술, 학문, 역사, 다른 문화 등에 대해서 관심을 가질 수 있었다. 그리고 문화는 ② 인간을 좀 더 인간답게 살 수 있도록 하는 것이다. 생존 유지에 필요한 기본수요 이상의 요구는 사치라고도 할 수 있는데. 그런 의미에서 창조, 과학 기술, 예술 활동 등은 인류에게 "필수"적이라기보다 "여가", "유희"의 범주에 들어간다고도 할 수 있다. 문화가 유희, 놀이 등과 관련되는 것은 이런 의미일 것이다.

현대 문화의 특징으로 알려진 다원주의와 상대주의 등의 사상은, 영원불변한 법칙이나 초자연적 힘에 대한 믿음이 약해진 오늘날. 인간과 사회현상을 설명하는데 차지하는 비중이 크다.

문제적 문화, 치유하는 문화

문제는 현재의 인류문화에 문제가 많다는 자각이다. 즉 역사적으로나 잘못된 문화는 수많은 사람에게 고통을 가져다주었던 것이다. C. S. Lewis는 인류가 당하는 고통의 약 4/5는 인간이 가하는 것이라고 한바 있다. 현재에도 이런 잘못된 문하는 존재한다.

인간들이 추구하는 가치에 배타적(zero-sum)가치들이라 하는 것이 있는바, 즉 돈, 권력, 인기 등. 한정된 가치들로서 사람들은 이를 서로 더 많이 가지려고 서로 경쟁하게 된다. 그리고 그 결과는 무례, 비도덕, 불법. 질서 파괴였다. 예를 들어 자연과학과 과학기술이라는 문화가 생산해 놓은 대량살상무기나 자연환경 오염이 인류와 문명을 위협하고 있다. 또 하나의 전형적인 예로서, 소외 현상이라는 것이 있는데, 이는 문화적 산물이 그 만든 사람들로부터 독립되고 그들의 의도와는 관계없이 인간에게 적대적이 되는 것을 뜻 한다.

치유하는 문화

따라서 향후 인류 문화는 이런 잘못된 것을 치유하는 문화, 소외현상을 더 이상 야기하지 않는 문화라야 한다(손봉호 2005). 문화는 인류를 인위적인 고통으로부터 해방시키는 문화라야 할 것이다. 이런 문화는 자연히 윤리적 내지 도덕적 인간관계에서 이루어지며 다분히 정신적 요소가 강한 문화일 것이다. 그런 문화의 결과는 대개 기본 요구 충족을 넘어, 질서보장과 고급가치(아름다움, 거룩함, 참됨, 착함, 사랑 등)의 문화일 것이다.

관심의 초점이, 좁은 의미로서의 '문화' 라기 보다, '문명' 에 맞추어져야 할 것이다.

문화와 정신병리와의 상호작용

문화가 정신에 미치는 영향은 잘 알려져 있다. 한 사회를 다른 사회와 다르게 만들고, 주민들의 성격을 결정하는 것은 자연조건이 아니라 문화적 상황이다. (북한 문화, 즉, 개인숭배, 집단주의, 공산주위. 권위주의. 경찰국가, 김일성 주체사상 등이 북한사람의 인격형성에 미치는 영향을 상상해 보라) 사람의 인격발달은 주어진 사회문화에 적응함에 따라 그 사회문화에 맞게 발달한다. 개인의 욕구에 대해서는 주어진 반강제적인 사회문화의 요구는 도전이 되며 개인은 이에 대응(응전)하여 나간다. 갑작스러운 사회문화적 과제(도전)는 소위 문화충격(culture shock)이라는 적응형태를 나타내게 만든다. 예를 들어 어린 아이의 학교입학, 다른 동네나 다른 문화권으로의 이주, 어른의 현실세계로 들어가는 입사, 다른 문화권과 만나는 결혼 등이 일상적 문화충격 사건이다. 우리주변에서 보는 탈북자의 적응문제도 문화충격에서 비롯된다.

한편 문화와 그에 속한 구성원들의 인격사이에 상호작용도 있다. 구성원의 인격이 그가 속한 집단의 문화를 특징지우기도 한다. 한국 사람이 한국 문화를 만들고 독일 사람이 독일 문화를 만든다. 대학생들이 독특한 대학 문화를 특징지우고, 의료팀과 환자들이 병원문화를 특징지운다. 히틀러의 개인 성격이 나치스 독일 문화를 만들었다고 볼 수 있다. 또한 문화권과 그 구성원들의 인격은 자연환경과도 상호작용하는 것 같다. 사막지역 문화는 섬나라의 문화와 다르다. (그러나 이 글에서는 문화가 정신과 정신건강에 미치는 영향에 국한하여 논의하고자 한다.)

문화와 정신병리, 정신장애, 증상과 징후

문화는 정신장애의 소인, 유인, 방어, 대응, 환경의 지원, 환자역활 등, 모두에 관련된다. 가장 전형적인 예는 정신분열병 환자는 하층계층에 많다고 하는데, "정신분열병 환자가 된 후 하층으로 내려갔는가? 하층에 있기 때문에 환자가 되었는가?"하는 질문이 있다. 연구결과는 정신병적 장애(정신분열병, 앙극성 장애 등)는 생물학적 요인이 더 크고, 신경증적 장애(불안장애, 전환장애, 적응장애 등) 정신사회문화적 요인이 더 크다는 것이다.

문화가 정신장애와 밀접하게 관련된다는 사실은 문화관련증후군(culture-bound syndrome, culture-related syndrome)에서 볼 수 있다. 우리나라에는 무병, 화병, 공격형 대인공포증 등이 알려져 있고, 일본에는 대인공포증, 집단자살, 그리고 동남아시아 지역에는 koro, latah, susto, amok, 등이 알려져 있다(Tseng 2001).

문화와 치료 행동

건강에 문제가 있을 때 어디에서 도움을 찾는가(help-seeking

behavior)하는 것은 문화적 관습이다. 우리나라에서는 무속, 민간약, 한방, 불공, 안수기도, 약국, 병원, 상담가, 대체의학, 등이 연구되고 있다.

유사하게 문화는 건강을 증진하는 행동 (health behavior)에도 영향을 주는데, 주변 소문, 영양식, 운동, 절제, diet, 보약, 상담, 기도 등이 발견된다.

문화는 치료자, 또는 helper의 태도에도 영향을 미치는네, 그들의 가치관, 행태, 수단(실용적, 과학적, 상식적, 종교적), 돈벌고자 하는 욕구 등에 영향을 미친다.

의학 파라다임

건강문제, 또는 문화적 문제라 하더라도, 문제를 해결하는데 의학적 파라다임을 적용할 수 있다고 본다. 즉 문제의 파악과 해결에 bio-psycho-social-spiritual model을 적용하고, 정의, 역학, 원인, 증상, 진단, 치료, 예후라는 임상의학의 방법을 사용하는 것이다(민성길 2006). 이와 병행해서 WHO의 삶의 질에 대한 이론에 의거 작성한 삶의 질 척도에 포함된 dimension을 이해하는 것이 필요하다. 즉 ① 정신적 영역: 감정, 지적능력, ② 신체적 영역: 신체건강, 외모, ③ 사회적 영역: 지원, 의료, 교육, ④ 환경적 영역: 주거환경, 교통, 안전, ⑤ 영적(신념적) 영역: 신앙 등이다(민성길 등 2002).

서구 의학의 문제점이 생물학적 관점이 강하다는 것인데, 특히 정신의학에서는 Euro-American Neurobiological culture에 크게 영향받고 있다. 따라서 정신사회적 측면의 강조에 불균형이 있다. 그런 관점에서 동양적 관점, 신체-정신을 하나로 보는 관점과, 치료보다 종교에서 말하는 치유라는 관점을 생각할 필요가 있다.

개인이 아니라 한 단위의 사회 집단, 지역공동체에 대해서도 의학 및 정신병리학의 이론을 적용할 수 있다. 이는 최근 “서울 2005 건강도시 운동”으로 그리고 “정신건강 2020 project”로 나타나고 있다. 즉 WHO의 육체적, 정신적, 사회적 건강 개념에 따라, keyword를 평균 수명, 사망원인, 삶의 질로 하고 있다. 정신건강 요소로서는 사망원인의 하나인 자살과 그 원인인 스트레스에 focus를 두고 있다. 저자의 생각에는, 사회 문화와 정신건강 부분은 다소 소홀히 취급받고 있는 것 같다.

치료적 공동사회

사회문화라는 관점에서, 지역사회정신의학이 우리의 과제가 된다. 지역사회정신의학 이론의 핵심에 대해 철학적 이해를 좀 더 깊이 할 필요가 있다. 지역사회 정신보건사업은 치료적 공동사회(therapeutic community) 이론에 기반을 두어야 할 것 같다. 즉 이는 환자치료문제 해결을 위해, 치료자, 환자, 가족, 병원환경이 모두 한 팀으로 접근한다는 것이다. 이 team approach 모델은 기존 정신요양기관의 권위주의 폐쇄주의를 극복하고, 치료환경(milieu)에 민주주의를 구현하는 것이다. 치료의 목표는 인간관계 증진과 개선이다. 치료모형은 민주적, 허용적, 공동체적 이다. 그 구체적 치료방법은 일반정신과 치료어 더하여, 현실직시, community meeting, 대화 토론, 생활지도, 하루 일과, 여가선용, 단체활동 참여와 그에 대한 지도 등이다(민성길 2006).

따라서 그 용어의 정의상, 지역사회정신의학에는 지역문화가 통합되어야 하고, 그 문화는 치유하는 문화가 되어야 할 것이라고 믿는다.

06.

우리도 한 몫을

정신약물학(또는 임상정신약리학이라도 할 수 있는데 본인은 이 용어를 더 좋아한다)은 이제 정신과 임상에서 가장 중요한 분야가 되었다. 필자가 조사한 한 연구에서 환자나 그 가족들도 약물치료가 가장 중요한 치료방법이라고 생각하고 있는 것을 알 수 있었다.

필자가 1969년 처음 정신과 의사로 입문하였을 때, 치료는 약물치료라기 보다 정신치료가 우선적이었다. 그래서 그 때, 열심히 정신치료 면담을 녹음하거나 verbatum을 만들어 선생님에게 지도 받는 것이 큰 업무 중 하나였다. 그 때만 하더라도 당시 지도교수님이었던 김채원선생님께서 읽어 보라고 추천해 주셨던 책이 저자는 잘 기억이 안 나지만 Physical Basis of Mind라는 얇은 책이었는데, 그 제목부터 "충격적"이었던 기억이 난다.

그러나 40여년이 지난 지금 상황은 많이 달라졌다. 필자 자신은 덴마크 코펜하겐대학 정신과와 정신화학연구소(Psychochemistry Institute) (그 이름마저도 놀라운)에 연수 갈 기회가 있었다. 그 당시 북유럽은 정신과라 하면 온통 생물정신의학 일변도였다. 굳이 말하자면 정신내과였다. 거기서 들으니, 독일 대학에서 정신분석을 공부하면 주임교수한테 쫓겨난다는 것이었다. 그러나 한편 구석에서는 몰래 정신분석을 공부하는 젊은이들이 생겨나고 있다고 하였다. 코펜하겐대학 정신과에서는 당시 영국에서 정신분석가를 초빙해 1년에 6개월씩 강의와 지도를 하고 있는 정도였다. 어쨌든 소위 선진국에서는 정신의학은 그야말로 "정신화학"이었던 것 같았다. 필자는 당연히 충격을 받았다. 그때 아무래도 우리나라에서도 대학에서는 생물정신의학을 공부하는 사람도 있어야겠다는 생각을 굳히게 되었다. 그리고 귀국해서는 임상정신약리학을 전공으로 삼게 되었던 것이다.

이런 이야기를 길게 하는 것은 우리가 세계 전체가 어떻게 움직이고 있는가 하는 데에 늘 관심을 가져야 한다는 뜻에서이다. 우리는 한국 땅 안에서도 충분한 인구를 가지고 있어 의사로서 살아가기에 별 부족할 것이 없다. 그러기 때문에 우리는 현 상황에 안주하기 쉽고, 우리가 하는 일이 전부인양 착각하고 만족하기 쉽다. 그러나 실로 세계는 넓고 할 일은 많다. 우리는 우물 안의 개구리처럼, 우리 자신이 그런대로 괜찮은 줄 알기 쉬워, 자신도 모르게 통이 좁은 인간이 되기 쉽다.

우리가 많이 알수록 우리의 환자를 더 잘 도울 수 있는 것은 자명하다. 우리는 무엇을 더 잘 알 것인가. 더 잘 더 많이 안다는 것은 무엇인가. 우리는 무엇을 더 배워야 하는가. 생물정신의학, 약물정신의학은 하루가 다르게 새로운 지식이 쏟아져 나오고 있다. 정신치료는 우선 기본 원칙을 잘 배우고 계속 실행하면서 기술을 다듬어 가는 갓이 필요하다. 그러나 약물정신의학은 전혀 새로운 파라다임의 이론과 기술 그리고 구체적인 약물이 끊임없이 등장한다. 우리나라에서 정신약리학을 공부하는 사람들도 점차 증가하고 있다. 필자가 알기로는 연구 환경도 많이 개선되었다. 우리도 이러한 급변하는 학문의 세계에서 한 몫을 하게 되기를 바라는 마음 간절하다.

새해를 맞이하여, 올해는 또 어떤 새로운 발견이 우리를 놀라게 할지. 기대하면서, 전 회원께 새해를 맞이하여 건강과 행복과 그리고 시도하고자 하는 모든 일에 하나님의 가호가 같이 하시기를 기원한다.

(대한정신약물학회 회보 2003.3.20)

07.

정신의학과 노벨상

작년 7월 시카고 CINP에 참석하였을 때, 전시에 참가한 출판사들 서가에서 한 권의 책을 발견하고 그 제목과 저자의 이름에 이끌려 구입하였다. Eric E. Kandle의 "Psychiatry, Psychoanalysis and the New Biology of Mind"가 바로 그 책이다. 이 책은 그 매력적인 제목에서 보는 바대로, 정신의학과 정신분석과 분자생물학에 대한 그의 중요한 8개의 논문과 관련 학자들의 토론을 모아 놓은 것이다. 주지하다시피 Dr. Kandle은 노벨의학상을 받은 첫 번째 미국 정신과의사이며, 세계적으로는 두 번째 정신과 의사로서, 미국 정신의학계의 자랑이다. 그는 기억과 학습에 대해 더 잘 이해할수록 인간의 행동과 정신장애에 대한 이해를 더 깊이 할 수 있을 것이라는 생각을 가졌는데, 이는 프로이트를 포함한 우리 정신과의사 모두의 생각이기도 하다.

그는 Harvard 대학, New York University School of Medicine, National Institute of Health 등에서 공부했고 Harvard 의대 부속 Massachusetts Mental Health Center에서 정신과 레지던트 과정을 수료하였다. 그는 초기에 정신분석에 관심이 많았는데, 당시의 정신과 수련은 이 후 그가 인간행동과 정신에 대한 연구를 수행함에 있어 큰 영향과 깊은 통찰을 제공하였다. 1962년 파리의 Institute Marey에서 fellow로서 연구생활을 했는데 여기서 그는 바다달팽이(Aplysia)연구를 시작하였다. 1974년 Columbia 대학에 와서, 지난 20년간 그 대학의 department of psychiatry, physiology and biochemistry의 교수로 일했다. 여기서 그는 뇌와 행동의 생물학을 신경학과 정신의학을 접목하는 연구를 하면서 제자들을 가르쳤다.

그의 대부분의 업적은 Columbia 의과대학에서 이루어졌다. 그의 주 업적은 중추신경계에서 synaptic placidity의 분자생물학적 기초와 그 placidity와 인지기능 간의 관계에 대한 연구이다. Aplysia에서 세포수준의 학습의 단순한 형태를 연구하고, 이를 분자유전학과 그리고 나아가 생쥐의 학습과정에 대한 연구로 확대시켰다. 이로서 그는 long-term synaptic placidity와 학습과 장기기억에 대한 이해의 길을 열었다. 그의 연구는 많은 젊은 과학자들의 행동의 분자생물학적 연구에 몰려들게 하는 자극이 되었다.

1980년, 필자는 정신치료를 주로 공부하고 있었는데, 코펜하겐 대학 정신과 연수 이후 대세에 따라 임상정신약리학으로 연구전공을 바꾸었다. 당시 이동식 선생님께서는 정신치료를 공부하면 생물정신의학을 더 잘 공부할 수 있다고 하시면서 정신치료 공부를 계속하라고 하셨다. 그 이후 정신치료가 늘 마음에 걸리었다. 그러나 Dr. Kandel에 대해 알고 난 후부터는 다소 안도하였다. 그는 정신분석을 놓치지 않았을 뿐 아니라 정신분석의 통찰을 분자생물학적으로 입증하는 연구를 하고 있었던 것이다. 이동식 선생님의 말씀은 옳았다. 정신치료와 생물정신의학 연구는 별개의 것이 아니다. 이 둘은 모두 인간, 행동 그리고 정신장애에 대한 것이며, 상호보완적이고, 그 중 하나가 진실이라면 다른 것으로 이를 입증할 수 있을 터이다.

수년 전 뉴올리언즈에서 열린 APA 학술대회에서 Dr. Kandel의 특강을 들은 적이 있다. 회의실 몇 개를 터서 만든 큰 강당에서 그야말로 인산인해를 이룬 청중들과 그의 강연을 들었다. 노벨상 수상자인지라 내용은 말할 것 없고, 당당하고 세련된 강연과 우레와 같은 기립박수는 한국이라는 변방 국가에서 간 나에게는 감명적인 것이었다. "우리는 언제?" 라는 생각도 들었다.

책은 옆 책장에 표지가 보이도록 세워져 있다. 틈틈이 읽고 있다. 그러나 생각해 본다. 우리의 여건은 좋지 않지만, 우리도 잘 할 수 있을 것이라고 생각된다. 한국의 다른 분야에서는 이미 세계 일류가 나오고 있지 않은가?

우리 정신약물학회의 발전을 기원한다.

(대한정신약물학회 회보 2007년 8월 15일)

Chapter 2 **인문학 교육의 강화**

01.

인문학 교육 강화하자

미래사회의 요구에 부응하는 의사상(醫師像)에 맞는 의사를 교육하기 위한 방안으로 교과과정에 인문학 교육을 강화해야 한다는 주장이 나왔다.

연세의대 민성길교수는 '의학행동과학' 지에 기고한 글에서 새로운 의학교육을 위해서는 교육과정에 생물-의학적(bio-medical) 지식과 기술 이외에 정신사회적 (psycho-social), 즉 인간과 사회 그리고 문화 등 인문학적 교육이 추가돼야 한다고 주장했다. 민교수는 인문학 교육은 말 그대로 인간, 문학, 역사학, 철학에 대해 교육하는 것이라며, 다만 이 과목을 현재의 의대 교과과정에 어떻게 효율적으로 통합할 것인지는 앞으로의 연구과제라고 숙제를 남겼다.

미래 사회 요구 부응 의사상 정립

민교수는 또 바람직한 의사로서의 '태도' 는 수업시간에 강의를 통해서 교육된다기보다는 교실 안팎에서 교수가 보이는 모범을 따라, 그리고 전반적 '학교문화' 와 실습하는 '병원문화' 를 학생들이 동일시하는 과정에서 습득되는 부분이 많다고 강조했다.

따라서 의과대학, 병원, 교수는 이런 점에 유의해 스스로를 정신사회적으로 수준을 높이는데 노력해 훌륭한 의사로서의 모범을 보여야 하며, 학교는 이에 대한 제도적 뒷받침을 마련해야 한다고 지적했다.

(의협신문 2002년 6월 24일)

02.

정신과의사는 누구보다 사회문화적 감각 키워야

본인은 지난 9월 말과 10월초에 걸쳐 북경과 타이페이를 여행할 기회를 가졌다. 북경에는 제1회 세계문화정신의학회, 그리고 타이페이는 제12차 환태평양정신의학회에 참석하기 위해 갔었다.

본인이 문화정신의학을 전공하는 것은 아니지만, 화병이나 한국 정신의학의 현황에 대해 발표할 것을 요청받고, 이들 학회에 참여하였던 것이다. 필자는 중국과 대만을 오가며 둘 사이 팽팽한 정치적 입장을 알 수 있었고, 중국의 정신과 의사, 대만의 정신과 의사, 홍콩의 정신과 의사, 그리고 미국에서 출세한 중국인 정신과 의사들이 모여 토론하는 장면에서, 그들 사이에 흐르는 미묘한 긴장도 느낄 수 있었다. 여러 측면에서 거대한 중국의 잠재력이 느껴졌고, 중국인 의사들도 이를 굳이 숨기려하지 않았다.

이번 문화정신의학회의 주 토론 주제는 이민과 정신건강, 종교(영성)과 정신의학 등이었고 기타, 문화와 정신병리학, 민족과 성격, 아시아에서의 정신치료, 테러와 트라우마, 전통의학과 치유 등이었다. 환태평양 정신의학회의 주요주제는 아시아지역의 정신의학의 미래, 정신건강 증진, 자살, 인종과 약물치료 등이었다.

이러한 여행과 아시아의 여러 정신의학자들을 만나는 사이 느꼈던 바는, 결국 정신건강은 정치, 사회, 문화, 종교에 의해 영향 받는 바가 클 것이라는 것이었다. 비록 개개인 환자를 돌보는 임상의사로서는 뇌 연구나 약물치료가 중요하지만, 시야를 넓혀본다면, 인간의 행복과 삶의 질에 대해 개인을 넘어선 사회문화의 영향이 더 큰 것 같다. 즉 정신건강을 위해서는 의사들의 진료나 연구 등 개인적 활동도 중요하지만, 사회와 문화, 특히 정치와 정책이 중요하다는 것을 실감하였다. 즉 정신과 의사들의 연구가 사회정책에 반영되어야 의사들이 비로소 그 임무를 완수했다고 인정될 것이라는 것이다.

북경과 타이페이, 이 두 도시는 여러 차례 방문했기 때문에 문화적으로 더 이상 새로운 감흥을 주지는 않았다. 그러나 여행의 덤으로 다녀온 성도(成都)와 티벳은 특별하였다. 성도에서 재갈공명과 두보의 사당을 둘러보는 것도 즐거웠고, 티벳의 높은 눈 덮인 산들과 새파란 호수, 라마불교의 거대한 사원들과 티벳인들의 지극한 오체투지(五體投至)의 신앙행위들도 놀라운 문화충격으로 다가왔다.

정신과의사로서 문화를 체험하는 것은 다른 전문가들의 체험과 같을 수 없을 것이다. 정신과 의사는 자신의 직업적 성공을 위해 어느 다른 종류의 전문직 의사보다도 사회문화적 감각을 키워야 한다고 믿는다. 그 방법의 하나는 다양한 종류의 학회에 참석하는 것일 것이다.

(신경정신의학회보 2006년 11월 25일)

03.

선배노릇 후배노릇

우리나라에서처럼 선배 후배 찾는 곳이 아마 없을 것이다. 특히 의사 사회에서는 더욱 요란한 것 같다. 직장 · 학회 등이 온통 선후배로 꽉 조여 있어, 편리하기도 하고, 그 부담감에 갑갑하기도 하고, 또 눈에 그리 띄지는 않으나 부정적인 면도 있는 것 같다. 나 자신 무슨 모임이든 가보면 화제 중에 일부는 꼭 선후배 이야기가 나오는 것을 경험한다. 선배, 후배에 대한 칭송과 성토는 약방의 감초 같이, 꼭 해롭고 쓸모없는 것 같지는 않다.

어차피 우리 모두는 어떤 누구의 후배가 되기 마련이고 또 어떤 누구의 선배가 되기 마련이다. 그 노릇을 하느냐 마느냐는 별개 문제이다. 소문에 들으니 미국에서 아주 유명하게 출세하신 선배 한분이 후배가 찾으면 선후배 관계로는 만날 수 없다고 딱 거절할 뿐만 아니라, 그 거절의 말을 영어로 한다는 것이다. 하기는 누구든 간에 꼭 선배 노릇을 해야 할 의무는 분명히 없다.

그러나 보통 사람은 마음이 약해서, 무언가 알맞는 선배역할, 후배역할을 해야 된다고만 느낀다. 속으로는 부담스러워도 차마 거부를 못하는 것인데, 이것은 우리 한국 사람의 인지상정(人之常情)인 것 같다. 이왕 할 바에야 적극 잘 해보는 것이 어떨까.

좋은 후배노릇은 어떤 것일까. 옛날 외국에서 라면 끓여다 선배에게 바치듯이, "네, 선배님을 따르겠습니다. 말씀만 해주십시오. 대신 잘 지도해 주십시오" 하는 태도를 견지하는 것이 좋은 후배인가. 어쨌든 후배는 배우는 태도를 가지는 것이 중요하다고 본다. 물론 선배를 비판할 수도 충고할 수도 있다. 그때는 선배가 받아들이지 않고 서로 마음이 상할 수도 있다는 각오도 되어 있어야 한다. 그러나 여하튼 그러한 선배가 나중에 어떤 사태에 직면하는가를 두고 봄으로써 무언가를 배울 수 있을 것이다.

선배 노릇은 어떻게 하는 것이 이상적일까. 이점에서는 필자가 만난 선배 한 분의 소개함으로 대신하고자 한다. 필자가 미국서 잠깐 생활할 때 만난 분은 항상 자기가 알게 된 것, 느낀 것을 가르쳐 주고자 애쓰시었다. 자랑삼아 그러지 않는다는 것은 그 한결같은 태도를 보아 알 수 있었다. 내가 꼭 필요로 해서 부탁하고 싶은 것을 어떻게 눈치를 채고, 무심코 물어보듯 해서 나에게 부담감을 갖지 않게 도와주었다. 그러나 그렇다고 해서 자기가 싫으면서 희생적으로 하는 일은 없고, "해주겠다", "안된다"가 뚜렷했다. 처음엔 나 혼자 야속한 느낌이 없지 않았으나 그 분을 이해하게 된 후에는 얼마나 대하기가 마음 편한지 몰랐다. 특히 가능한 공부하는데 도움 되게끔 여러 교수와 기관을 추천하고 주선해 주는 능력이 인상적이었다. 세미나 등에서도 가능한 모든 자료를 제시하고 스스로 판단하도록 토론을 유도하며 자기가 최종 결정을 하지 않았다. 동시에 무슨 질문이든 대답할 수 있게끔 그 자신 공부를 게을리 하지 않았다.

다른 방면에서는 다르게 후배를 도와주는 훌륭한 선배들의 예가 무수히 있을 것이다. 좋은 선배, 좋은 후배가 된다는 것은 두려우리만큼 어려운 일이라 생각된다.

(의협신문 1981년 9월 19일)

04.

내 인생의 고전. 벌핀치의 고대신화

내 인생에서 큰 영향을 준 책을 꼽으라면 그것은 단연코 성경이라 해야 할 것이다. 그러나 세속적인 점에서 다른 책을 들라면 「고대신화」(Mythology, Thomas Bulfinch작 (1855), 손명현 역, 정음사, 1965)라 하고 싶다.

고대 신화에 대한 책 중에서 벌핀치 판이 가장 고전적이며 포괄적인 것으로 당시 소개되었다. 실제 읽어보니 그 양은 대단히 방대하고 세밀하였다. 특히 이 책에는 그리스신화 뿐 아니라, 고대 인도의 신화, 고대 북구 신화, 고대 영국신화(원탁의 기사) 등 고대신화가 총 망라되어 있어서 대단히 좋았다. 문체는 서술적이었고, 대단히 장중하여 진지하게 읽힌다. 고대의 신화들은 이야기로서도 재미있거니와, 우리에게 비논리적이며 비이성적인 세계, 즉 아름답고 창조적이며, 믿고 싶은 바를 제시해주는데 그 가치가 있다. 덤으로 신화는 그 지역의 문화를 이해하는데 대단히 중요하다. 그리스 신화는 유럽문화를 이해하는데 필수적이다. 모든 문학, 미술, 음악 등 예술의 소재가 그리스신화였을 뿐 아니라, 일상생활에는 말할 것도 없고, 일반 학문에도 지대한 영향을 주었다. 내가 전공하는 정신의학만 해도 사이케(psyche), 오이디프스 콤플

렉스 같은 용어들의 어원이 그리스 신화에 있다. 그리스신화는 성경과 더불어 유럽인들의 영감의 보고이다.

희랍신화 중에서도 나는 특히 변신(매타모르포시스)의 이야기에 흥미를 느낀다. 예를 들어 자신을 쫓아오는 남자 신을 피해 도망가던 여인 다프네가 잡힐 수밖에 없는 위기의 순간에 신에게 소원하여 월계수로 변신하는 이야기 같은 것이다. 이는 사람이 어려운 상황에서 벗어나기 위해 다른 존재로 변화하고 싶은 희망을 나타낸다고 생각된다. 이는 정신과 진찰실에서 흔히 보는 인간의 모습이다. 지상의 고통에서 벗어나기 위해 새가 되어 훨훨 날아다니고 싶다는 희망, 남성이기가 고통스러워 여장남자가 되거나 성전환 수술을 받고자 하는 사람, 열등감과 무능감, 죄책감 등에서 벗어나고자 자신이 대통령이나 나폴레옹, 심지어 예수라고 믿게 되는 망상 등이 이러한 변신의 이야기에 해당된다. 우리는 때때로 변신을 꿈꾸는데 고대신화에는 온갖 형태의 변신 이야기들이 있다.

고대 영국의 〈원탁의 기사〉 이야기 중에서는 잃어버린 성배를 찾는 기사 이야기가 특히 감동적이다. 이는 기도, 금욕, 유혹, 고난, 순례 등 그 여정이 아무리 고통스럽다 하더라도 영원한 성스러운 구원의 길을 찾고자 하는 인류의 희망을 상징하는 것이라 보인다.

내가 본과에 들어가 해부학, 병리학, 생리학 등을 배우게 되었을 때, 솔직히 재미를 느끼기 어려웠다. 점차 의학공부를 힘들게 느끼기 시작했다. 그러면서 뭔가 의학 내에 다른 것이 없나 하고, "무의식적"으로 찾고 있었다. 그런데, 2학년 때 정신의학 강의 시간에 고대 그리스 로마 시대의 인간관이나 중세기독교의 정신병관에 대한 이야기와 그리고 뮈토스와 로고스, 에로스(eros)와 사이케(psyche, 이는 심리학과 정신의학의 어원이며 에로스와 연인관계이다), 오이디프스 콤플렉스 같은 용어에 대해 들었을 때, 나는 마음속으로 "이것이다"라고 느꼈다. 그 순간 나는 정신과 의사가 되는 것이 좋겠다는 생각이 들었다.

이 책은 기독교와 더불어, 내 젊은 시절에, 세계에 대한 눈을 뜨게 해 주었고, 나를 의학의 기계적 세계에서 인문과학적인 정신의학으로 해방시켜 주는 데 큰 영향을 미친 책이다. 나 같은 생각을 가진 젊은이들에게 꼭 읽기 권하는 바이다.

(연세대학원 신문 2000년 12월 4일)

05.

종교, 철학 그리고 의료

의사는 환자를 치료하는 가운데 종교적 내지 철학적 상황에 처하는 수가 많다. 우선 우리 모두가 같은 인간으로 삶과 고통과 죽음, 그리고 구원의 문제에 직면해 있다는 사실에서 그러하다. 특히 의사에게는 환자의 고통에 대한 이해 뿐 만 아니라, 자신의 의료행위에 대한 의문도 끊이지 않는다. 자신이 하는 행위는 올바른가, 만일 올바르다면 그 올바르다는 것을 어떻게 증명하는가 하는 문제까지 생각한다면 이는 철학적 문제가 된다. 의술이 인술이라는 말에서 보듯이 의료에는 또한 당연히 윤리적인 문제가 뒤따른다.

이와 같이 의학과 의료에는 종교적, 철학적 그리도 윤리적 문제가 직결되어 있다. 의학도는 개인의 차원에서도 종교, 철학 그리고 윤리에 대해 지식과 이해와 실천이 요구될 뿐 아니라 의사로서 의술을 베품에 있어서나 의사–환자 관계에서 그리고 의료의 사회적 차원에서도 그러하다.

의학의 인간관

의학에서는 인간을 신체적, 정신적 및 사회적 존재라고 보고 있다.

따라서 건강뿐 아니라 질병을 이해하는데 있어서도, 이 세 가지의 상호작용의 개념에서 본다. 의학은 과학이기 때문에 인간을 단지 생물학적 존재로 보고 질병에 대해서도 신체질병에만 초점을 맞추기 쉬우나, 사람은 엄연히 육체 이상의 존재로서 정신기능을 가지고 있고 사회를 이루어 살고 있기 때문에 이러한 전체 모습을 보아야 한다. "사촌이 논을 사면 배가 아프다"라는 말에서 보듯이, 복통, 질투, 그리고 빈부의 문제는 한 사람에서 복합적으로 나타난다. 즉 사람의 신체적 조건에 따라 정신기능이 영향을 받으며, 또한 사회변화가 일어날 수 있고, 사회적 환경에 따라 사람의 정신기능과 신체상태가 영향을 받을 수 있다. 따라서 당연히 치료에서도 이 세 가지 측면의 도움이 통합적으로 제공되도록 하여야 한다.

건강이란 무엇인가? WHO에서도 건강을 "단순히 질병이 없는 상태가 아니라 신체적)physical), 정신적(psychological), 및 사회적(social) 안녕 상태(well-being)"이라고 정의하고 있다. 어떤 이들은 여기에 영적(spiritual) 안녕도 포함해야 한다고 말하고 있다. 따라서 건강이란 무엇인가 하는 것은 또한 철학적, 종교적 질문이 될 수 있다. 건강과 질병과 치료에 관련된 의문, 사실(진리), 본질, 정의, 분류, 인과 등은 철학적인 개념이며, 생노병사(生老病死), 고통, 의미, 구원(치유), 행복, 궁극적인 것 등은 종교적 개념이기 때문이다.

현실적으로는 암과 같은 경우에서 보듯이 심한 병이 있어도 미처 모르고 건강하다고 믿고 있는 수가 있다. 보통이 건강상태라면 특별한 기능이 있으면 병이라는 뜻이기 때문에 곤란하다. 이상상태가 건강이라면 모든 보통사람은 환자라는 뜻이어서 또한 곤란하다. 그래서 과정으로서의 건강 개념이 가장 적절하다고 본다. 과정이라는 용어는 과정철학에서 유래한 것으로, 즉 상태는 늘 변화하는 것으로 건강과 불건강은 절대적이 아니다. 예를 들면 한때의 고통은 발전을 위해 필요하고, 한때의 스트레스는 인격성숙을 위해 도움이 된다는 것이다.

Ⅰ. 의료와 종교

의료와 종교와의 관계

의학이나 의료에서 종교가 문제되는 것은 의사와 환자의 신앙이, 고통의 의미와 치료행위에 대해 영향을 미치고, 고통과 죽음에 관련하여 위로와 희망을 준다는 점에서 그리고 치료는 의사가 하지만 치유의 효과는 신앙을 통해 나타난다는 종교적 믿음이 현실적으로 중요할 수 있기 때문이다. 즉 의사의 종교적 배경은 그의 가치관을 주장하므로 의료에 임하는 자세에 영향을 미친다. 마찬가지로 환자의 종교적 배경도 그의 질병관과 치료에 임하는 태도를 결정한다. 그 외에, 가족의 종교적 배경도 환자의 병의 진단과 치료과정, 치료자 선택 등 결정과정에 영향을 준다. 이러한 종교 내지 신앙의 영향력은 의사 환자간의 그리고 가족간에 많은 갈등의 원인이 되기도 하고, 의료에 부정적 영향을 미칠 수 있다.

영적 존재로서의 인간

인간은 자신의 생물-정신-사회적 상황에 한계가 있음을 잘 알고 있다. 인류의 시작과 더불어 인간은 어떤 초자연적 내지 초월적인 존재가 있음을 느끼고 있다. 비록 합리적 사고와 과학이 발달하고는 있지만, 여전히 사람들은 자신의 능력에 한계를 느끼거나, 과학이나 의학이 도움이 되지 못할 때는 초월적 존재의 도움을 구한다. 이러한 상황이 종교가 존재하는 이유가 된다. 인간의 이러한 상황을 영적이라 부른다.

신앙이 건강이나 질병 치유에 미치는 영향

건강이나 질병의 발생과 치유에 종교, 내지 신앙이 도움이 된다는 견해는 과학이 발전한 현대 사회에서도 많이 지지되고 있다. 종교가 인간의 삶과 건강에 긍정적인 영향을 주는 것은 사실이다. 종교는 건강의 증진, 질병의 치유 그리고도 삶의 질의 높임과 같은 긍정적 효과를 나타낼 뿐 아니라, 병고를 통한 삶에 대해 의미를 부여하고 보다 경건한 태도를 갖추게 해주고, 인격의 성숙의 기회를 마련해 준다.

개인적인 종교활동 내지 신앙생활이 질병을 치유하거나 건강을 증진시킨다는 연구결과들이 다수 보고되고 있다. 즉, 기도, 묵상, 성경공부 등을 하는 노인들은 그렇지 않은 노인에 비해서 더 긴 수명을 누린다고 하며, 척수 및 뇌손상 환자에서 장애에 적응하는 기간동안에, 신앙심이 긍정적 효과를 나타낸다고 한다. 즉 신앙심이 자아에 대한 각성, 독립심에 대한 변화, 이전에 없던 삶에서의 목적의식, 타인을 신뢰하는 것에 대한 새로운 이해, 타인과 세상에 대한 감사를 유도하여 치료효과를 높인다고 한다. 종양에서도 신앙인에서 흡연률이 낮아 폐암 위험률이 극히 낮았고 구강, 인후, 식도에 생기는 발생률도 매우 낮다고 한다. 혈압에 있어서도 종교적 헌신과 혈압간에는 역상관관계가 있고 종교를 가진 집단에서 고혈압에 관련된 질병의 이환률과 사망률이 낮다고 한다. 기도가 심혈관 장애를 호전시켰다는 이중맹검 연구도 보고되고 있다. 따라서 질병이 말기일 때는 종교에 대한 관심이 부쩍 증가한다. 의사도 의학적인 치료에 더 이상 기대할 수 없을 때 종교에 관심을 더 갖는다. 많은 사람이 기도는 질병의 경과를 호전시키는 힘이 있다고 믿고 의사가 환자를 위해서 기도를 하며 환자와 더불어 기도를 해야 한다고 믿는다.

정신건강에 있어서도, 신체적 건강에서와 마찬가지로, 종교적 믿음은 도움이 된다. 종교 행사에 출석하거나, 성직자들의 지지적 도움을 받는 경우, 즉 신앙심은 행복감을 높여 주고, 심리적 불편감을 감소시키며, 자살과 물질 사용을 감소시키고, 대인관계의 질도 개선시키며, 정신질환의 경우 그 발생과 재입원율 그리고 증상이 줄어든다고 한다. 신앙심이 우울증에서 자살률을 낮추었다. 특히 종교가 개인의 삶에 "지시적"일수록 독특한 생활방식을 갖게 하고 그 결과 여러 질환과 관련된 위험인자에 대한 보호인자가 됨을 주장하는 학자가 있다.

왜곡된 종교관에 의한 부정적 영향

현대의학의 관점에서 볼 때, 신앙치료의 신비한 효과를 부인할 근거는 없으나, 종교의 신조가 왜곡되면 의료적, 사회적 그리고 경제적인 문제가 될 수도 있다. 현대 의학이 놀라울 정도로 발달된 이때에도 이런 원시종교의 흔적이 사회나 고등종교체제 전반, 그리고 의료의 세계에 남아있다. 우리나라에서도 환자들이 병원에 입원해 있으면서도 몸이나 병상 아래에 부적을 붙이거나, 임시 외출하여 안수기도를 받거나 굿을 하고 오는 경우를 자주 본다. 그 결과, 질병에 의한 신체적 고통을 가중시킬 뿐 아니라, 가족내의 고통도 가중시키고 개인과 사회의 경제적 부담도 증가시킨다. 대체로 이들은 종교의 본질과는 동떨어져서 오히려 미신적, 마술적 의식을 부추기고 반인간적인 행동을 일삼는다. 특히 일부 종교집단의 상업주의 성향과 주술종교화. 안수기도의 남발, 과대선전 등이 특히 치병술을 세력확장과 영력의 과시수단으로 이용할 때, 문제이다.

종교인은, 현대의학에 대해 무지 때문에, 자연 치유 혹은 일시적 증상소실을 진정한 치유나 기적 또는 종교적 은총으로 혼동하는 경우가 있을 수 있다. 이러한 종교적 치유를 강조하다 보면 정확한 진단을 모호하게 하고 병의 치료시기를 놓치거나 적절한 치료를 하지 않아서 환자에게 해로울 수 있다. 원시종교의 경우와 같이 고등종교도 과학적 진단과 치료를 적대시할 경우 더 큰 문제가 된다. 종교적 행위에만 의존하다가 잠재적 정신병의 유발되기도 한다. 정신의학에서 볼 때, 종교적 신비체험이 정신장애와 겹칠 수도 있다. 진실한 종교적 신비체험에서는 그러한 체험의 의미를 창조적으로 수용하고 현실화할 수 있는 자아의 통합능력이 있을 때이다.

충분한 성찰과 자기인식이 결여된 맹목적, 신앙은 인간을 유아적인 상태에 머물러 있게 하여 인격적인 장애를 일으킬 수 있다. 또한 모든 것을 귀신 탓으로 돌리는 질병관은 현대적 질병관 이해에 큰 장애가 될 뿐 아니라, 주술적 치료에 반복적으로 의지하게 되면 의존심이 조장되어 인간의 책임능력과 도덕관념의 쇠퇴할 수 있다.

그럼에도 사람들이 그런 종교적 맹신에 말려드는 이유는 무엇일가. 아마도 광신자집단 속에서는 신도들이 피해망상을 공유하므로 그 이상의 인격와해를 막아주기 때문이 아닌가 한다. 즉 종교가 죽음의 불안에 사로잡혀 있는 나약한 인간을 지켜주는 방어장치라는 것이다. 예를 들어 샤마니즘이 투사라는 병적기제로서 작용하는 바와 같다.

종교의 입장에서 본 의학의 문제점과 대책

종교의 입장에서 볼 때, 의사는 과학의 이름으로 종교적 내지 영적 체험의 의미나 그 영향력을 단순하게 무시하려하는데 문제가 있다. 전반적으로 의사는 종교나 신앙에 대한 이해가 부족하다. 더욱 넓게는 의사는 흔히 환자의 신체상태나 질병 자체에는 엄중한 관심을 가지나, 환자의 사회문화적 배경, 경제상태, 정신상태, 감정, 가치관, 관습, 신념(이데올로기), 신앙 등에 소홀하다. 의사는 인간이 영적 존재로서 "영적인 요구"가 있다는 점을 이해해야 한다. 즉 의사는 환자가 자신의 치유를 위해서도 기도하지만, 의사를 위해서도 기도하고 있다는 것을 알아야 한다.

뿐만 아니라 종교의 입장에서 보면, 의사는 의학에 한계가 있음을 잘 모르고 있는 것처럼 보일 수 있다. 생명의 기원이나 죽음의 문제, 노화의 문제 등에 대해서는 아직 해답을 얻지 못하고 있고 실제 임상에서도 원인을 모르는 병도 많고, 사람의 병이 서서히 죽음을 향해 진행되어도 병의 경과를 막을 수 없는 경우가 있고, 진단은 내렸으나 치료법을 모르는 수도 병도 많다. 의사는 인생의 어려운 비밀에 대해 겸허해야 한다.

이에 대한 대책으로는 다음과 같은 것을 생각해 볼 수 있다.

협력

현대에 이르러서는 의료인의 역할과 종교인의 역할이 나뉘어져 있다고 본다. 즉 서로의 영역을 공유하기에는 전문적인 문제들이 발생된다. 물론, 서로의 영역을 폐쇄적으로 닫아두어 생기는 문제들도 있다. 종교인과 의료인은 경쟁자도 아니고 적수도 아니다. 의사와 성직자 간에 대화와 만남이 필요하다. 만남과 대화를 통해 의사는 종교인을 의료상의 협조자로 삼아야 하고, 종교인은 의사의 의료지식과 방법을 존중할 수 있어야 한다. 우리나라에서는 종교와 의료가 아직 성숙한 협력관계를 이루지 못하고 있다. 우선 많은 성직자들에서 현대의학 지식이 부족하다. 따라서 의학자와 목회자들의 공동연구가 필요하다.

의사의 각성

의료인은 병을 앓는 사람의 인격과 생활의 방식에 중대한 영향을 주는 종교와 신앙문제 즉 영적 문제를 잘 이해할 필요가 있다. 의료인은 인간의 종교심성에 대한 교파를 초월한 이해가 필요하다. 즉 자기가 속하지 않은 다른 종파나 종교도 인정할 수 있어야 한다.

의사는 질병을 치료하고 건강을 증진해 가는 과정에서 한 사람이 가진 다양한 면을 고려하여 의사-화자와의 관계를 맺어야 한다. 이러한 면 중의 하나라도 소홀히 할 때 뜻밖의 문제가 생기기 때문이다. 환자는 의사가 자기와 다른 신앙을 가졌다는 이유만으로도 그만 병원에 오지 않는 수가 많다는 것을 잘 이해해야 한다. 의사는 환자를 평가할 때 개인의 영적 생활이나 신앙심 등을 평가하고 그의 신앙과 신념을 존중하고 그에 맞는 적합한 의료를 고려해야 한다. 설사 인정해 줄 수 없는 신조라 하더라도 이를 무시하면 환자-의사간의 관계가 깨질 뿐만 아니라, 환자가 제공되는 치료를 외면할 수도 있다. 이러한 한계적 상황에서 할 수 있는 최선을 다하는 것이 의사의 도리일 것이다.

끝으로 의사는 자신의 한계를 인식해야 한다. 인간은 병 앞에서는 한없이 나약해지는 존재인데, 이럴 때 인간은 초월적인 존재를 생각하게 되며, 초인간적인 힘을 빌리고 싶은 것이 사실이다. 그리고 종교는 이러한 인간과 의학의 한계를 믿음이라는 차원에서 극복하도록 돕는 것이다.

Ⅱ. 철학과 의료

역사적 전개

우리가 철학이라 하면 대개 서구 철학을 떠올린다. 서구의 철학은 역사적으로 기원전 6세기경부터 에게해 연안을 중심으로 하여 꽃핀 그리스 철학에서 시작되었다. 그리스의 철학과 문화는 로마로 이어지고 기원 전후하여 기독교와 만나 지중해 문화를 형성하였다. 이 지중해의 문화가 오늘날 서구 철학과 문화의 전신이다. 중세기, 계몽기, 종교 개혁을 거쳐 지중해-서구 문화는 유럽에서 크게 발전되었다. 그러다가 17세기부터 유럽 문화는 대서양을 건너 미국에 정착하면서 다함께 세계 첨단의 과학 기술 문명을 발달시켰다.

서양 전통 철학은 철저하게 실체론(實體論 substantialism)적 바탕 위에 서 있다. 실제론적이라 함은 무엇이 궁극적으로 존재(being)한다는 사상이다. 뉴턴의 입자이든, 중세기의 신이든, 칸트의 물 자체이든, 서구 철학은 있다는 실체를 떠나서는 생각할 수가 없다. 실체는 비실체적인 것과 구별되어 실체와 비실체 사이에 이원론(二元論 dualism)을 성립시켰으며, 자연히 비실체적인 것은 실체적인 것에 시원적(orientable)이게 되고 말았다. 이러한 실체론, 시원적 사고, 이원론에 근거한 서구 철학은 자연과 인간의 조화 없는 과학 기술, 마음과 몸의 조화 없는 인문 과학의 발달을 조장했고, 세계의 이념적 양극화, 자연과 인간의 괴리, 인간 내부의 의식과 무의식의 심각한 분열을 초래하고 말았다고 비판되고 있다. 이러한 서구 전통 철학의 한계에서 발전된 모습으로 나온 새 사상이 A. N. 화이트헤드의 비시원론적, 비실체론적, 비이원론적 과정철학(過程哲學 process philosophy)이다. 과정철학은 전통 서양 철학의 실체 개념을 부정하고 이원론을 극복하기 위해, 과정(process)이라는 말로 대신 하였다. 과정의 개념은 각 분야의 연구에 확대되고 있는 바, 종교에도 적용되어 과정신학이 대두되고 있고. 앞서 말한 건강의 개념에도 적용되고 있다.

서구 문화에 대한 또 다른 하나의 반작용으로 다수의 현대인들은 지금 동양에로 눈을 돌리고 있다. 서구 사상에 대한 대안의 하나가 동양 철학, 동양문화가 되고 있다. 즉 불교의 선과 수행을 통한 깨달음과 자비심의 수행, 인(仁)으로 대변되는 인간관계의 도덕성을 말하는 유교의 높은 정신성, 자연무위(自然無爲)의 도(道)사상, 등이다. 과정철학 사상은, 비이원론적이고 비실체적이라는 점에서, 불교, 유교, 도교 등 일반적 동양 사상과 많은 공통점을 가지고 있다고 한다.

한국의 전통사상

동양사상에 비추어, 한국 전통사상은 어떤가. 최근 우리 나라에서도 한국 고유의 전통 사상과 문화에 대한 연구를 통해 새로운 발전이 태동되고 있다. 많은 학자들이 멀리 샤마니즘과 단군신화에 내포된 사상, 그리고 7세기의 최치원이 말한바, 유 · 불 · 선(儒 · 佛 · 仙)을 다 포함하는 풍류사상(風流思想), 화랑도(花郎道), 최남선이 말하는 "?" 사상, 등을 한국 고유의 전통사상이라고 말하고 있다. 이러한 사상들을 종합하여 "한철학"이라는 개념이 제시되고 있다. 어원적으로 볼 때 "한"이란 말은 "하나"라는 의미와 "많다"는 의미를 모두 포함하고 있다. 이와 같이 한 사상의 핵심은 종합, 통전(統全), 및 조화이다. 한은 오랜 한국의 문화 전통 속에서 철학적으로 승화될 수 있는 개념으로 등장하게 되었다. 한은 전쟁이 아닌 평화, 갈등이 아닌 조화를 지향하는 사상이다. 따라서 한사상은 서구 철학의 이원론과 실체주의의 한계를 극복 할 수 있는, 서구에서 새로이 등장한 과정철학과 맥을 같이하는, 사상이라는 것이다.

한국의 전통사상이 건강과 질병에 대해 미치는 영향은, 의학 이외의 분야, 즉 한의학(韓醫學)이나 양생법 등 많은 기술이 있으나, 의학 자체에서는 자세히 연구되고 있지 않다. 단지 한국 전통사상이 종합, 통전, 조화, 등에 대한 지혜를 말하고 있다면, 이는 앞서 말한 인간의 생물-정신-사회적 나아가 영적 존재라는 통합적 모델과 일맥상통한다 할 수 있을 것이다. 그런 점에서 한국 전통사상은 특히 정신건강과 정신신체의학 연구에 공헌할 수 있으리라 예상된다. 또한 건강이 과정으로서 이해될 수 있다면, 과정철학으로서의 한 사상은 한국적 건강의 개념과 치료 개념의 발달에 공헌할 수 있을 것이다. 한국 전통사상에 샤마니즘의 핵심적 사상이 배어 있다고 판단되는 바, 이러한 요소의 치료적 메카니즘은 이미 정신의학에서 일부 연구된 바 있다. 샤마니즘의 민간적인 왜곡된 행태가 의료에 미치는 부정적 영향은 이미 앞서 기술한 바 있다.

철학과 과학

의학은 과학의 하나이다. 따라서 과학과 철학의 비교는 의학과 철학 간의 비교 내지 관련에 대한 개념을 줄 수 있을 것이다. 과학은 분석적 기술임에 비해 철학은 종합적 해석이라 할 수 있다. 즉 과학은 전체를 부분으로, 유기체를 기관으로, 애매한 것을 기지(旣知)의 것으로 분해하거나, 사물의 현재 실정과 작용을 표시하고 있는 그대로의 사물의 성질과 과정을 주시하고, 또는 과정을 관찰하고 수단을 구성하는 작업이다. 반면 철학은 사물의 가치와 이상적인 가능성을 탐구하고, 사물의 전체로서의 궁극적 의의를 탐구하고, 사실의 경험과 일반과의 관계를 알아내고, 사물을 결합시켜 종합적 해석을 하는 것이다. 철학은 목적을 비판하고 조정한다. 즉 과학은 분해를, 철학은 조립하는 것이다. 철학이 없으면 과학의 장래도 없다고 할 수 있다. 평가를 떠난 사실은 인간을 황폐와 절망에서 구할 수 없다는 것이다.

의학철학

인간에 대한 이해나 질병의 원인을 규명하고 치료방법을 개발하는 의학적 연구는 과학에 속한다. 인간, 인체, 정신, 질병, 치료에 대해 어떻게 연구하고 그 결과를 어떻게 검정하는가 하는 문제, 즉 합리적 방법 내지 과학적 방법은 철학의 대상이 된다.

의학에 관련된 모든 질문, 즉 의학이란 무엇이고, 생명현상의 본질은 무엇인가, 질병은 왜 생기며, 왜 인간은 고통을 받아야하며, 결국 죽어야 하는가, 그러한 고통을 어떻게 이기거나 극복할 수 있는가, 치료 또는 치유란 어떤 현상인가, 의사의 역할은 무엇이고 어떤 태도를 견지해야 하는가, 의학의 한계는 무엇인가, 그 한계를 극복하기 위한 방법은 있는가 하는 질문들은 모두 철학의 대상이 된다.

의학의 행동적, 실천적인 측면도 있다. 즉 고통과 죽음에 대한 신념, 의사와 환자간의 인간관계, 치료행위에 있어서의 사랑과 자비 내지 인(仁)의 실천 문제, 치유(治癒)의 메카니즘 등의 문제에는 종교적 색채가 강하게 나타나지만 이 역시 철학의 문제이기도 하다.

Ⅲ. 맺는 말

바람직한 의사의 태도

의사는 인간을 대상으로 일한다. 의사는 인간의 나고, 늙고, 병들고, 죽고 문제에 직접 관련되어 일하고 있다. 이러한 생노병사(生老病死)의 문제는 바로 종교와 철학의 문제이다. 따라서 의사는 연구하고 의술을 베품에 있어 반드시 철학적이고 윤리적이고 종교적일 필요가 있다. 지식과 기술만으로는 인간의 깊은 내면의 요구를 만족시킬 수 없기 때문이다. 최근 의학교육에서 강조되는 사회의학이나 인성교육 내지 인문학 교육, 즉 문학-역사-철학의 교육이라는 것이 결국 의사의 태도에 대한 교육이며, 이것이 바로 철학과 종교에 직결되는 것이다.

의사는 또한 병 자체나 환자의 육체만 보아서는 좋은 의료로서는 부족하다. 환자의 정신상태, 가족 배경, 사회경제적 상황, 문화와 종교 등 여러 상황, 즉 생물-정신-사회적 나아가 영적 상태를 종합적으로 배려할 수 있어야 한다. 그리고 의사는, 자신이나 환자의 종교 또는 종교적 신념이나 신앙이, 의료에 끼칠 수 있는 긍정적 및 부정적 영향을 예측하고 이에 적절하게 대처할 수 있어야 한다. 즉 의사에게는 의학지식과 기술 이외에 자신의 믿음, 합리성, 태도, 결단, 희망, 용기, 사랑, 헌신 등 개인의 철학적 그리고 나아가 종교적 능력까지 필요하다.

연구의 계속

지금까지의 의학연구가 건강과 질병에 과년하여 인간의 신체 즉 생물-의학적(生物醫學的 bio-medical) 조건에 관해 주로 이루어져 왔다는 것은 어쩔 수 없었다. 그러나 19세기 이후 정신의학이 크게 발전하고 있고, 최근 사회의학이 두각을 나타내기 시작하고 있는 바와 같이 정신사회적(精神社會的 psycho-social) 연구가 중시되기 시작하고 있다. 그러나 영적(靈的 spiritual)인 측면의 연구는 겨우 시작되는 단계에 있다. 요즘 화제가 되고 있는 대체의학은 이러한 생물학보다도 정신, 사회 그리고 영적 분야와 관련이 더 깊다고 보여 진다. 그리고 우리에게는 한국의 전통사상이 건강과 질병연구에 어떻게 통합될 수 있을 가에 대한 연구가 절실하다. 왜냐하면 우리가 치료하려고 하는 한국인 환자의 질병개념, 치료개념 등이 바로 이러한 전통사상에 근거하고 있기 때문이다. 의학의 향후 중요한 연구과제 중 하나는 정신의 의학과 사회의학 그리고 영적 의학이라 생각된다.

(의료행동과학 2004)

06.

行動科學의 중요성

작년 미국에 있을 때 만났던 선배들이 과거 3~40년전에 정신과 강의나 실습때 겪었던 일들을 재미나게 이야기하는 것을 들었던 기억이 난다. 당시 싫든 좋든 간에 내용이 다소 신기했던 강의나 실습에서 듣고 배운 단편적인 지식들이 나중 미국에서 각종 시험 등에 매우 큰 도움이 되었다는 회고는 정말 인상적이었다. 그것은 문제들 중 상당부분이 소위 행동과학의 문제들이었고 이들은 과거 우리나라에서는 정신과에서 강의되었었기 때문이었다. 그때와 비교하여 현재의 보다 확대되고 체계화된 보다 확대되고 체계화된 교육이 과거 고전적인 명강의에 비해 과연 시대적 요청에 잘 부응하고 있을까.

많은 분들에게는 생소하겠지만 의과대학 교과과정 중 최근의 발전은 행동과학의 대두이다. 이는 정신의학의 범위를 넘어 인간행동에 관한 여러 이론들, 신체질병에 관련된 행동과 감정반응, 인격(행동유형)에서 근본되는 신체질병, 의사와 환자관계, 나아가 질병과 사회문화와의 관계 등에 초점이 맞추어지고 있다. 물론 인간행동에 관한 학문은 대단히 광범위하지만, 최소한 일상의학에 관련된 부분이라도 종합하여 교육하자는 것이다. 이에 선진국의 교과과정에서는 오래전부터 그러한 경향이 나타나있는데 우리로서는 ECFMG나 VQE등 시험에서 이에 관한 문제들이 매우 많다는데서 그 증거를 발견할 수 있다. 임상의 일선에서 좋은 평판을 얻고 있는 성공적인 의사들은 이미 이런 지식과 기술을 타고난 자질과 개인의 직관적 훈련으로 체득하고 있다고 보겠지만, 학생교육을 통해서 미리 향상시켜보고자 하는 것이 행동과학 교육의 목적이다.

실제 미국의 대학에서 강의되는 교과내용, 교과서들의 내용, 그리고 Y대를 비롯한 몇 국내 대학에서의 교과내용의 제목들을 소개해 보면 아마도 이해가 더욱 빠르리라 믿는다. 스트레스와 질병, 만성질병에서의 환자의 적응, 식사장애 가족의 발달과 기능, 임신과 출산, 인간의 성장, 아동학대와 법적조처, 소아의 입원에 대한 적응, 노인학, 죽음의 과정, 뇌와 행동, 공격성, Sick role 및 help seeking behavior(환자라는 특수 행동양상, 병이 났을 때 어디서 어떤 도움을 구하는가).

우리나라의 경우는 병원 이외에도 점쟁이, 한의학, 안수기도, 사이비 의료행위 등이 있겠다. 의사(병원의료팀) 환자관계, 성격이론 및 대인관계로 성격에 따른 질병, 약물남용, 유전과 행동양식, 행동신경학적 검사, 알콜리즘, 수면장애, 성(性) 행동, 커뮤니케이션이론, 의료사회학, 범죄행동, 의료전달체제, 보건통계, 문화와 건강행동, 의사가 되는 과정 등이다. 이러한 개념에서 이해해야 할 질병의 대표적인 예로는, 고혈압, 당뇨병, 심장병, 위궤양, 두통, 대장염, 성기능장애 등이 될 것이다.

이러한 질병들은 환자의 성격, 대인관계양상, 가족과 사회의 분위기 등과 분리해서 치료할 수 없다는 것은 쉽게 이해가 갈 것이다. 흔히 의사들이 사회의식이나 역사의식이 부족하다고 지탄을 받는데 이에 대한 교육도 포함된다.

즉 행동과학은 인간을, 정신과 육체, 건강과 질병 그리고 생화학, 제포, 뇌, 인격, 개인, 가족, 사회문화역사의 맥락에서 구조적 체계로서 포괄적으로 이해하고 치료하고자 하는 이론이라 하겠다. 그러므로 치료는 자연히 팀웍으로서 접근하게 된다. 생소한 것이라 하겠으나 현대의학교육의 사조로 보나, 실제치료의 임상에서 필요한 지식이라는 점에서 그 중요성이 널리 인식되어, 우리나라의 의료사회실정에 맞는 교과과정이 하루 빨리 정립되고, 모든 의과대학 교과과정에 포함 될뿐 아니라, 장차 의사국가고시에도 반영되는 날이 오게 되기를 기대한다.

(의협신문 1984년 7월 23일)

07.

화병과 의학의 신토불이(身土不二)

지난 5월 미국의 어떤 모임에서 연세 간호대 출신인 방 교수가 한국인 노인들과 정신건강 문제를 상담할 때, "화병"이라는 단어를 사용하면 말이 금방 잘 통하게 된다고 하였다.

그렇다. 정신건강은 대화의 문제이다. 대화의 장애는 정신장애의 원인이 되는 결과가 되기도 한다. 정신장애의 치료, 나아가 모든 인간문제의 해결은 대화에 의존하는 수가 많다.

한국 사람은 한국말로 대화한다. 의사가 환자상태에 대해 의사끼리 영어로 또는 전문용어를 써서 말하면 환자는 불안하고 불쾌하기도 하며 심지어 피해의식까지 느낀다고 한다. 어떻게 말하면 환자와 생산적으로 대화할 수 있을까? 이는 요즘시대의 의사들의 최대 관심사가 된다.

필자는 정신과의사로서 30여년 지나는 동안 거의 최근에 이르러서야 화병이라는 용어를 새로이 발견하고 내심 놀라고 있다. 서양의학 교육만을 받은 우리는 환자들이 화병이라는 말을 사용해도 귀에 들리지도 않았고, 굳이 우울, 불안 등 뜻이 다소 다른 서구식 용어로 번역해 들었던 것이다. 또한 깨달은 바의 하나는 환자도 양의사한테 화병이라는 말을 잘 하지 않는다는 것이다. 그러나 한의사들은 곧잘 "화"니 "화병" 같은 말을 사용하고 환자들도 아는지 모르는지 잘 받아들이고 있는 것 같다. 어쨌든 필자가 환자에게 당신 병이 화병이 아니겠는가 물으면 그제서야 "바로 맞습니다"라고 즉각 대답했다. 이것은 참으로 감탄스러운 일이다. 우리는 왜 진작 이런 식으로 대화하지 못했을까? 서양의학의 권위를 과시하기 위해서였을까?

생각건대 화병이 불안장애와 우울증과 같은 의학용어가 되지 말란 법이 없을 것이다. 서양에서 어떤 종류의 사람들이 "불안하다"고 하니 불안장애라는 병명이 생긴 것이다. 마찬가지로 어떤 부류의 한국인이 화병이 있다고 하면 "화병장애"가 병명이 될 수 있을 것이다. 어떤 의사의 지적같이 한국이 문화적으로 세계 강국이 되면 화병이라는 병명이 서양교과서에 등장하게 될지 모른다.

화병은 외부로부터 온 암울하고 불안한 것이 "쌓이고 쌓인" 결과, 인생의 후반부에 이르러 생기는 우울증과 다양하고 특이한 신체증상이 겹치고 있는 하나의 증후군이라고 보여 진다. 화병은 우리 한국인의 민족역사나 전통적 사회, 가정생활에서 겪어 온 억압이나 억눌린 분노(화) 등과 관련된 한국적 "노이로제"인 것 같다. 가난, 고생, 시집살이, 좌절, 사회적 불평등 등등 억울하고 분한 것이 쌓여 화병이 되는 것 같다. 그래서 가슴에 덩어리가 꽉꽉 막혀 답답하고 한숨 나고, 슬프고 눈물나고, 생각하면 치밀어 오르고, 열이 확 오르고, 몸이 덥고, 밖으로 막 나돌아 다니게 되고, 하소연하고 싶고 한 것이 화병의 전형적 증상들이다.

임상증례를 모으다 보니, 필자는 화병의 원인이나 증상이 한(恨)과 비슷하다는 것을 깨닫게 되었다. 그래서 화병이란 한이 병으로 된 것이 아닌가 생각한다. 이러한 견해에 대해서는 많은 임상연구가 필요하다. 한(恨)이 우리 민족의 고유한 정서라면 화병은 한과 관련된 특징적 노이로제가 된다고 보는 것이다. 따라서 그 치료도 가장 한국적이라야 할 것이다.

화병 현상과 한에 대한 연구는 정신의학의 신토불이(身土不二)의 관점에서 대단히 흥미있는 주제이다.

(연세의료원소식 1994년 6월 20일)

민성길 교수 칼럼집

난폭한 사회, 그러나 희망을

■

초판 1쇄 인쇄 / 2009년 2월 15일
초판 1쇄 발행 / 2009년 2월 20일

■

지은이 / 민 성 길
펴낸이 / 김 수 관
펴낸곳 / 도서출판 영문
122-070 서울시 은평구 역촌동 10-82
☎ (02) 357-8585
FAX • (02) 382-4411
E-mail • kskym49@yahoo.co.kr

■

출판등록번호 / 제 03-01016호
출판등록일 / 1997. 7. 24

정가 15,000원
ISBN 978-89-8487-253-0
Printed in Korea